HISTOIRE GÉNÉRALE DU THÉATRE EN FRANCE

I

# Le Théâtre Sérieux

DU

# Moyen Age

PAR

Eugène LINTILHAC

ANCIEN MAITRE DE CONFÉRENCES
DE LITTÉRATURE FRANÇAISE A LA SORBONNE
SÉNATEUR

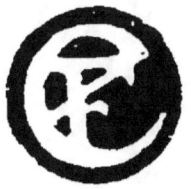

PARIS
ERNEST FLAMMARION, ÉDITEUR
26, RUE RACINE, 26

HISTOIRE GÉNÉRALE
DU
THÉATRE EN FRANCE

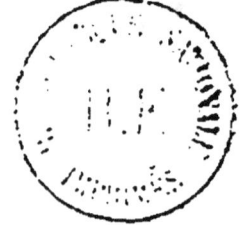

I

# LE THÉATRE SÉRIEUX
## DU MOYEN-AGE

# DU MÊME AUTEUR

Beaumarchais et ses Œuvres. Paris, HACHETTE. . . . . . . 1 vol.
    (Ouvrage couronné par l'Académie française.)

La Poétique de J.-C. Scaliger. (De J.-C. Scaligeri Poetice). Paris.
    HACHETTE. . . . . . . . . . . . . . . . . . . . . . . . 1 vol.

Précis historique et critique de la Littérature française depuis les origines jusqu'à nos jours. Paris,
    ANDRÉ GUÉDON. . . . . . . . . . . . . . . . . . . . . 2 vol.

Études littéraires sur les Classiques français (En collaboration avec G. MERLET). Paris, HACHETTE. . . . . . . 2 vol.

Lesage (Collection des grands écrivains français). Paris,
    HACHETTE. . . . . . . . . . . . . . . . . . . . . . . . 1 vol.
    (Ouvrage couronné par l'Académie française.)

Les Félibres : *A travers leur monde et leur poésie.*
    Paris, A. LEMERRE. . . . . . . . . . . . . . . . . . . 1 vol.

Le Miracle grec d'Homère à Aristote : *Essai sur l'évolution de l'esprit grec et sur la genèse des genres classiques.* Paris, CERF. . . . . . . . . . . . . . . . . . 1 vol.

Michelet. *Conférence du centenaire.* Paris, PAUL OLLENDORFF. . . . . . . . . . . . . . . . . . . . . . . . . . 1 vol.

Le Problème de l'Enseignement secondaire. Paris, PAUL
    OLLENDORFF. . . . . . . . . . . . . . . . . . . . . . . 1 vol.

Conférences dramatiques, *avec des observations techniques sur l'art de la parole à l'usage des conférenciers et professeurs.* Paris, PAUL OLLENDORFF. . . . . . . 1 vol.
    (Ouvrage couronné par l'Académie française.)

## EN COURS DE PUBLICATION :

Histoire générale du Théâtre en France, depuis les origines jusqu'à nos jours. Paris, ERNEST FLAMMARION. . . 10 vol.

---

*Il a été tiré, de cet ouvrage,*
*vingt exemplaires sur papier de Hollande, tous numérotés.*

HISTOIRE GÉNÉRALE
DU
THÉATRE EN FRANCE

---

I

# LE THÉATRE SÉRIEUX
# DU MOYEN-AGE

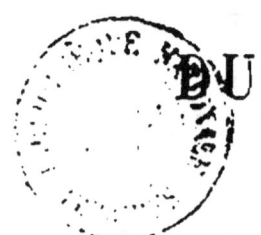
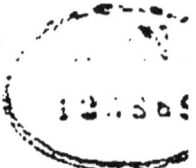

PAR

Eugène LINTILHAC

ANCIEN MAITRE DE CONFÉRENCES
DE LITTÉRATURE FRANÇAISE A LA SORBONNE
SÉNATEUR

---

PARIS
ERNEST FLAMMARION, ÉDITEUR
26, RUE RACINE, 26
—
Droits de traduction et de reproduction réservés pour tous les pays,
y compris la Suède et la Norvège

A

LA MÉMOIRE

DE

GASTON PARIS

HOMMAGE ÉMU

E. L.

# HISTOIRE GÉNÉRALE
DU
# THÉATRE EN FRANCE

## PRÉFACE

La littérature dramatique des Français est, chez les modernes, la première en mérite et en richesse. Certes d'autres nations ont un théâtre où brillent des œuvres de génie. Si Molière reste hors de pair, Shakespeare et Calderon, par exemple, soutiennent fort bien la comparaison avec Corneille et Racine. Mais où se voit une lignée de dramaturges comparable à celle qui s'est produite sur la scène française et s'y reproduit sans cesse? Où se lit une suite de chefs-d'œuvre à mettre en parallèle avec celle qui enrichit son répertoire depuis le xii$^e$ siècle?

Dans un phénomène si constant, en son ampleur, la part du hasard est petite. Sans doute le génie naît et crée où il veut, mais le talent ne croît et ne produit que là où il peut. Il a besoin d'un terrain approprié au genre où il s'exerce. Or la France est ce terrain pour la production théâtrale, et, depuis sept siècles, la sève en monte toujours plus abondante. Il faut donc que les conditions littéraires et matérielles du genre se soient trouvées d'accord avec le génie et les mœurs de la race.

On verra les preuves de ce fait se multiplier au cours de cette histoire. Ses phases les plus diverses montreront que la conception de la vie, chez les Français, les a conduits à en chercher l'expression préférée dans l'art théâtral. Il réalise en effet, à leur image, l'équilibre entre l'imagination et la raison, entre le rêve et l'action. Cette sorte d'harmonie préétablie, qui est manifeste dès les origines de cet art chez eux, y est bien vite devenue directrice. Non seulement elle a fait de leur théâtre le miroir favori de leur société, mais elle n'a cessé d'y présider à l'évolution des formes, en orientant, à chaque époque, vers un idéal commun, les auteurs les plus inventifs, les théoriciens les plus avisés et les amateurs les plus influents.

C'est cette histoire du génie dramatique de la France depuis sept siècles, racontée par les œuvres les plus caractéristiques en chaque variété des genres, que nous allons essayer d'écrire. Si nous n'y réussissons pas, ce ne sera pas faute de nous y être préparé. Il y a longtemps que le théâtre est le centre de nos études favorites, comme de nos délassements. Nous souhaitons que la peine que nous avons prise guide nos lecteurs vers les joies d'esprit qui l'ont payée.

Il n'est question dans ce premier volume que des moindres titres de la France à la gloire dramatique, et combien tronqués ou mêlés ! Mais ils ont leur prix et qui n'est pas tout entier dans leur intérêt documentaire. En tout cas nous nous sommes cru d'autant moins autorisé à en brusquer l'examen qu'il demandait plus de patience. La peine de naitre a été grande pour notre théâtre : une histoire qui fuirait celle de le montrer serait ingrate et ne serait pas générale. Nous avons donc travaillé, avec la patience requise, à faire sentir la suite réelle de cette histoire, malgré l'énigme de certaines lacunes ; à mettre la clarté d'un classement suffisant dans cette confusion des genres et cette diffusion des développements ; à dégager enfin de ce chaos de productions déréglées les vagues formes où s'élaboraient les formules fécondes de l'avenir.

Il y a fallu beaucoup d'analyses, mais elles nous ont paru offrir le même genre d'intérêt que celles du sol où se cache le secret de la moisson.

Nous n'avons pas oublié cependant que nous écrivions un ouvrage de vulgarisation. Nous souhaitions qu'il parût léger à la main de ceux qui ne vous demandent que des clartés de tout, sans cesser d'avoir du poids pour ceux qui voient bien vite si vous avez lu tout. L'érudition que commandait le sujet s'y est faite aussi discrète que possible. Quand nous tirons notre montre, comme disait Sainte-Beuve, c'est pour montrer l'heure et non la montre.

Nous la tirons souvent, dans l'introduction. Mais nous avons dû y exposer les origines du théâtre moderne, d'après l'état actuel des documents. Or ceux-ci n'ont pas dit leur dernier mot; et ces origines restent obscures sur bien des points où nous avons déjà vu l'hypothèse, plus ou moins gratuite de la veille, infirmée par la trouvaille de texte du lendemain. Nous nous disions qu'en un sujet si controversé et si mouvant, toute assertion, sans les documents à l'appui, serait la pire des indiscrétions. Nous avons donc prudemment appuyé de notes documentaires, là et ailleurs, les conjectures que nous ne pouvions éviter. Mais, en dehors de l'introduction, les notes sont rares; et, le texte en étant partout indépendant, leur lecture ne s'impose pas à ceux qui aiment à croire l'auteur sur parole.

Au reste nous avons multiplié les citations qui abrègent les dissertations, et permettent au lecteur de contrôler l'auteur.

Après avoir prouvé, elles intéresseront; elles plairont même parfois. Fruit de la lecture d'ouvrages malaisés à trouver pour la plupart, souvent pénibles à déchiffrer en leurs vieilles éditions, et d'ordinaire ingrats à extraire en leur accablante prolixité, elles seront comme des clairières dans la forêt gothique de notre vieux théâtre. Elles y attireront peut-être des explorateurs et qui pourraient y trouver leur bien à prendre, comme l'ont déjà prouvé quelques *adaptations* applaudies.

M. Gaston Paris avait accepté la dédicace de ce premier volume. Après en avoir lu une partie sur les épreuves, le maitre de la littérature médiévale adressait à l'auteur des commentaires dont voici un passage, à titre de garantie préliminaire pour le lecteur : « A une information qui m'a paru complète (mais je n'ai pas eu le loisir d'en vérifier le détail), vous joignez beaucoup de vues personnelles et, autant qu'il me semble, fort justes. Si le reste de l'ouvrage repose sur des études aussi approfondies et des réflexions aussi judicieuses, ce sera vraiment un beau livre. » Sa critique magistrale eût-elle été aussi favorable au tout qu'à la partie ? Notre dédicace ne l'affirme pas ; elle ne fait qu'exprimer une ambition, au risque de provoquer la plus redoutable des censures, celle de n'avoir pas su mériter jusqu'au bout un si haut encouragement.

Le prochain volume aura pour titre : *La comédie française, des origines à Molière.*

*Jeux* et *moralités* du genre plus ou moins plaisant, *farces*, *soties*, *monologues* et *sermons joyeux* étant plus étroitement apparentés qu'on ne croit, non seulement à toute la menuaille comique des siècles suivants, mais à la comédie de Molière elle-même, nous avons voulu que la continuité de cette filiation fût rendue plus sensible par celle de l'exposition. Nous traiterons donc, en un même tome, de la comédie au moyen âge, à la Renaissance et dans la première moitié du xvii<sup>e</sup> siècle.

Les volumes suivants présenteront l'histoire du théâtre français à peu près dans l'ordre que voici : *La tragédie, des origines à Corneille; La comédie, de Molière à Lesage; La tragédie, de Racine à Népomucène Lemercier; La comédie, de la Chaussée à Picard; La tragédie lyrique, l'opéra-comique et les théâtres de genre, de Quinault à Collé; Le drame, de Diderot à Dumas fils; La comédie, de Scribe à Henry Becque; Inventaire critique du théâtre contemporain.* Cet ordre des matières nous a paru le plus propre à situer l'évolution des genres dans la succession des époques, en gardant toujours en vue les auteurs.

*Aurillac, 20 juillet 1904.*

# INTRODUCTION

## ORIGINES BYZANTINES, LITURGIQUES ET SCOLAIRES DU THÉATRE MODERNE

Génie dramatique du christianisme. — Drames sacrés en grec : *La Passion*; *La sortie d'Égypte*; *l'Adam*. — Genèse liturgique du drame. — Les *Tropes*. — L'évolution d'un trope : depuis le *Quem quæritis* jusqu'au drame de *la Résurrection*. — Cycles de Pâques, de Noël, des Saints, etc. — Premières influences profanes : la poésie scolaire et la langue vulgaire, en France et en Allemagne. — Nos cinq drames bilingues : *l'Époux*; *Lazare*; *Saint-Nicolas*; *Daniel*; *les Trois Maries*. — Influences scolaires : écolâtres, écoliers et *Goliards*. — Les *jeux scolaires* et leur verve : Offices des Fous et de *l'Ane*. — Influence naissante des confréries. — Caractère didactique, mise en scène, musique, lyrisme et mérites scéniques des drames liturgiques. — Vie dramatique des *jeux scolaires*. — Les caractères dans le drame sacré. — Vraie cause de son exode du chœur au parvis. — Le drame chrétien et français.

Le drame sacré du moyen âge, cet aîné de tout le théâtre moderne, naquit dans l'Église et de l'Église. Il eut d'abord, et dans la nef même, le cérémonial religieux pour mise en scène; le latin, langue sacrée, pour organe; les clercs pour auteurs et acteurs; les fidèles pour public.

Ce fait n'a rien qui doive surprendre. Loin d'être un intrus dans le culte catholique, le drame lui était immanent. Il s'en dégagea spontanément, en vertu de l'évolution littéraire de certains éléments essentiels de ce culte. D'abord les cérémonies de l'année liturgique sont, au fond, une figuration des dogmes, et, selon la définition de Bossuet, « un mystérieux abrégé de l'Ancien et du Nouveau Testament et de toute l'histoire ecclésiastique ». Puis elles offrent, dans la forme, une vaste commémoration, plus ou moins symbolique, de l'histoire sacrée, où éclate le caractère foncièrement dramatique de cette histoire.

Ce caractère est signalé par les historiens les plus qualifiés du culte, dès ses origines mêmes dans les communautés apostoliques dont il inspire le réalisme spirituel : par exemple dans les diverses *agapes*, et dans ces réunions et cérémonies eucharistiques, commémoratives de la cène, d'où naîtra la messe[1]. Il se fera jour, dans les formes ultérieures de la liturgie, à travers les parties narratives, notamment par la déclamation lyrique des *leçons* que dramatisait leur distribution entre plusieurs voix de récitants; par les variétés du chant antiphoné, dans les antiennes et répons, qui constituent de véritables dialogues lyriques, avec toute une choristique et une action réellement mimique, en sa gravité rituelle. Ce fut donc tout naturellement que la liturgie devint une dramaturgie.

Ainsi le principal des offices, la messe, greffé sur le rituel primitif de la cène, était déjà un drame véritable, surtout depuis la réforme grégorienne. Il avait d'ail-

---

1. Cf. dom Fernand Cabrol, *Le Livre de la prière antique*, Paris, Oudin, 1900, p. 78 sqq., 117 sqq., 261 sqq.; l'abbé Duchesne, *Origines du culte chrétien*, Paris, Fontemoing, 1898, p. 49 sqq.; Ch. Magnin, *Journal de l'instruction publique*, 29 janvier 1834; Edélestand du Méril, *Origines latines du théâtre moderne*, Paris, Franck, 1849, p. 41 sqq.; l'abbé Pierre Batiffol, *Histoire du bréviaire romain*, Paris, A. Picard, 1893, c. III : *L'office canonique romain du temps de Charlemagne*, p. 104 et suiv.; Alfred Loisy, *L'Évangile et l'Église*, chez l'auteur, Bellevue, 1904, p. 226 sqq.; Honoré d'Autun, Encyclopédie Migne, Patrologie latine, t. CLXXII, *Gemma animæ*, l. I, c. LXXXVI, p. 573; enfin Martène, *De antiquis Ecclesiæ ritibus*, Rouen, 1700-1706, la plus vaste autorité en l'espèce, toujours à consulter. Voir aussi la Passion de Benedictbeuer [Edélestand du Méril, *Origines latines du théâtre moderne*, Paris, Franck, 1849, p. 136] où l'acteur, chargé du rôle de Jésus, semble bien célébrer la cène, suivant une tradition (*ut mos in cena*), avec consécration du pain et du vin (*Hoc facite in meam commemorationem*, comme il est dit dans saint Luc), ce qui ouvrait le sanctuaire au drame liturgique; commémoration explicite de la Cène

leurs, pour les chrétiens du moyen âge, une éloquence symbolique, une puissance pathétique et même une sorte d'intérêt scénique dont on se fait une idée émouvante, en parcourant les commentaires enthousiastes et subtils des vieux écrivains liturgistes, ceux d'un Guillaume Durand, par exemple, si curieusement explicite là-dessus[1]. Cet office y est montré comme un raccourci dramatique de l'histoire du christianisme, depuis l'attente du Messie jusqu'au triomphe œcuménique de l'Évangile, avec le divin sacrifice pour centre.

Au reste cette vision dramatique de l'histoire sacrée était commune aux liturgistes, leur étant suggérée par l'esprit comme par la lettre des textes. Honoré d'Autun comparera le prêtre, officiant à l'autel, à un « tragédien » qui, « sur le théâtre de l'Église », figure au peuple la lutte du Christ contre l'Ennemi et son triomphe dans la Rédemption[2]. A l'imagination de ce peuple, de même qu'à celle des docteurs, l'histoire de la religion apparaissait donc tout entière, le rituel aidant, comme un drame continu.

Ce drame virtuel, qui était l'âme de cette histoire, devait tendre à se réaliser théâtralement, y étant d'ailleurs poussé par une liturgie de plus en plus riche

---

1. Cf. Gulielmi Durandi *Rationale*, etc., Lyon, 1672 : *De missa et singulis quæ in missa aguntur*, l. IV, c. 1, p. 37-94. Voir aussi l'explication symbolique donnée par Honoré d'Autun de toutes les pièces du costume de l'officiant, considérées comme ses *armes* dans le combat spirituel, dont les cloches sonnent la charge, l'aube étant la cuirasse, le livre saint le glaive, etc.; et surtout le curieux chapitre de la messe considérée comme une représentation figurée des phases de ce combat tragique (*duellum*) que l'officiant joue en fait, comme un tragédien (*tragicus noster*), op. c., l. I, c. LXXXII, LXXXIII et LXXXIV.

2. « Tragicus noster pugnam Christi populo Christiano in theatro Ecclesiæ gestibus suis repræsentat cique victoriam redemptionis suæ inculcat. » op. c., l. I, c. LXXXIII, *De tragediis*, p. 570. William Prynne prendra texte du même passage pour donner cours à son indignation puritaine contre ce qu'il y a de trop théâtral à son goût, dans les cérémonies de l'Église, cf. *Histriomastix, The Players Scourge*, Londres, 1633, p. 113.

en apparat et en suggestion. Le jour où, dans l'église, les éléments nécessaires à l'organisme théâtral se trouveront réunis, le drame y naîtra, et d'abord sous la forme d'un office que le rituel règlera comme les autres.

Mais avant d'en venir là et de distinguer les origines du théâtre français dans le drame sacré en latin, nous croyons devoir interroger certains essais antérieurs de drame sacré, en grec.

Le plus considérable d'entre eux, le Χριστὸς πάσχων (*Christos paschôn*), a pour nous un double attrait. Il nous montre d'abord que la mort et la résurrection du Sauveur furent dès le xi<sup>e</sup> siècle, pour les chrétiens d'Orient, comme elles devaient l'être, au xv<sup>e</sup>, pour tous ceux d'Occident, le centre de l'intérêt du drame religieux. On peut donc dire, en hasardant un jeu de mots pour souligner ce fait capital, que le drame chrétien est allé au peuple par le chemin de la croix.

Cette *Passion* byzantine a en outre le mérite de rendre légitime le rapprochement, tant de fois risqué, entre le drame grec et le drame chrétien. En effet elle ne nous invite pas seulement à rappeler la similitude de leurs origines. Certes il est intéressant de remarquer, au passage, que le drame chrétien populaire sortira de la passion du Christ, le divin *pêcheur d'âmes*, comme la tragédie était née de la passion de Dionysos Zagreus, le mystique *chasseur d'âmes*, de la pathétique légende de son corps déchiré par les Titans, de son cœur sauvé et renaissant, de sa chair et de son sang offerts symboliquement aux initiés, dans la cène de l'*omophagie* orphique. Mais à côté de cette analogie originelle, qui est tout extérieure et simplement curieuse, nous sommes conduit à en faire ressortir une seconde qui se rencontre justement à l'autre extrémité de l'histoire de la tragédie grecque, plus intime, plus liée à la nature des choses et que voici. Une parenté étroite entre la tristesse majestueuse de la tragédie antique et celle qui se dégageait de la Passion fut nettement perçue par l'esprit délié des chrétiens lettrés d'Orient. Alors leur piété, devinant le trésor d'émotion et de pathétique que recélait le drame du Golgotha, essaya d'en faire profiter la religion, en recourant au pastiche et au centon. Tel est le fait très intéressant dont nous avons la preuve mémorable dans cette tragédie grecque sur la Passion, qui est intitulée Χριστὸς πάσχων[1].

[1]. Dans tous les manuscrits où il y a un préambule, le Χριστὸς πάσχων (alias Τὸ Κοσμοσωτήριον πάθος) est attribué à « Gregorios le théologien ». Mais ce Grégoire n'a pu être identifié ni avec Grégoire de Nazianze, dit aussi le théologien, ni avec Grégoire, évêque d'Antioche en 572, non plus qu'avec ce prêtre Grégoire que cite Sozomène, en son Histoire ecclésiastique, outre deux autres prêtres du IVe siècle, Apollinarios et Basilios, comme composant des pièces sacrées sur le patron des tragédies d'Euripide et des comédies de Térence. Loin de hasarder avec Ch. Magnin que cette œuvre soit une rhapsodie de divers poèmes dramatiques écrits entre le IVe et le VIIIe siècle, il ne nous semble même pas qu'on puisse se risquer à y désigner des traces littéraires de contamination. Par exemple, les deux scènes entre les chefs des prêtres, les gardes et Pilate, qui coupent en deux un récit de messager, en le mettant si bizarrement en action, nous avaient paru d'abord, comme à Ch. Magnin, intercalées, et même provenant de quelque autre Χριστὸς πάσχων mieux fait pour être représenté. Mais en comparant cet épisode avec le chapitre XIII de l'évangile dit de Nicodème, nous fûmes frappé de constater dans ce dernier un passage du récit au dialogue entre les gardes et les prêtres, si curieusement identique, qu'il nous parut avoir bien pu suggérer directement à l'auteur de notre Χριστὸς πάσχων la forme avec l'idée de ces scènes tant controversées. Cf. Euripidis Fragmenta, Didot, Χριστὸς πάσχων, vers 2270-2378, et Evangelia apocrypha, éd. C. Tissendorf, Lipsiæ, 1853, p. 239-241. Sans affirmer avec G. Brambs que le Χριστὸς πάσχων ait été composé au XIIe siècle — et par Théodore Prodrome, attribution réfutée par Hillberg, — on peut, semble-t-il, se rallier à l'opinion à peu près unanime, aujourd'hui, qui le considère comme ne pouvant guère être reculé au delà du XIe siècle et fait de cette Passion grecque une contemporaine de nos premiers drames liturgiques. — Voir, pour le texte (traduit dans le Dictionnaire des Mystères de l'Encyclopédie Migne), comme pour celui de l'Ἐξαγωγή et de l'Ἀδάμ, cités plus loin, la collection Didot des auteurs grecs, Euripidis fragmenta, etc.; pour la critique, Villemain, Tableau de l'éloquence chrétienne au IVe siècle, p. 135 sqq. et Journal des savants, 1845; Émile Deschanel, Les derniers jours de la tragédie grecque, Revue des Deux Mondes, 1er juin 1847; Ch. Magnin, Journal des Savants, 1849, janvier et mai; Patin, Études sur les tragiques grecs, I, 157 sqq.; Chassang, Des essais dramatiques imités de l'antiquité, Paris, Auguste Durand, 1852, p. 7 sqq.; G. Brambs, De

La Vierge-mère, *Theotocos*, en est le personnage central, et la peinture de ses sentiments durant la Passion, qui sera un des thèmes favoris de nos faiseurs de mystères, semble avoir été dès lors l'objet principal de l'auteur de ce poème dramatique. La *Theotocos* est le vibrant écho et, par un procédé tout classique, qui rappelle le rôle de la mère de Xerxès dans les *Perses*, l'interprète idéale de l'horreur et de la pitié qu'inspire le supplice du Sauveur. Des messagers viennent en effet lui faire des récits de certains épisodes qui se déroulent à l'écart. Elle prend à d'autres une part directe.

Elle a notamment, avec le Christ sur la croix, un dialogue où l'on voit son âme partagée entre sa douleur tragique de mère et l'espoir consolateur de la Rédemption. Le Christ agonisant la confirme dans cette espérance, lui promet même qu'elle le verra dans la gloire de sa résurrection, et lui rappelle que tout cela était écrit et qu'il faut accomplir les Écritures ; tandis que, dans un épisode dont l'invention est remarquable, il fait éclater sa clémence, en même temps que sa fermeté, en pardonnant à Pierre. Il y a là le premier essai d'un dialogue, dont l'Évangile de Saint-Jean a sans doute suggéré l'idée, et dont le thème initial nous semble avoir dû être fourni par quelque apocryphe perdu [1], car il se retrouvera dans nos Passions, et à

---

*auctoritate tragœdiæ christianæ quæ inscribi solet* Χριστὸς πάσχων, *Gregorio Nazianzeno falso attributa*, Eichstadt, Daentler, 1885 ; Hilberg, *Kann Theodorus Prodromus der Verfasser des* Χριστὸς πάσχων *sein ? Wiener Studien. Zeitschrift für classische Philologie*, Vienne, Carl Gerbold's Sohn, 1885, p. 282 sqq., 1887, p. 150 ; Karl Krumbacher, *Geschichte der Byzantinischen Literatur*, Munich, Beck, 1897, p. 746 sqq. ; enfin, pour une traduction élégante et assez fidèle, et pour des commentaires, plus pieux que critiques, mais que leur point de vue rend intéressants en l'espèce, l'abbé la Rousselière, *Une tragédie antique sur la Passion*, Paris, Retaux, 1895.

1. Nous l'avons cherché vainement dans les *Apocryphes* de Fabricius, de Tischendorff, et dans le *Dictionnaire des Apocryphes* de l'Encyclopédie théolo-

partir des plus anciennes[1]. L'auteur de la *Passion* grecque a d'ailleurs senti la grandeur et le pathétique de cette scène. Il les a indiqués en quelques traits justes et sobres. Il s'y garde même de ces emportements quelque peu païens contre les meurtriers, qui, en un autre passage, altéreront la physionomie de la Vierge, dont la résignation et la réserve devaient rester les traits caractéristiques.

Au reste cette sobriété de touche est rare dans toute l'œuvre. Cependant nous la signalerons encore dans deux scènes épisodiques entre les chefs des prêtres, les gardes et Pilate, les plus dramatiques de toutes, inspirées par l'Évangile de Saint-Mathieu et surtout par celui dit de Nicodème[2]. On y peut goûter des traits de vivacité, de naturel et même d'ironie scénique qui ont, çà et là, l'allure et la couleur de l'épisode du garde dans *Antigone*.

gique de Migne. Mais nous en avons trouvé la tradition ou l'invention dans les *Méditations* de Saint Bonaventure (c. LXXII). C'est de là, croyons-nous, que ce thème passera dans nos Passions, comme nous l'expliquerons plus loin. — L'Évangile de Saint-Jean rapporte simplement que les Trois Maries se tenaient près de la croix, et que Jésus dit à sa mère, en lui montrant Jean : *Voilà ton fils*, puis au disciple : *Voilà ta mère*. Et ces paroles du Christ sont d'ailleurs, dans la *Passion* grecque, le point de départ du dialogue en question. Voir encore E. Renan, *Vie de Jésus*, Paris, Michel Lévy, 1863, p. 435 sqq. Nicodème indique aussi, parmi les témoins de la Passion, le groupe des fidèles des deux sexes, cf. op. c., c. XI. Nous signalerons enfin, pour l'analogie de la situation et de l'idée, le dialogue entre le Christ ressuscité et Madeleine qui se désespérait, *Thesaurus hymnologicus*, Leipzig, Barth, 1844, t. II, p. 366. — Au reste les apocryphes étaient une source familière à l'auteur du Χριστὸς πάσχων, comme en témoignent notamment ses emprunts aux Évangiles de Nicodème, sur la Naissance de Marie, et au *Protévangile* de Jacques.

1. Nous en rencontrons l'idée première, puis un développement dans la Passion de Sainte-Geneviève (*Mystères inédits du XVe siècle*, éd. A. Jubinal, Paris, Techener, 1837, t. II, p. 185, pp. 247-250), et encore dans la *Passion d'Arras* (éd. J. M. Richard, Paris, Picard, 1893, vers 17017-17029). C'est au fond à ce même thème, mais placé avant le crucifiement, qu'Arnoul Gréban, puis Jean Michel, devront leur meilleure inspiration : cf. Sainte-Beuve, *Nouveaux Lundis*, t. III, p. 411 sqq., et ci-après p. 152 sqq., 160 sqq.

2. *Evangelia apocrypha*, Lipsiæ, 1853, éd. Constantinus Tischendorff, p. 238 sqq.

Les lamentations de la Vierge, à la descente de croix, baisant les plaies de son divin fils, se déroulent sur le même thème que nos *Planctus Virginis* du vendredi saint, sans valoir le *Stabat*[1]. Mais *la Vierge de pitié* a dérobé pieusement aux plaintes tragiques de l'Hécube et de l'Andromaque d'Euripide leur pathétique qui paraît ici outré, et elle y ajoute la prolixité. De celle-ci souffrent surtout les récits de messagers, les dialogues un peu décousus entre la *Theotocos*, le chœur des vierges, Joseph, Madeleine et *Theologos* qui est saint Jean. Il y a d'ailleurs de l'adresse et même de l'élégance dans le style qui est un centon d'Euripide, avec quelques emprunts à Eschyle et à Lycophron, sans compter ceux à des tragédies aujourd'hui perdues que trahit, en divers passages, la bigarrure de la langue[2].

Enfin la composition a un véritable centre dans le rôle de la Vierge, en qui viennent se répercuter et vibrer une à une les émotions que suggèrent tous les épisodes du drame sacré : une douleur d'abord voisine du désespoir, puis une espérance qui luit habilement dès la scène du crucifiement, et finalement une allégresse mystique devant la certitude de la Résurrection et la foi en la Rédemption. On ne saurait nier que ce rôle central ne procure à la pièce, à travers les dispa-

---

1. Cf. *Lateinische Hymnen des Mittelalters*, éd. Mone, Fribourg, 1854, p. 135-154; Ed. du Méril, *op. c.*, p. 142 sqq; et pour l'influence grande des *Planctus* sur l'amplification du drame de Pâques, Marius Sepet, *Origines catholiques du théâtre moderne*, Paris, Fontemoing, 1901, p. 21 sqq., et W. Meyer, *Fragmenta Burana, Festschrift zur Feier des hundertfünfzig-jährigen Bestehens der R. Gesellschaft der Wissenschaften zu Göttingen. Abhandlungen der philologische historischen Classe*, Berlin, Weidmannschen Buchhandlung, 1901, p. 66-72.

2. On trouvera le détail de ces emprunts pour les 2604 vers du Χριστὸς πάσχων dont ils ont fourni plus de la moitié, dans Brambs, *op. c.* — Cf. aussi Krumbacher, *op. c.*, p. 746.

rales qu'on y peut relever, une constante unité d'intérêt. L'action même — qui commence tout près du crucifiement, dure trois journées et finit avec la brusque apparition du Christ ressuscité, — subit, par l'effet de la présence du chœur et du resserrement naturel des faits, une certaine concentration que l'infinie prolixité de nos rimeurs de mystères, en un pareil sujet, fera paraître méritoire.

Telle est cette *Passion* byzantine, écrite d'ailleurs pour la simple lecture, mais antérieure à toutes celles d'Occident en langue latine ou vulgaire. Cependant si elle est leur aînée, elle ne fut pas leur aïeule, car elle ne paraît pas avoir été connue du reste du monde chrétien, avant les traductions latines qu'en donnèrent en prose et en vers les lettrés de la Renaissance, à partir du milieu du XVI$^e$ siècle[1]. En la rapprochant de ses cadettes de l'Occident chrétien, on y peut bien constater la persistance de la même inspiration religieuse à travers le temps et l'espace, produisant des analogies de forme. Mais s'il y a là matière à des rapprochements dont l'idée inspirait à Villemain cette appréciation enthousiaste : « La tragédie chrétienne était indiquée ; la source pure avait jailli dans le désert »[2], on y chercherait en vain les éléments d'une véritable filiation littéraire.

C'est un aveu que la critique la plus hardiment conjecturale doit faire aussi pour cette autre épave, d'ailleurs bien plus ancienne, du théâtre sacré d'Orient, connue sous le titre de *La sortie d'Égypte* ('Ἐξαγωγή). A en juger d'après les fragments conservés par Eusèbe de

---

1. Cf. le *Dictionnaire des Mystères*, op. c., p. 584 ; et W. Creizenach, op. c., t. II, pp. 409, 435.
2. Cf. *Journal des Savants*, juillet 1845, p. 395 sqq.

cette œuvre d'Ézéchiel (ɪɪᵉ s.?) qu'il qualifie de « poète tragique », ce fut là, comme dans la *Passion* attribuée à Gregorios, une sorte de chronique dramatisée, faite de récits et de dialogues découpés dans les Livres saints (ici dans l'Exode), et amplifiés sur le patron de la tragédie grecque, mais avec beaucoup plus de gaucherie dans le pastiche[1].

Moindre encore est pour nous l'intérêt du petit poème, en partie dialogué, du grammairien Ignace (ɪxᵉ siècle), Ἰγνατίου στίχοι εἰς τὸν Ἀδάμ[2]. C'est, comme nos drames liturgiques, une sorte d'*oratorio*. On y remarque une élégance curieuse de style qui va jusqu'à la préciosité, par exemple quand Dieu dit à Adam : *Tu laboureras les épines de la vie*,

Ἔσῃ γεωργῶν τὰς ἀκάνθας τοῦ βίου.

Ce n'est donc pas là, ni dans le dialogue si sec entre Ève et le serpent, qu'il faut chercher la source de l'ingénuité parfois si dramatique des scènes analogues de notre vieux drame d'*Adam*.

En somme les tentatives faites par les lettrés d'Orient pour traiter les sujets bibliques, selon la constitution et le style de la tragédie antique, avortèrent. Le drame chrétien devait engendrer sa forme propre, dans les églises d'Occident, à la faveur de circonstances dont les principales ont cessé d'être obscures. En les interrogeant, on peut serrer d'assez près la question des véritables origines de notre théâtre.

Avec le xɪᵉ siècle commença une renaissance archi-

---

1. Cf. *Journal des Savants*, avril 1848, pour une étude sur l'Ἐξαγωγή, avec traduction, par M. Ch. Magnin.
2. En 143 vers dont 54 d'introduction narrative.

tecturale qui fit surgir de grandes églises cathédrales, collégiales et abbatiales,

<blockquote>S'agenouillant au loin dans leurs robes de pierre,</blockquote>

de Cluny au Mont-Cassin, en passant par Strasbourg, Reims et Poitiers. Cette sorte de floraison monumentale atteste, en la symbolisant, la prédominance de l'idée religieuse, seule force morale et civilisatrice qui apparaisse nettement dans l'anarchie féodale de la France du XIe siècle[1]. Elle eut d'ailleurs pour cause première la nécessité de rebâtir et de couvrir en pierre les églises à couverture et à lambris de bois, brûlées au cours des invasions et des guerres intestines. Elle fut favorisée par la paix qui suivit l'expulsion définitive des envahisseurs barbares et par l'avènement de la dynastie capétienne; par l'initiative artistique des moines de Cluny et par l'exemple de Robert le Pieux, l'élève du pape Sylvestre II, grand constructeur d'églises et de sanctuaires. Un passage célèbre[2] de la chronique de Raoul Glaber, moine de Cluny, date cet événement et constitue l'extrait de naissance de l'architecture sacrée du moyen-âge : « Près de trois ans après l'an mil, écrit ce chroniqueur, les basiliques des églises furent renouvelées dans presque tout l'univers.... Les peuples chrétiens semblaient rivaliser entre eux de magnificence pour élever des églises plus élé-

---

1. Cf. A. Luchaire, dans l'*Histoire de France* publiée sous la direction d'E. Lavisse. Paris, Hachette, 1900, t. II, l. I, c. VI, p. 79 sqq.
2. Ce passage est plus souvent cité que compris. Contre l'erreur si répandue, depuis Baronius jusqu'à Sismondi et Michelet, laquelle, forçant le sens du texte de Glaber, voit la cause de ce zèle constructeur dans un contrecoup de la légendaire terreur de l'an mille, cf. l'argumentation décisive de M. Jules Roy (*L'an mille*, Paris, Hachette, 1885, c. IX, p. 229 sqq.), et la documentation de M. Pietro Orsi (*L'anno mille*, Turin Bocca, 1887), l'un et l'autre d'accord pour conclure que « les terreurs de l'an mille ne sont qu'une légende et un mythe ». Cf. aussi A. Luchaire, op. c., t. II, l. I, c. VI, p. 199 sq.

gantes les unes que les autres. On eût dit que le monde entier, d'un même accord, avait secoué les haillons de son antiquité pour revêtir la robe blanche des églises[1]. »

Elles se peuplèrent d'une foule avide de l'émotion des choses sacrées. Alors les offices s'étendent, prenant mesure sur la dévotion insatiable des fidèles. La liturgie s'enrichit du drame qui, dans le sanctuaire même où fut son berceau, rencontrait autour de lui tous les éléments nécessaires à sa vie propre, en attendant son indépendance. Il trouvait dans les textes des offices, devenus complaisants pour les interpolations, depuis la fin du IX° siècle, des sujets qui se dramatisaient spontanément; dans un clergé nombreux des acteurs et des auteurs inspirés, ou au moins zélés; dans la foule des fidèles, mise en goût de voir de ses yeux ce qu'elle adorait dans l'âme, un public idéal, aussi assuré qu'attentif; dans le cérémonial, élargi depuis l'époque carolingienne, une mise en scène à la fois somptueuse et minutieuse; dans la basilique enfin une salle de spectacle toute prête pour la voix et la déclamation lyrique des auteurs, comme pour l'œil et l'imagination des spectateurs, avec ses ambons pour *pulpitum*, son *triforium* et ses tribunes pour loges, et tout le symbolisme si suggestif de ses statues, de ses verrières et de son architecture elle-même pour décors.

On peut d'ailleurs indiquer, avec une précision suffisante, et en réduisant à des points secondaires la part des conjectures, comment le drame dit liturgique vint rem-

---

[1]. Cf. Guizot, *Collection des Mémoires relatifs à l'Histoire de France*, Paris, Brière, 1824, *Chronique de Raoul Glaber* (publiée en 1047), l. III, tome VI, p. 252; et Ch. Magnin, *Journal de l'Instruction publique*, 12 juillet 1835, p. 371, col. 1.

plir ce cadre et finalement le déborder en se sécularisant.

Une première origine du drame liturgique apparait avec certitude dans la manière dont certains textes étaient répartis, suivant les modes divers du *chant antiphoné*, entre le préchantre et le chœur ou deux demi-chœurs. C'est ce que l'on constate par exemple, dès les origines du bréviaire romain, pour certains répons, tels que celui de l'Avent, et, dès le ix° siècle, pour certaines antiennes. Ce système de récitation dialoguée des compositions responsoriales s'appliquera aussi aux *leçons*, et surtout aux évangiles de la Passion. On a même pu observer que parfois ce découpage dramatique des textes alla jusqu'à les faire distribuer entre le lecteur ecclésiastique[1] et autant de voix qu'il y a de personnages dont on rapporte les paroles[2].

Cette mélopée multiple dont nous voyons encore la tradition dans la récitation dialoguée des évangiles de la Passion, au dimanche des Rameaux et durant la semaine sainte, eut certainement une influence sur la constitution du drame liturgique. On en a fait ressortir curieusement l'importance, en rattachant le drame liturgique des *Prophètes* (texte de Limoges et aussi de Laon[3], xii° s.) à une déclamation ainsi dialoguée du sermon attribué à saint Augustin : *Vos, inquam, convenio, o Judæi...*, qui formait, dans nombre de diocèses, la sixième leçon des Matines de Noël. Cette filiation y est

---

1. *Clerus*, dans les rubriques, où ce terme est opposé à celui de *Populus* désignant la foule anonyme des fidèles.

2. Cf. l'abbé Batiffol, *op. c.*, p. 104 sqq.; Edélestand du Méril, *op. c.*, p. 47 sur le caractère dramatique et mimique de certaines intonations; Marius Sepet. *Les Prophètes du Christ*. Paris, Didier, 1878, p. 10 sqq. et *Origines*, etc., *op. c.* p. 12 sqq., 48 sqq., 160 sqq; W. Creizenach, *op. c.*, t. I, p. 55 sqq; et W. Meyer, *op. c.*, p. 38, pour un exemple probant par sa naïveté même de cette dramatisation à outrance.

3. Cf. Ulysse Chevalier, *Bibliothèque liturgique*. t. VI, p. 385 sqq., et W. Meyer, *op. c.* p. 51.

montrée avec une vraisemblance voisine de la certitude[1].

Mais il est une autre origine du drame liturgique qui a été mise tout à fait hors de doute, et grâce à laquelle l'évolution de ce drame apparait entière et dès son premier germe.

On a constaté que, vers la fin du ixe siècle, il se glissa, dans le texte grégorien de certains offices, des interpolations, que l'on appelle *tropes* d'après leur nom latin. Ces interpolations sont de provenance monacale pour la plupart, à en juger par les manuscrits. Leur texte est, parmi sa courte prose et dès l'origine, tout émaillé de strophes richement variées, en vers rarement métriques, le plus souvent rythmiques, assonancés, puis usant de la rime riche qu'on y voit apparaître vers la fin du xie siècle. A en croire leur historien[2], ces variations sur les textes canoniques auraient été primitivement un moyen d'aider la mémoire des chanteurs, en mettant des paroles sur les vocalises finales, dites jadis *trainées de notes* (*sequelæ*, *jubili*), telles que les séquences de l'*Alleluia* et du *Kyrie*. Importé de l'abbaye de Jumièges en celle de Saint-Gall[3], ce procédé mnémo-

---

1. Cf. Marius Sepet, *les Prophètes du Christ*, Paris, Didier, 1878. Quant à la partie du reste de cette thèse, ingénieuse et si suggestive, de M. Marius Sepet qui tend à rattacher à ce médiocre drame (Cf. Ed. du Méril, *op. c.*, p. 179 sqq.) et au sermon initial, par une chaîne dont trop d'anneaux sont invisibles, toute l'évolution ultérieure du cycle du Vieux Testament, elle n'a que le défaut d'être trop conjecturale, dans l'état actuel des documents. M W. Meyer (*Fragmenta Burana*, *op. c.*, p. 55) n'y voit plus qu'une illusion (Täuschung), mais la pétulance de ses arguments fait ici tort à sa science : Cf. aussi là-contre. W. Creizenach, *Literaturblatt für germanische und romanische Philologie*, 1902, n° 6.

2. M. Léon Gautier, *Histoire de la poésie liturgique au moyen âge : les Tropes*. Paris, V. Palmé et A. Picard, 1886. M. W. Meyer, reprenant ce point de vue, fait observer qu'il y a jusqu'à 70 notes sur l'*a* final de l'*Alleluia*, qui s'imposaient à la piété et à la mémoire des moines, lesquels n'étaient pas tous, même à Saint-Gall, des musiciens comme Tutilon (*op. c.*, p. 171). — Sur les séquences de la semaine de Pâques et leur popularité, Cf. Felix Clément, *Histoire générale de la musique religieuse*. Paris, Le Clerc, 1861, p. 235 sqq.

3. Sur l'abbaye de Saint-Gall, le foyer d'art religieux qui s'y alluma, et les

nique y eut une curieuse fortune. Le bénédictin Notker (fin du IX⁰ s.) substitua des paroles de sa composition à celles qu'avait suggérées la mnémotechnie, puis inventant la musique comme les strophes des séquences, il donna un libre cours à sa double inspiration. Son ami, le poète, compositeur et artiste, Tutilon, autre moine de Saint-Gall, suivit cet exemple dans ses *tropes*, et une nouvelle forme lyrique fut créée. Elle s'envola sur les ailes de la musique, sa libératrice, de la prison des formes surannées de la métrique classique décadente, où on l'avait si longtemps tenue à la gêne. Cette poésie strophique fut aussitôt à la mode dans les couvents de France et d'Allemagne, et paraît d'ailleurs avoir exercé une influence décisive sur le développement des formes lyriques en langue vulgaire, dans ces deux pays [1]. Ce qui nous importe ici c'est que ces innovations rituelles que l'on trouve établies, au X⁰ siècle, en France et en Allemagne, furent très goûtées et servirent à allonger les offices, surtout dans les monastères, au gré de cette ferveur des fidèles dont témoigne Gautier de Coincy :

> Chantons, chantons, clercs et clergesses,
> Les délicieuses kirielles,
> Les séquences plaisans et belles.

Or plusieurs de ces tropes prirent une forme dialoguée, qui s'était produite déjà d'ailleurs dans certaines séquences de Notker, leurs sœurs aînées [2], si bien que,

---

dynasties des Ekkehard et des Notker. Cf. *Les Moines d'Occident* par le comte de Montalembert. Paris, Lecoffre, 1877, t. VI, p. 155 sqq.

1. Cf. W. Meyer, *Fragmenta Burana*, op. c., p. 37 sqq., 166 sqq., dont les savantes et sagaces recherches complètent celles de Léon Gautier et les renforcent, à quelques inductions près, qui sont trop exclusivement à l'honneur de l'école de Saint-Gall.

2. Cf. W. Meyer, *op. c.*, p. 35.

la mise en scène liturgique aidant[1], on trouve là de véritables petits drames. On est donc conduit à considérer formellement les tropes dialogués comme des drames liturgiques, dans la première phase de leur évolution[2]. On y est d'autant plus autorisé que leur texte se retrouve enclavé dans d'autres drames liturgiques sur les mêmes sujets, plus amples et d'un style plus orné, sans être jamais bien longs eux-mêmes[3].

Pour préciser, nous allons suivre les phases principales de l'évolution d'un drame liturgique depuis le trope originel. Nous prendrons ce trope dans la liturgie de Pâques, parce qu'elle a été beaucoup mieux explorée que celle de Noël, et parce que le sujet en appartiendra à nos futures *Passions* françaises. C'est en effet le drame liturgique de la *Résurrection*, *Resurrectionis Mysterium*, comme l'appellent les liturgistes[4], dont

---

1. Sur le plus ancien texte témoignant de ces mises en scène (*Liber consuetudinum*, 967, à propos du *Quem quæritis* de Pâques), cf. W. Creizenach, *op. c.*, I, 48 qq.

2. Nous ne ferons aucune différence entre les plus anciens *Offices dramatiques* d'Edélestand du Méril, *op. c.*, et de Carl Lange (*Die lateinischen Osterfeiern*, München, Ernst Stahl, 1887) et les *Tropes dramatiques* de M. Léon Gautier qui a une tendance à multiplier les subdivisions sans signes diacritiques suffisants (Cf. notamment sa classification des drames liturgiques en deux époques et six degrés dans le journal *le Monde*, 28 et 30 août 1872). Qu'on les appelle *offices* ou *tropes*, ce ne sont que des drames liturgiques, à l'état embryonnaire. — Voir aussi G. Paris, *Journal des Savants*, 1892, p. 683.

3. L'étendue moyenne des drames liturgiques proprement dits est d'une soixantaine de vers ou lignes. Certains *jeux scolaires* vont jusqu'à dépasser 300 vers, comme le *Daniel* d'Hilaire (Ed. du Méril, *op. c.*, p. 241 sqq.) ; et le drame déjà cyclique de la *Nativité* de Munich (*ib.*, p. 187 sqq.) en a plus de 500.

4. Cf. J. Hartzheim, *Concilia Germaniæ*, Cologne, 1761, t. IV, p. 258, col. 1. — Remarquons à ce propos, et dès maintenant, que le mot *mystère* désignant les drames sacrés sur la Passion ou autres, vient bien de *mysterium*, mystère de la foi, comme l'entendaient les clercs, et non de *ministerium*, comme le voulait Max Muller, et, avec lui, A. Réville, Petit de Julleville, d'Ancona et W. Creizenach. Il ne signifie pas l'*accomplissement d'une fonction*, un *mistere*, quoiqu'il soit le plus souvent orthographié ainsi dans les manuscrits et imprimés ; ce qui en ferait, qu'on nous passe cette sorte de jeu de mot, un synonyme séduisant d'*Office* (officium). Il ne faut pas subtiliser là-dessus; mais se ranger à l'opinion définitive de M. Gaston Paris (*Journal des Savants*, 1892, p. 673 sqq.) et entendre *mystère* dans le sens de « démonstration repré-

nous allons suivre le développement depuis son origine. Voici d'abord les textes évangéliques :

| Texte | Traduction |
|---|---|
| Respondens autem Angelus mulieribus : Nolite timere vos: scio enim quod Jesum, qui crucifixus est, quæritis. Non est hic; surrexit enim, sicut dixit. Venite, et videte locum, ubi positus erat Dominus (saint Matthieu, XXVIII, 5, 6). — Nolite expavescere : Jesum quæritis Nazarenum crucifixum ; surrexit, non est hic; ecce locum ubi posuerunt eum. Sed ite, dicite discipulis ejus, et Petro, quia præcedit vos in Galilæam : ibi eum videbitis (saint Marc, XVI, 6, 7). — Quid quæritis viventem cum mortuis? Non est hic, sed surrexit (saint Luc, XXIV, 5, 6). | Mais l'ange, prenant la parole, dit aux femmes : Pour vous, ne craignez pas ; je sais en effet que vous cherchez Jésus qui a été crucifié. Il n'est point ici; car il est ressuscité, comme il l'a dit. Venez, et voyez la place où avait été déposé le Seigneur et allez promptement dire à ses disciples qu'il est ressuscité d'entre les morts (saint Matthieu, XXVIII, 5, 6). — Ne vous épouvantez pas : vous cherchez Jésus de Nazareth le crucifié; il est ressuscité, il n'est point ici; voici la place où ils le déposèrent. Mais allez dire à ses disciples et à Pierre qu'il vous précède en Galilée, là, vous le verrez (saint Marc, XVI, 6, 7). — Pourquoi cherchez-vous un vivant parmi les morts? Il n'est point ici, mais il est ressuscité (saint Luc, XXIV, 5, 6). |

De ces trois textes est sorti un trope qui se chantait à l'Introït de Pâques, où le dialogue pur se dégage de la narration dialoguée, s'accentue par ses apostrophes rimées : *Christicolæ! Cœlicolæ!* surtout, par le *Quem quæritis* suggéré par l'évangile de saint Luc[1], et opère

---

sentative d'un mystère de la foi. » Le mot se rencontre d'ailleurs, contrairement à ce que croit M. Petit de Julleville, dans un texte officiel antérieur à celui de l'édit de Charles VI, du 5 décembre 1402, et à propos de mystères *parlés*. Les statuts des Frères de la charité de Rouen leur ordonnent en effet, à la date de 1375, de jouer chaque année « aucun vray mystère ou miracle ». P. le Verdier, *Documents relatifs à la confrérie de la Passion de Rouen*, 1891, p. 306, 343 (cité par E. Roy, *le Jour du jugement*, Paris, Bouillon, 1902, p. 81).

1. « Cette interrogation (*Quem quæritis in sepulchro*), qui ne se trouve dans aucun des quatre Évangiles authentiques, prouve d'une manière évidente

la fusion des trois textes[1], en un raccourci dramatique. Ce trope apparait d'abord, dans le plus ancien manuscrit de Saint-Gall, sous cette forme, avec les rubriques (INT. R.) d'interrogations et de réponses très visibles en marge[2]:

| Texte | Traduction |
|---|---|
| Quem quæritis in sepulchro, (o) Christicolæ? — Jesum Nazarenum crucifixum, o Cœlicolæ. — Non est hic : surrexit ; sicut prædixerat. Ite, nuntiate quia surrexit de sepulchro. *Resurrexi.* » | « Qui cherchez-vous dans le sépulcre, ô adoratrices du Christ? — Jésus de Nazareth le crucifié, ô habitants (adorateurs) du ciel. — Il n'est point ici : il est ressuscité, comme il l'avait prédit. Allez, annoncez qu'il est ressuscité du sépulcre. (Suit le *Resurrexi*.) |

Dans le manuscrit de l'abbaye de Saint-Martial de Limoges, ce trope, faisant toujours partie de l'*Introït*, est ponctué de *respondent*, d'indications pour le dialogue et la mise en scène, et ses quatre phrases fondamentales s'augmentent de celles-ci :

l'intention de dramatiser la « résurrection » : Ed. du Méril. op. c., p. 9; n. 4. Elle ne se retrouve pas non plus dans l'Evangile de Nicodème : *Et audirimus vocem angeli loquentis mulieribus*, etc., op. c., c. XIII, p. 347 sqq. — Voir dans W. Meyer, op. c., p. 34 sqq., des observations analogues sur le dessein prémédité de dramatiser, chez les *tropistes* de St-Gall, qu'attestent ces annotations marginales INT (errogatio), RESP (onsio) Mais si cette concordance du *Quem quæritis in sepulchro* de l'office de Pâques avec le texte évangélique prouve que le trope de Noël : *Quem quæritis, in præsepe, pastores, dicite!* (Qui cherchez-vous, dans la crèche, pasteurs, dites-le nous '), moins ancien que le célèbre *Hodie cantandus* de Tutilon, a été calqué sur son pendant dans la liturgie de Pâques : *Quem quæritis in sepulchro*, il n'en faut pas conclure que le drame liturgique de Pâques soit éclos avant celui de Noël. M. W. Meyer (op. c., p. 31 sqq.) affirme même le contraire, malgré l'opinion courante, et il nous semble qu'on pourrait tirer des arguments en faveur de sa thèse des remarques mêmes de M. W. Creizenach, op. c., t. I, p. 58, sur le développement précoce des formes dans le cycle de Noël. Pour les textes Cf. Ed. du Méril, op. c., p. 147-213, surtout p. 153, 156, 171 ; Karl Weinhold, *Weihnachts Spiele*, etc., t. I, Graz, 1853, et W. Meyer, op. c., p. 38 sqq.

1. Cf. L. Gautier, *Les Tropes*, op. c., p. 216.
2. Cf. Léon Gautier, *Les Tropes*, op. c. p. 220 sqq. et Carl Lange, *Die lateinischen Osterfeiern*, op. c., p. 20 sqq.

| Texte | Traduction |
|---|---|
| Respondent : Alleluia. Ad sepulchrum residens Angelus nuntiat resurrexisse Christum : « En ecce completum est illud quod ipse per Prophetam dixerat, ad Patrem taliter inquiens : *Resurrexi* ». | Ils répondent : Alleluia. Assis près du sépulcre, un ange annonce que le Christ est ressuscité : « Et voici que s'est accompli ce qu'il avait dit lui-même par la bouche du Prophète, parlant à son père de cette sorte : *Resurrexi* ». |

Cependant le trope *Quem quæritis*, au cours de sa croissance, se détachait de l'Introït; et le drame liturgique, dont il avait été la première forme, continuant à s'enrichir de paraphrases et d'épisodes tirés des livres saints et apocryphes[1], se jouait, non plus dans l'office canonique, mais à côté. La diffusion de cet office dramatique du matin de Pâques fut telle qu'on a pu en collectionner 224 textes divers[2]. Leur évolution et, par analogie, celle du drame liturgique en général, y peut donc être étudiée à la loupe, pour ainsi dire, depuis l'embryon primitif.

Ils se classent en trois groupes : le premier comprend ceux où le dialogue n'est qu'entre les Saintes Femmes et l'ange ou les anges, devant ou dans le tombeau vide; le second y ajoute la course des apôtres Pierre et Jean, d'après saint Luc et surtout d'après saint Jean; dans le troisième groupe, Jésus ressuscité dialogue avec Madeleine, d'après saint Matthieu, saint Marc et surtout saint Jean.

Comme types du premier groupe nous signalerons, outre les tropes de saint Gall et de saint Martial, un

---

1. Sur la lenteur et les modes de cette croissance, Cf. W. Meyer. *Fragmenta Burana*. op. c., p. 49 sqq.
2. Cf. Carl Lange, *Die lateinischen Osterfeiern*, op. c. Dans ce nombre, 159 proviennent d'Allemagne, 52 de France, 7 d'Italie, 3 de Hollande, 2 d'Espagne, 1 d'Angleterre.

très ancien office d'Einsiedeln dont une moitié est faite intégralement des quatre phrases du trope de saint Gall[1]; et nous citerons entièrement, pour preuve intéressante de la persistance du genre, celui qui se célébrait encore à Angers au XVIIIe siècle[2], comme il suit :

Le troisième et dernier Répons de Matines étant fini, les deux Maires-Chapelains du Chœur qui sont chappez avec le Chantre, vont à l'Autel, et y étant cachez derrière le drap, deux Corbeliers en dalmatique, ayant l'amit simple sur la tête, et par-dessus cet amit une espèce de calotte brodée, appellée en latin *Mitella*, et des gants ou mitaines en leurs mains, se présentent à l'Autel. Les Maires-Chapelains chantent en les interrogeant.

*Quem quæritis ?*

Les Corbeliers représentant les Maries répondent :

*Jesum Nazarenum crucifixum.*

Les Maires-Chapelains :

*Non est hic, surrexit sicut prædixerat, venite et videte locum ubi positus erat Dominus.*

Les Corbeliers entrent, et les Maires-Chapelains continuent de chanter :

*Ite, nuntiate discipulis ejus quia surrexit.*

Les Corbeliers prennent en entrant deux œufs d'Autruche enveloppez dans une toile de soye, et vont au Chœur en chantant :

*Alleluia, Resurrexit Dominus, resurrexit leo fortis, Christus, filius Dei.*

Le Chœur répond :

*Deo gratias, Alleluia.*

L'Orgue commence le

*Te Deum.*

---

1. Cf. Mone, *Schauspiele des Mittelalters*, Karlsruhe, 1846, t. I, p. 12 Ed. du Méril, *op. c.*, p. 100; Carl Lange, *op. c.*, p. 55.
2. Cf. C. Lange, *op. c.*, p. 39. Pour la persistance des représentations du drame liturgique dans l'Eglise et leurs vicissitudes, parallèlement au développement du drame sacré hors de l'Eglise, cf. Ed. du Méril, *op. c.*, p. 83 sqq. Petit de Julleville, *les Mystères*, Paris, Hachette, 1880, p. 78, n. 2, 80 n. 1, et 456 sqq.; surtout W. Creizenach, *op. c.*, t. I, p. 218 sqq.

Les deux Corbeliers vont à l'Evêque, aux Dignitez, aux Chanoines et à tout le Chœur dire à l'oreille :

*Resurrexit, Alleluia.*

A quoi chacun répond :

*Deo gratias, Alleluia.*

L'épisode de la course des apôtres, thème caractéristique du second groupe[1], y apparaît, dès la fin du XI° siècle ou le commencement du XII°, dans une liturgie d'Augsbourg, sous cette forme :

| TEXTE | TRADUCTION |
|---|---|
| Tunc duo ad hoc parati, et persona discipulorum Petri et Johannis, et currendo ad monumentum unus precedat, quo non intrante, posterior introeat, choro cantante a. : *Currebant duo simul.* Interim sacerdotes predicti, cruce nudata, aspersa et thurificata, pronuntient omnibus resurrectionem, cantando a. : *Surrexit dominus de sepulchro.* Chorus autem, audita resurrectione, prorumpens in gaudium, alta voce communiter imponat : *Te deum laudamus.* | Puis deux prêtres équipés pour cela, représentant les disciples Pierre et Jean, courront vers le monument, de manière que l'un étant devant, qui n'entrera pas, le second entrera, le chœur chantant l'antienne : *Currebant duo simul.* Cependant les prêtres (placés dans le sépulcre) déjà désignés, après avoir découvert, aspergé et encensé la croix, annonceront à tous la résurrection, en chantant l'antienne : *Surrexit dominus de sepulchro.* Le chœur de son côté, à cette nouvelle de la résurrection, dans un élan de joie[2], fera éclater avec ensemble et à pleine voix : *Te deum laudamus.* |

1. Cf. le texte si explicite de Guillaume Durand, dans Ed. du Méril, *op. c.*, p. 107, n. 2; et *ibid.*, p. 44, n. 1, pour les lazzis dont on égayait cet épisode en Allemagne et partout sans doute.

2. Des variantes ultérieures donnent à cette joie, un des thèmes favoris des séquences de Pâques, la forme d'une invitation lyrique à l'allégresse universelle : *Ergo die ista exultemus, astra, solum, mare* (Donc, en ce jour, bondissons de joie, astres, terre, mer). Cf. Ed. du Méril, *op. c.*, pp. 107, 117 et Carl Lange, *op. c.*, pp. 101 sqq., 146. — Le peuple est invité à s'associer à cette joie, par cette rubrique, fréquente dans les drames liturgiques de provenance allemande : *Populus cantet : Christ ist erstanden.* Mais il lui arriva d'abuser de la permission, et le synode du diocèse de Worms l'exclut, en 1316, de la célébration du *Mystère*, dont les débordements de sa joie altéraient le caractère (*Resurrectionis mysterium, ante ingressum plebis in Ecclesiam, deinceps peragatur, debita cum devotione et reverentia*). Ed. du Méril, *op. c.*, p. 117. Voir aussi W. Creizenach, *op. c.*,

## 3ᵉ GROUPE DES « RÉSURRECTIONS ».

Enfin, pour caractériser le troisième groupe, nous choisirons un drame liturgique de *la Résurrection* qui est du xiiiᵉ siècle et des plus développés, et nous en extrairons le passage où est traité l'épisode de l'apparition du Christ à Marie-Madeleine[1] :

| Texte | Traduction |
|---|---|
| Maria : | Maria : |
| Ardens est cor meum desiderio videre Dominum meum; quæro et non invenio ubi posuerunt eum : Alleluia. | Brûlant est mon cœur du désir de voir mon Seigneur ; je cherche et ne trouve pas où ils l'ont déposé : Alleluia. |
| *Interim veniat quidam præparatus in similitudinem hortolani; stansque ad caput sepulchri, dicat :* Mulier, quid ploras? Quem quæris? — Maria : Domine, si tu sustulisti eum, dicito mihi ubi posuisti eum, et ego cum tollam. — *Et ille :* Maria! | *Cependant que quelqu'un vienne équipé, de manière à ressembler à un jardinier ; et se tenant au chevet du sépulcre, qu'il dise :* Femme, pourquoi pleures-tu ? Qui cherches-tu ? — Maria : Seigneur, si tu l'as enlevé, dis-moi où tu l'as déposé, et moi je l'emporterai. — *Et lui :* Maria! |
| *Atque procidens ad pedes ejus Maria dicat :* Rabboni! | *Et que tombant à ses pieds Maria dise :* Rabboni! |
| *At ille subtrahat se, et, quasi tactum ejus devitans, dicat :* Noli me tangere : nondum enim ascendi ad patrem meum et patrem vestrum, dominum meum et dominum vestrum. | *Mais que lui se recule, et, comme évitant son contact, qu'il dise :* Garde-toi de me toucher : car je ne suis pas encore monté vers mon père et votre père, mon Seigneur et votre Seigneur. |
| *Sic discedat hortolanus, Maria vero conversa ad populum dicat :* Congratulamini mihi omnes, qui diligitis dominum, quia quem quærebam apparuit mihi et, dum flerem ad monumentum, vidi dominum meum. Alleluia. | *Là-dessus que le jardinier[2] s'éloigne, mais que Marie tournée vers le peuple dise :* Félicitez-moi tous, vous qui chérissez le Seigneur, parce que celui que je cherchais m'est apparu et, tandis que je pleurais près du monument, j'ai vu mon Seigneur. Alleluia. |

t. I, p. 100 sqq., sur les Décrétales du xiiiᵉ siècle, renouvelant des interdictions analogues.

1. Cf. Carl Lange, op. c., p. 163, et Ed. du Méril, op. c., p. 114.

2. Ce jardinier qui est le Christ, d'après l'Évangile, sera figuré souvent sur les parois ou les vitraux de nos cathédrales. Le premier en date de ces *Christ à la bêche* se voit au pourtour du chœur de Notre-Dame de Paris.

Telles furent, d'après les textes, les phases de l'évolution de l'office dramatique de la *Résurrection*, depuis le trope *Quem quæritis* de l'office de Pâques [1].

Une exploration méthodique des liturgies de Noël conduirait à des observations parallèles et à une conclusion identique sur la genèse des drames de ce cycle. Leur épanouissement fut d'ailleurs plus rapide et plus riche [2], grâce à la popularité des fêtes de Noël, à l'intérêt et à la variété des épisodes qui s'y rattachent : le défilé des Prophètes, la Nativité, l'adoration des Mages, celle des Bergers, le massacre des Innocents, la mort d'Hérode et la fuite en Égypte. Enfin le voisinage même des fêtes liées à ces divers épisodes, dans la semaine de Noël, qui l'a fait appeler assez ingénieusement celle des Grandes Dionysies de l'Église [3], commanda de bonne heure leur fusion cyclique [4].

Outre les drames liturgiques des deux grands cycles de Noël et de Pâques, relatifs à *l'Incarnation* et à la *Passion*, ces deux principales péripéties du mystère de la Rédemption, il nous en reste qui correspondent aux diverses fêtes gravitant autour de ces deux pôles de la liturgie, y compris celles des Saints [5]. Nous en avons même qui ont trait au Jugement dernier, de l'espèce

[1]. Pour l'ensemble du développement de l'office et du jeu de Pâques, cf. W. Meyer, *op. c.*, p. 49 sqq.

[2]. Cf. W. Creizenach, *op. c.*, t. I, p. 57 sqq., et W. Meyer, *op. c.*, p. 38 sqq. et 56.

[3]. Cf. W. Meyer, *Fragmenta Burana*, *op. c.*, p. 56.

[4]. Cf. la *Nativité* de Munich, dans Ed. du Méril, *op. c.*, p. 187-213, et *Carmina Burana*, *op. c.*, *Ludus scenicus de Nativitate Domini*, p. 80, sqq.

[5]. On en trouvera les textes dans les recueils de Wright, *Early mysteries, etc.*, Londres, 1838 ; de Monc ; d'Edelestand du Méril ; de Coussemaker, *Drames liturgiques du moyen âge*, Rennes, Vatar, 1860 (où il y en a 22, avec leur musique) et de Carl Lange, déjà cités et qui renverront aux autres sources partielles ; cf. enfin ceux récemment découverts par W. Meyer, *Fragmenta Burana*, *op. c.* — Voir aussi, dans Félix Clément, une énumération des *Offices dramatiques*, dans l'ordre de l'année liturgique, *Histoire de la musique religieuse*, *op. c.*, pp. 89-319.

dite, pour cette raison, *eschatologique* : par exemple le drame symbolique de l'*Époux* (*Sponsus*) ou des *Vierges sages et des Vierges folles*, et le si curieux *Jeu de l'Antéchrist*, de l'abbaye de Tégernsée, en Bavière [1].

Un examen détaillé de ces drames liturgiques serait étranger au dessein de cet ouvrage. Il suffira même présentement d'y remarquer que ce sujet de la Passion, dont le développement devait dominer tous les autres, au XVᵉ siècle, ne se dégage que tard — en un jeu scolaire, et hors de France, — avec cette *Passion* de Benedictbeuer, en latin et haut-allemand-moyen qui est du XIIIᵉ siècle [2]. Il semble que certains scrupules aient empêché longtemps les auteurs de drames liturgiques de mettre en scène la personne même du Christ. Celle-ci apparaît, pour la première fois, dans le troisième groupe des drames de Pâques que cette apparition même caractérise, et encore est-ce sous le voile du surnaturel. Elle n'est directement mise en scène, comme mêlée à des événements humains, que dans les deux jeux scolaires de la *Résurrection de Lazare*.

La question de la genèse et des modes de développement liturgiques du drame sacré est maintenant aussi éclaircie qu'il importait à notre sujet. Il nous reste à démêler, dans l'ensemble de l'histoire du drame liturgique, d'abord certaines influences littéraires et artistiques qu'il exercera directement, après les avoir subies,

---

1. Cf. L'édition critique de W. Meyer, *Sitzungsberichte der philosophisch-philologischen und historischen Classe der k. b., Wissenschaften zu München*, Munich, 1882, p. 1-192; W. Creizenach. *op. c.*, t. I, p. 78, sqq.; Marius Sepet, *Origines*, etc., *op. c.*, p. 89, sqq.

2. Cf. Éd. du Méril, *op. c.*, p. 126 sqq. Sur le texte un peu antérieur de Muri, qui n'apparaît en somme que comme un office de la Résurrection, en langue vulgaire, cf. W. Creizenach, *op. c.* t. I, p. 114, sqq.

sur le drame sécularisé; et à noter dans sa constitution même, une inspiration didactique, des procédés de mise en scène et certains caractères dramatiques, dont les traits essentiels persisteront à travers tout notre théâtre religieux du moyen âge.

A côté des textes canoniques ou apocryphes, deux éléments profanes se mêlèrent au développement du drame écrit en latin sur des sujets sacrés, pour lequel d'ailleurs l'appellation courante de *drame liturgique* va nous paraître parfois impropre[1], à notre point de vue, qui est celui de sa sécularisation progressive.

La première en date de ces deux influences profanes est celle de la poésie dite scolaire. Elle apparaît, comme s'exerçant concurremment avec celle des textes liturgiques, dès les premiers drames, par exemple avec le *Jeu des trois rois* de Frisingue (XIe s.)[2]. Elle se manifeste par une versification tantôt rythmique et assonancée, puis rimée, émule de celle si libre des faiseurs

---

1. M. Marius Sepet a proposé jadis et on a généralement accepté le terme de *semi-liturgiques*, pour ceux de ces drames où l'invention personnelle des clercs, des écolâtres et des écoliers se donne abondamment carrière. Il est assez clair ; mais nous lui préférerons le terme de *jeux scolaires* qui l'est encore plus, ayant le mérite de traduire et d'expliquer le titre ordinaire de ces drames, *ludi*, et de se retrouver en tête de certains drames français de la première époque, tels que le *Jeu de Saint-Nicolas*, etc... Au reste, l'expression de *drame liturgique* est toute moderne et laïque ; et, en favorisant l'évolution spontanée de certains de ses offices vers la forme dramatique, jamais l'Eglise ne pensa *faire du théâtre*. Il n'en est pas moins vrai qu'en cela sa liturgie devint une véritable dramaturgie, et que l'expression de drame liturgique est en général aussi exacte que claire. — Le premier historien du théâtre qui, avant Ch. Magnin, se soit placé, pour les origines, au point de vue liturgique, nous semble bien être l'espagnol Moratin, auquel cette vue a sans doute été suggérée par l'évidente filiation des fameux *autos sacramentales* de Lope et de Calderon. Il dit, en effet, expressément : *Ce furent les fêtes ecclésiastiques qui donnèrent l'occasion de nos premiers essais dans l'art scénique ; les membres des chapitres furent nos premiers acteurs, etc. Las fiestas eclesiasticas*, etc... *Origines del teatro expanol* par L. F. de Moratin (m. en 1828, ouvrage posthume), Madrid, Collection Rivadeneyra, 1848, t. II, p. 154.

2. Cf. Ed. du Méril, *op. c.*, p. 155, sqq.

de tropes profanes, tantôt mais plus rarement métrique sur les modes classiques de l'hexamètre, du pentamètre, du trochaïque septénaire, de l'iambique sénaire[1], voire de la strophe saphique[2]. Nous trouverons dans la versification polymétrique de nos mystères la tradition des formes luxuriantes de cette poésie rythmique et strophique.

La seconde influence est celle de la langue vulgaire qui se mêle à la langue sacrée, vers le second tiers du xiie siècle, et finit par l'éliminer, du moins hors de l'église : car le drame sacré, en latin, s'obstinera à végéter, sinon à croître, en France et au dehors, comme nous l'avons vu, par delà la naissance du drame en langue vulgaire.

Sous la pure influence des textes canoniques, sont nés par exemple les offices de Pâques du premier groupe que nous avons cités plus haut. Les mêmes offices, selon l'usage de Narbonne ou encore d'Einsiedeln[3], montreront comment se mêlent aux textes liturgiques les inventions personnelles[4] et la versification rythmique, avec cette variété dont héritera le drame en langue

---

1. Cf. W. Meyer, *Fragmenta Burana*, op. c., p. 36-37, 136 sqq. Sur les hexamètres et distiques nombreux dans les liturgies des xe et xie siècles, publiées par L. Gautier qui ne les y a pas vus. Cf. *ibid.*, p. 41.

2. Cf. Ed. du Méril, *op. c.*, p. 153 :

> Nuntium vobis fero de supernis ;
> Natus est Christus, dominator orbis.
> In Bethleem Judæ ; sic enim Propheta
> Dixerat ante

3. Cf. Ed. du Méril, *op. c.*, p. 91 sqq., 101 sqq.

4. Le plus ancien des offices de Pâques où apparaisse ce goût d'enrichissement, par l'introduction de personnages profanes formant contraste avec les personnages sacrés, à savoir Pilate, les juifs, les gardes du tombeau, et par l'insertion de scènes épisodiques où pointe le comique, comme celle du marchandage des parfums, est celui de Tours. (Cf. Milchsack, *Die Oster- und Passionspiele*, Wolfenbüttel, Julius Zwissler, 1880, p. 97 sqq.) que complète un autre de Klosterneuburg, son contemporain.

vulgaire. Dans le drame de l'*Adoration des Mages*[1], qui se jouait à l'abbaye de Saint-Benoit-sur-Loire, avec la crèche « à la porte de l'abbaye », selon une didascalie, nous rencontrons le texte en prose mêlé de vers hexamètres, voire de centons de Virgile, qui étaient moins profanes aux yeux des fidèles qu'aux nôtres, leur auteur ayant pris rang parmi les prophètes du Christ, de par la quatrième églogue. Enfin le drame de l'*Époux* (*Sponsus*), plus connu sous le titre de drame des *Vierges sages et des Vierges folles* (première moitié ou deuxième tiers du XIIe siècle), offre le premier mélange connu de la langue vulgaire, qui est ici le dialecte haut-limousin, avec la langue sacrée[2]. Nous signalerons encore ce mélange dans la *Résurrection de Lazare*, par Hilaire, disciple d'Abélard, où Marie et Marthe viennent chanter à Jésus des lamentations latines sur la mort de leur frère, avec des refrains en français, dont voici un échantillon :

> Hor ai dolor
> Hor est mis frere morz;
> Por que gei plor[3].

Le *Miracle de saint Nicolas* du même Hilaire nous offrira une *farciture* semblable, avec une pointe de comique très sensible[4]. Le mélange des deux langues se retrouve encore dans un *Daniel* de Beauvais (XIIe siècle), et dans les *Trois Maries* d'Origny Sainte Benoîte (XIVe siècle)[5]. Mais dans aucun de ces cinq

---

1. Cf. Coussemaker, *op. c.*, p. 143 sqq.
2. Cf. Monmerqué et F. Michel, *Théâtre français au moyen âge*, Paris, Didot, 1842, p. 1 sqq.; Coussemaker, *op. c.*, p. 233 sqq.; et *Romania*, 1893, t. XXII, p. 177 sqq., *Le Mystère de l'epoux*, par W. Cloetta.
3. Cf. Ed. du Méril, *op. c.*, p. 225 sqq.
4. Cf. Ed. du Méril, *op. c.*, p. 272 sqq.
5. Cf. Coussemaker, *op. c.*, p. 49 sqq., 256 sqq.

textes on ne voit d'autre raison littéraire de ce mélange que le caprice des auteurs. Les personnages y emploient d'ailleurs le latin ou le français, sans que cet emploi ait aucun rapport visible avec leur caractère sacré ou profane, non plus qu'avec leur sexe. Si l'on entrevoit, dans le drame de *l'Époux*, que la langue vulgaire est mise là comme une glose du texte sacré à l'usage du peuple, ainsi qu'elle l'est évidemment dans les épîtres farcies de Saint-Étienne et de Saint-Thomas (XIIe siècle)[1], cette raison est moins évidente dans le *Lazare*, le *Daniel* et même le *Saint-Nicolas*.

Heureusement certains drames bilingues d'Allemagne suppléent ici à notre disette de documents, et permettent de suivre de plus près les phases de la sécularisation du texte du drame liturgique. On y voit nettement la nécessité d'une traduction pour le peuple, — de plus en plus avide de comprendre tout le spectacle et qui a oublié le latin depuis des siècles, — imposer à leurs auteurs la langue vulgaire. Cette traduction s'enhardit d'ailleurs jusqu'à la paraphrase. Celle-ci ouvre aussitôt le drame sacré à l'invasion des éléments profanes, en tête desquels éclate une gaieté débordante, d'une trivialité toute populaire, parfois savoureuse, en son *humour* tout local, et dont maints traits rivalisent directement avec ceux du répertoire des jongleurs de carrefour[2].

---

1. Ed. du Méril, *op. c.*, p. 410 sqq., p. 414 sqq.
2. Cf. W. Creizenach, *op. c.*, t. I, p. 111 sqq., et 125 sqq. pour le texte thuringien du milieu du XIVe siècle, d'un drame de *l'Époux*, fort remarquable d'ailleurs par la justesse du ton, et où le texte allemand est escorté, ligne à ligne, des premiers mots de son modèle latin; — et Ed. du Méril, *op. c.*, p. 146, n. 1; p. 298, n. 2, et surtout p. 297 sqq. pour les fragments de la *Passion de Francfort* (XIVe et non XVe s.), avec leur traduction juxtalinéaire, en moyen haut-allemand, lesquels semblent bien être les amorces des rôles, à l'usage du metteur en scène, du *meneur du jeu*.

Cette sécularisation de la langue du drame liturgique dut avoir, en France, une cause et une marche identiques, avec cette différence pourtant que la langue populaire paraît s'y être déliée plus vite, comme en témoigne notre *Adam* du XIIe siècle, tout français, aux rubriques près[1].

Mais cette pointe de comique que nous avons relevée dans le *Saint-Nicolas* de notre Hilaire nous avertit de considérer de plus près les auteurs de ces *farcitures*, comme de ces inventions épisodiques et de ces ornements poétiques, qui acheminaient le drame liturgique vers sa sécularisation.

Nous nous trouvons ici en présence d'une influence qui ne se peut dater ni doser[2], avec toute la précision désirable, mais qui est certaine, s'exerça dès la première heure et fut considérable, à savoir celle des maîtres et des étudiants des écoles claustrales et diocésaines.

Ces écoles, annexes des monastères et des églises cathédrales, aïeules des Universités, donnaient l'enseignement supérieur et secondaire, voire professionnel, y

---

1. Les plus anciens textes allemands sont l'office de Pâques de Muri du commencement du XIIIe siècle, et les curieux fragments de Himmelgarten qui paraissent être une dramatisation, la plus ancienne connue, de la vie de Jésus, le seul texte de toute la littérature dramatique du moyen âge, où on le fasse parler dans son bas âge. Cf. W. Creizenach, *op. c.*, t. I, p. 114 et 124.

2. M. W. Meyer vient de faire un effort bien méritoire pour préciser l'influence de la musique et de la poésie strophique des moines de Saint-Gall sur l'évolution du drame chrétien et même sur toute la lyrique du moyen âge. (Cf. *Fragmenta Burana, op. c.*, p. 33-40, 76 sqq., 145 sqq., et surtout p. 166-184.) Il y a là des vues aussi sagaces que suggestives, éloquentes même à l'occasion Nous ferons cependant des réserves sur l'éloge trop exclusif des maîtres de Saint-Gall qui se poursuit systématiquement aux dépens de leurs émules, depuis ceux de Saint-Martin de Limoges jusqu'à Hilaire, dans lesquels M. W. Meyer, sans preuves suffisantes à l'appui, semble ne voir que des imitateurs. (Cf. *ib.*, p. 35.) Il est vrai que sa conclusion revient à un partage plus équitable de la gloire de l'invention lyrique entre Allemands, Provençaux et Français. (Cf. *ib.*, p. 184.)

compris celui des fermes-modèle, et sans oublier surtout la musique et les beaux-arts[1]. Telles furent, en France, celles de l'illustre abbaye de Saint-Benoît-sur-Loire et du monastère de Saint-Martial de Limoges, d'où nous sont venus de si précieux manuscrits de drames sacrés; de l'abbaye de Vaucelles, près de Cambrai, où il est à peu près certain qu'étudia Adan de le Hale (Adam de la Halle); de l'abbaye de Saint-Vaast, d'Arras, qui eut probablement l'honneur de compter, parmi ses étudiants, Jean Bodel; de l'abbaye de Saint-Victor, de Paris, dont les chanoines trouveront grâce devant Rutebeuf; de la cathédrale de cette ville du Mans où naîtront les deux Grébans, et d'où était parti Geoffroy, l'écolâtre de l'abbaye anglaise de Saint-Albans, pour faire jouer à Dunstaple, parmi ses écoliers sans doute, son *Jeu de Sainte-Catherine* (commencement du XIIe s.)[2]. Citons encore l'école du *Paraclet*, où l'ingénieux Hilaire, disciple d'Abélard, imaginera et fera représenter ses *jeux* bilingues de *Lazare* et de *saint Nicolas*[3].

Au reste ces écoles n'étaient pas complètement fermées à l'esprit du dehors. A côté des *novices* que le clergé y formait pour se recruter, elles contenaient des étudiants proprement dits et qui accouraient de tous côtés, « comme des abeilles à la ruche », selon une expression de Mabillon. Venus pour y recevoir l'enseignement, et se bornant aux ordres mineurs, ceux-ci rentraient ensuite dans le monde, comme avocats, médecins, notaires, et même y prenaient femme, sans perdre leurs privilèges de *clergie*, pourvu qu'ils n'en abusassent pas.

---

1. Cf. *Les Moines d'Occident*, op. c., t. VI, l. XVIII, et principalement t. IV et V.

2. Cf. Petit de Julleville, *Les Mystères*, op. c., t. II, p. 629, n. 2.

3. Sur l'enseignement au XIe siècle et les célèbres écoles de Reims, etc., cf. Luchaire, *Histoire de France*, op. c., t. II, l. I, c. VI, p. 184 sqq.

Il y avait même des externes et des auditeurs nobles qui se destinaient au métier des armes. Aussi, jusque dans ces écoles claustrales, et grâce à des indulgences spéciales du clergé, la jeunesse ne perdait pas complètement ses droits. On y accueillait d'ailleurs, avec une complaisance dont la curiosité était l'excuse, ces *clercs vagants*, dont l'existence nous est attestée, dès l'époque carlovingienne, par les censures qui les visent[1], ces *Goliards*, fils du légendaire Golias, bohèmes de la cléricature, vieux étudiants et parfois drôles fieffés, *reporters* officieux des nouvelles de la catholicité et commis voyageurs en titre de la gaudriole et des railleries monacales, véritables jongleurs d'Église, pour qui la tonsure était, malgré les interdictions y relatives, l'amnistie et le passeport à travers toute la chrétienté.

On s'y piquait d'abord d'érudition et de beau langage. On y faisait assaut de virtuosité dans ce genre de vers latins strophiques et chantés dont Notker et Tutilon de Saint-Gall avaient donné les premiers modèles connus, et dont le *Daniel* de notre Hilaire est un monument si remarquable[2]. D'autre part, et c'est là un point capital, les cloîtres où se donnaient les *jeux scolaires* (*ludi*), tout en latin pour les jours où on était entre clercs, s'ouvraient, les jours de plus grande représentation[3], au public du voisinage, nobles, bourgeois et vilains

---

[1]. Nous en rencontrons une de très caractéristique, en sa rudesse imagée, dès l'an 813, dans un canon du concile de Mayence, dont voici des traits : « *De clericis vagis, ceu de acephalis..., quique dum nullum metuunt, voluptatis suæ licentiam sectantur, quasi animalia bruta..., hippocentauris similes, nec homines...* ». *Sacrosancta Concilia*. éd. Mansi, Venise, 1769, t. XIV, col. 71, canon XXIII.

[2]. Cf. ci-après, p. 52.

[3]. Il y en avait de petites, ayant pour théâtre le réfectoire, et d'autant plus libres, comme on le voit par un texte formel de l'ancien écolâtre Gerhoh de Reichersberg qui, devenu vieux, proteste là-contre. Cf. W. Creizenach, *op. c.*, t. I, p. 103. Voir aussi W. Meyer, *Fragmenta Burana*, *op. c.*, p. 31-33.

dont il fallait se faire entendre, en mêlant la langue vulgaire aux gentillesses tirées du *quadrivium*. De là des influences littéraires et profanes qui s'exercèrent d'abord sur le drame dit liturgique, et plus tard, à partir du milieu du xii° siècle, sur le drame en langue vulgaire.

On s'accorde à désigner la fin du xi° siècle et le commencement du xii°, comme étant la période proprement scolaire du drame religieux. Mais il est certain que l'influence des écolâtres et des écoliers agit, dès sa naissance, sur le drame liturgique[1]. On peut considérer comme des indices de ce fait ces vers classiques, avec mélanges de sentiments très profanes et même païens[2], que nous y avons signalés, et surtout les passages nombreux où la pédanterie scolastique se donne carrière[3]. Mais où cette influence est

---

1. Cf. W. Meyer, *Fragmenta Burana*, op. c., p. 37.
2. Cf. par exemple le *conductus* (chœur avec marche processionnelle) de la *Nativité* de Munich (xiii° siècle), dont voici le début :

| Texte | Traduction |
|---|---|
| Æstivali gaudio tellus renovatur; Militandi studio Venus excitatur : Gaudet chorus juvenum Dum turba frequens avium Garritu modulatur. | Par la joie de l'été vient à la terre le renouveau ; — Par l'ardeur belliqueuse Vénus est réveillée ; — Il se réjouit le chœur des jeunes gens — Tandis que la troupe épaisse des oiseaux — Module ses gazouillis. |
| Quanta sunt gaudia amanti et amato, Sine fellis macula dilectæ sociato ! Jam revernant omnia Nobis delectabilia ; Hiems eradicatur. | Combien grandes les joies de l'amant aimé — Uni à celle qu'il aime sans trace de fiel ! — Déjà voici l'universelle *reverdie* — Pour tout ce qui fait nos délices ; — L'Hiver est déraciné. |

Suivent sept autres strophes sur ce ton. Il est vrai que cette gaillarde *reverdie*, (hymne du renouveau, du *reverdi*), comme on disait alors, est dans la bouche du chœur profane qui escorte le roi d'Egypte : mais ce que gagnait ici la vraisemblance était bien un peu perdu pour l'édification. Pourtant, au chœur profane, un autre chœur, aussi moral qu'érudit, donnait la réplique, sagement. Cf. Éd. du Méril, op. c., p. 206 sqq., et *Carmina Burana*, Breslau, W. Koebner, 1883 (2° éd.), p. 91 et p. 146, où notre *conductus* printanier voisine avec divers poèmes des saisons, et autres thèmes de la poésie monacale, beaucoup plus profanes.

3. Cf. cette même *Nativité* de Munich, Éd. du Méril, op. c. p. 208, et W. Creizenach, op. c., p. 103 sqq.

certaine et palpable, c'est dans les *jeux*, en l'honneur des patrons des étudiants, par exemple dans celui de saint Nicolas.

Là surtout pointe, sous la gravité du sujet, la malice des clercs, dont nous avons en outre des échantillons intéressants et pires, dans leurs poésies lyriques et satiriques, notamment dans leurs tropes-chansons[1]. On en voit d'ailleurs des traits, mais encore fort anodins, dans le *Lazare* et le *Saint-Nicolas* d'Hilaire qui datent de la première moitié du xii siècle, ainsi que dans le *Saint-Nicolas* contemporain, de Saint-Benoît-sur-Loire[2]. Pour la manière dont le texte du drame liturgique fut amplifié, dans les jeux scolaires, avec une ambition déjà toute cyclique, par les clercs ajoutant aux quatre évangiles les apocryphes, et se complaisant à broder des épisodes parasites, — comme les scènes, si curieuses en leur liberté et en leur réalisme, de la *mondanité* de la Madeleine et du marchandage des parfums, — il faut se reporter d'abord à cette Passion bilingue du xiii siècle, qui provient de l'abbaye de Benedictbeuer[3].

Quant au plein épanouissement dans le drame litur-

---

1. Cf. Ducange, *Glossarium*, etc., aux mots *Goliardus*, *Trutannus* ; Léon Gautier, *Les Tropes*. op. c., p. 191 sqq. ; W. Creizenach, op. c., t. I, p. 100 sqq. ; *Carmina Burana*, op. c., *Amatoria*, *Potatoria*, *Luxoria*; *The Poems commonly attributed to Walter Mapes*, Londres, 1844, éd. Wright ; Ch.-V. Langlois, *Revue Bleue*, 24 décembre 1892 et 11 février 1893, *La littérature goliardique*.

2. Cf. Ed. du Méril, op. c., p. 265 sqq.

3. Cf. *Carmina Burana*, op. c., *Ludus paschalis, sive de passione Domini*, p. 95 sqq. ; Ed. du Méril, op. c., p. 126, sqq. ; M. Wilmotte, *les Passions allemandes du Rhin dans leur rapport avec l'ancien théâtre français*, Paris, Bouillon, 1898, p. 28 sqq. ; *La naissance de l'élément comique dans le théâtre religieux*, Mâcon, Protat, 1901 ; Marius Sepet, *Origines catholiques du drame moderne*, op. c., p. 47 sqq. Voir aussi la *Nativité* de Munich (ms. du xiii s.), Ed. du Méril, op. c., p. 187, sqq. et *la Passion de Francfort* (Ed. du Méril, op. c., 297 sqq.), qu'il faut reporter au milieu du xiv siècle (cf. W. Creizenach, op. c., t. I, p. 219 sqq. et Froning, *Das deutsche Drama des Mittelalters*, Stuttgard, 1891, p. 325 sqq.) et non à la fin du xv siècle, comme le conjecturaient Ed. du Méril et Petit de Julleville.

gique de cette verve indiscrète¹, on le constate de reste dans les énaves et parodies de certains offices pseudo-liturgiques, tels que ceux des *Fous* et de *l'Ane*. Mais nous aurons à reparler, à propos des origines de la comédie, de ces sortes de *saturnales*. Il nous suffit de noter au passage que les Pères eux-mêmes y signalent la plus certaine, comme la plus impertinente tradition de la toute païenne liberté de décembre (*libertas decembrica ethnicorum*)². C'est grâce à elle que les derniers devenant les premiers, écoliers et bas-clergé exerçaient de si pétulantes représailles contre leurs maîtres et supérieurs : témoin l'entrain avec lequel ils hurlaient infatigablement le verset du *Deposuit* (*Il a déposé les puissants de leur trône et il a exalté les humbles*), qu'on a pu appeler la Marseillaise du moyen âge³.

Cependant le mérite de la sécularisation progressive du drame religieux ne doit pas être attribué tout entier, du moins en France, aux auteurs de jeux scolaires. Il semble bien qu'ils doivent partager l'honneur et, au

---

1. On trouvera deux protestations curieuses et probantes contre ces excroissances comiques du drame sacré, dans W. Creizenach, *op. c.*, t. I. pp. 64 et 103 : l'une est de l'écolâtre d'Augsbourg, Gerhoh de Reichersberg (m. en 1169), l'autre de l'abbesse de Hohenbourg, Herrad de Landsberg (vers 1170).

2. Cf. le *Glossaire* de Ducange, au mot *Kalendæ*, et aux renvois ; et Éd. du Méril, *op. c.*, p. 24, sqq.

3. L'expression est de M. Ch. Magnin, *Journal de l'Instruction Publique*, 1835, p. 246, col. 2. — Cf. O. Leroy, *L'Histoire de France en rapport avec le théâtre français*, Paris, Hachette, 1843, p. 213, sur l'interdiction que dut faire Eudes de Sully, évêque de Paris, de répéter plus de cinq fois le verset susdit. — Sur les impertinences énormes des susdits offices, cf. *l'Office de la fête des fous à Sens*, Bulletin de la Société archéologique de Sens, t. VI, p. 98, 103, 110, et pour des réserves relatives aux parodies de la fameuse *Prose de l'âne*, qu'il ne faut pas confondre avec le texte de Pierre de Corbeil, Félix Clément, *Annales archéologiques*, Paris, Didron, *L'Ane au moyen âge*, t. XV p. 373-386, t. XVI p. 26-38, et *Histoire de la musique religieuse*, *op. c.*, p. 158 sqq.; puis Éd. du Méril, *op. c.* p. 49 n. 4; Petit de Julleville, *Les Mystères*, Paris. Hachette, 1880, t. I, p. 45 sqq., *Les Comédiens en France au moyen âge*, Paris, Cerf, 1885, c. 11; W. Creizenach, *op. c.*, t. I, p. 100 sqq. ; et surtout Ducange, en son Glossaire, aux articles *Kalendæ*, *Festum Stultorum*, *Deposuit*, etc.

besoin, la responsabilité des derniers progrès en ce sens, avec certaines confréries. L'existence de celles-ci dès lors est en effet attestée par une charte du xie siècle qui y montre des laïques mêlés aux clercs[1]. On peut conjecturer qu'elles commencèrent à exercer leur influence sur le drame chrétien, vers le milieu du xiie siècle.

Mais ces influences, plus ou moins laïques, n'effacèrent jamais le caractère originel de ce drame, qui est d'être didactique. Il naquit du même dessein d'enseignement religieux par l'aspect, qui avait fait de l'art roman une écriture sacrée et de toute la cathédrale un catéchisme illustré, qui peuplera, par exemple, les murs de celle de Chartres de plusieurs milliers de figures, et qui avait retracé l'histoire religieuse par le ciseau ou le pinceau, dans tous les coins et recoins de *la maison de prières*, depuis les verrières éclatantes jusqu'aux plus obscures stalles. Honoré d'Autun écrivait, au début du xiie siècle : « Les peintures sont les livres des laïques (*Pictura est laicorum litteratura*)[2]. » Villon se chargera de nous commenter cet aperçu et d'exprimer l'état d'âme de ces fidèles, — que le cérémonial d'Origny appelle les *bonnes gens*[3], et qui affluaient en ces églises si belles, dédiées à la *Sainte plèbe de Dieu* (*Sanctæ plebi Dei*), selon l'antique inscription de Sainte-Marie-Majeure, — quand il fait

---

1. Cf Marius Sepet, *Origines*, etc., *op. c.*, p. 116 sqq., et Ch. Magnin, *Journal de l'Instruction Publique*, 29 mars 1835, p. 195, col. 2.
2. Le prêcheur de la *Vengeance* d'Eustache Mercadé dira :

> A plusieurs gens ont moult valu
> Qui n'entendent les escriptures,
> Exemples, histoires, peintures,
> Faictes ès moustiers et palais,
> Ce sont les livres des gens lais.

3. Cf. ci-après, p. 47.

dire par sa mère, dans sa ballade à Notre-Dame :

> Femme je suis povrette et ancienne,
> Ne riens ne sçay; oncques lettre ne leuz;
> Au moustier voy dont suis parroissienne
> Paradis painct, où sont harpes et luz,
> Et ung enfer où damnez sont boulluz;
> L'ung me faict paour, l'autre joye et liesse....

Cette peur et cette joie sacrées, qui préparaient les âmes des fidèles à entendre les vérités essentielles du dogme, et les pénétraient de l'idée des sanctions formidables ou enchanteresses de sa morale, furent portées à leur comble par la mise en scène du drame liturgique.

Celle-ci apparaît, vraiment alors, parmi les manifestations de cet art roman qui fut créé dans les cloîtres, comme son suprême effort pour vivifier le symbole et renforcer la foi par le témoignage unanime des sens[1]. Le jour où la théorie sacrée des figures sculptées ou peintes descendit des parois de l'église, vint au chœur et alla au peuple, déraidissant ses gestes, pour vivre en bas, de plain-pied, ce qu'elle avait symbolisé si haut, tandis que la parole divine sortait de ses bouches jusque-là muettes et désormais rivales de celles des officiants, s'humanisant même jusqu'à mêler aux mots sacrés ceux du *pauvre commun*, quelle curiosité et quelle édification! quels frémissements de terreur ou quels transports de *liesse!* quels élans de pitié et de piété!

On aide à la vivacité de l'idée qu'on s'en fait, en interrogeant les didascalies de certains drames liturgiques.

---

1. Cf. Ch. Magnin, *Journal de l'Instruction Publique*, 30 avril 1835, sur les *liturgies figuratives*; Julien Durand, *Monuments figurés du moyen âge d'après des textes liturgiques*, Caen, Delesque, 1889, br. in-8; et Emile Mâle, *L'art religieux*, op. c., l. IV, pour la suite de ce parallélisme entre l'art et le drame religieux à l'époque gothique.

Nous pouvons suivre, par exemple, le développement de la mise en scène de l'office dramatique de Pâques, depuis ses origines, ainsi que nous avons suivi celle de son texte[1]. Cette mise en scène, déjà curieuse par elle-même nous est surtout précieuse, comme ayant servi de premier modèle pour nos mystères.

Nous savons par exemple que d'abord l'ange soulevait simplement le tapis de l'autel, *comme pour regarder dans le sépulcre (tanquam respiciens in Sepulchrum)* et s'écriait : *Il n'est point ici!* (*Non est hic*), puis que le Sépulcre était réellement figuré dans l'Église. A Laon, deux diacres se dirigeaient vers ce Sépulcre, chantant leur *désir ardent* de voir le Seigneur, dont la formule : *Ardens est cor meum*, fait fortune et se retrouve dans plusieurs drames liturgiques. Ils étaient interpellés par un petit clerc, posté dans le Sépulcre, figurant l'ange, selon les Évangiles de saint Matthieu et de saint Marc, et le dialogue : *Quem quæritis...* s'engageait. Puis le prêtre, en chasuble blanche, portant le calice, sortait du Sépulcre, se plaçait sous le dais et, processionnellement, parmi les chants du *Christus resurgens* et du *Dicant nunc Judæi*, gagnait le milieu de l'Église, puis le chœur. Alors l'évêque, debout dans sa *chaière*, et qui était resté jusque-là assis et muet, pour symboliser, au dire de Guillaume Durand, une sorte d'indifférence envers l'Ancienne Loi, annonçait la Nouvelle Loi, en entonnant le *Do-*

---

[1]. Cf W. Creizenach, op. c., t. 1, p. 48 sqq., 54 sqq. Pour de significatifs détails sur la mise en scène, à la fois solennelle et réaliste, de l'office de Noël, dans la cathédrale de Rouen, avec chœurs d'enfants figurant les anges aux voûtes de l'église, d'où pend l'étoile au bout d'un fil; et pour toute une mimique de la Nativité, y compris les sages-femmes, cf. A. Gasté, *Les drames liturgiques de la cathédrale de Rouen*, Annales de la Faculté des Lettres de Caen, 1881, n°° 1 et 2; et Ed. du Méril, op. c., p. 147, 170, 197, et Marius Sepet, *les Prophètes*, op. c., p. 42 sqq.

*mine, labia mea aperies...*; et l'office continuait, suivant le rituel ordinaire. A Soissons, c'étaient, selon l'Évangile de saint Luc, *deux* diacres, en chasuble blanche, qui figuraient deux anges à une fenêtre du Sépulcre, disant en chœur le *Quem quæritis*, tandis que leur répondaient deux prêtres, avec l'amict sur la tête, pour figurer les saintes Maries. A Narbonne, la mise en scène était plus décorative encore; on y voyait des personnages costumés et les anges avaient des ailes aux épaules.

Mais c'est l'*Ordinaire* ou Cérémonial d'Origny-Sainte-Benoite, près Saint-Quentin (xiiie siècle?) qui nous offre les documents les plus intéressants, là-dessus. Nous en extrairons d'abord cette phrase qui prouve, une fois de plus, combien le drame liturgique faisait encore partie intégrante du culte : « Et doit on faire les Maries le nuit de Paques, entre le derrain (dernier) respons et le *Te Deum laudamus* ». Nous y relèverons ensuite, dans le drame bilingue des *Trois Maries*, ces détails de mise en scène, les seuls que nous ayons en français, pour le moyen âge, les didascalies de tous les autres drames liturgiques, y compris les Allemands, étant en latin[1] :

Les Maries se lievent et prent chascune sen saintuaire parmi une touaille (*toile*) bénite et s'en vont parmi le cuer (*chœur*) et parmi le ves (*voies*) dou moustier, et vont droit à l'uis dou sepucre et sarestent la et doit estre li huis dou sepucre clos, et doit on porter devant les Maries deus candelabres et derrière elle deus. Et li prestres se doivent revestir en aubes par coi il soient aparilliet ou sepucre ancors que les Maries maingnent (*se trouver prêts au sépulcre encore que les Maries restent sur place*) et i doivent aler

---

1. Nous ne parlons ici que des drames liturgiques, car notre drame de *la Résurrection* (xiie s.) a des didascalies en français et en vers. Cf. ci-après, p. 119.

quant on chante le derrain (dernier) respons. Et doit estre li chantre avocque yaus (eux) qui leur doit ensaingnier ce que il doivent dire.

Et quant les Maries sont devant l'uis dou sepucre, elles doivent chanter bien bas à fausset : *Quis revolvet*. Et li prestre doivent dire bien bas : *Quem queritis*.

Et les Maries doivent dire un peu plus haut : *Jhesum Nazarenum*.

Et li prestre doivent dire à haute vois : *Non est hic*. Et quant ils ont pardit coula (*dit entièrement cela*), les Maries doivent entrer ou sepucre, et quand elles sont ens (*dedans*), nul ne doit entrer, fors que les deus dames qui portent les deus candelabres devant elles, et doit on clore l'uis. Et ne doivent mie li prestre issir hors dusques a donc c'on chante : *Te Deum laudamus*. Et quant les Maries sont entrés ens, elles doivent primiers aler à l'autel du sepucre et là mettre leurs sanctuaires et haisier l'autel et revenir au linsel (linceul) où nostre Sires fu mis et là dire leur orison.

Et quant elles ont dit leurs orisons, elles se doivent lever et doivent prendre un drap qui est croisés sur le linsel et le doivent aporter et doivent issir hors du sepucre et venir ou li couvens est et se doivent arrester là et canter : *Surrexit Dominus de sepulcro*. Et quand elles ont dit coula, me dame commence : *Te Deum laudamus*.

Li prestre doivent dire on trone (*au grand autel*) : *Dicant nunc*, et après lire l'évangile.

Quant les Maries s'en vont, li trésoriere doit desmourer on sepucre et doit on donner les bonnes gens à baisier les saintuaires qui sunt on sepucre. Et quant les gens ont baisié, on doit rapporter les saintuaires.

Les saintuaires que on aporte, ce sont li Crois que saint Eloi fist et les cheviaus (*cheveux*) de la Magdelainne et un autre saintuaire qui est ensi comme une lanterne[1].

Enfin nous pouvons nous figurer les gestes et toute la mimique des acteurs des drames liturgiques, grâce à un bien curieux et unique *Processionnal* de Cividale (ms. du XIV$^e$ siècle) qui nous les montre jouant, ou plus exactement officiant, dans les *Lamentations des Trois Maries*, un épisode intimement lié au drame liturgique de Pâques. Leur jeu y apparaît comme fort expressif. Peut-être ne l'était-il pas partout autant, et

---

1. Cf. Coussemaker, *op. c.*, p. 340 sqq.

faut-il faire ici la part de l'animation italienne. Mais les indications n'en sont que plus suggestives, et en voici des traits :

| Texte | Traduction |
|---|---|
| *Magdalena*. — (Hic vertat se ad homines cum brachiis extensis) : O fratres! (Hic ad mulieres) et sorores! Ubi est spes mea? (Hic percuciat pectus) Ubi consolatio mea? (Hic manus elevet) Ubi tota salus? (Hic, inclinato capite, sternat se ad pedes Christi) O magister mi?... | Madeleine. — (*Ici qu'elle se tourne vers les hommes, avec les bras étendus*) : O frères! (*Ici vers les femmes*) et sœurs! Où est mon espoir? (*Ici qu'elle frappe sa poitrine*) Où ma consolation? (*Ici qu'elle élève les mains*) Où le salut total? (*Ici, la tête inclinée, qu'elle se jette aux pieds du Christ*) O mon maitre? |
| (*Hic Ambe Marie erigant se cum manibus extensis ad Mariam et ad Christum*) Cur merore deficis, etc.... | (*Ici que les deux Maries se dressent avec leurs mains tendues vers Marie et le Christ*) Pourquoi défailles-tu de tristesse, etc.... |
| *Maria major*. — (Hic ostendat Mariam Magdalenam) O Maria Magdalena, (Hic ostendat Christum) Fili mei dulcis discipula, (Hic amplectetur Magdalenam ad collum cum duobus brachiis) Plange mecum cum dolore (Hic ostendat Christum) Mortem dulcis nati mei, (Hic ostendat Magdalenam) Et mortem magistri tui, (Hic ostendat Christum) Mortem illius (Hic ostendat Magdalenam) qui te tantum amavit (Hic ostendat Magdalenam) qui omnia peccata (Hic relaxet manus deorsum) tua tibi relaxavit (Hic amplectendo Magdalenam, ut primo fecit, finiat versum) Dulcissima Magdalena. — *Magdalena*. — (Hic salutet Mariam cum manibus tantum) Mater Jhesu crucifixi, (Hic tergat suas lacrimas) Tecum plangam mortem Christi.... *Maria Jacobi*. — (Hic ostendendo | Marie Majeure. — (*Ici qu'elle montre Marie Madeleine*) O Marie Madeleine, (*Ici qu'elle montre le Christ*) De mon fils douce disciple (*Ici qu'elle embrasse Madeleine en l'accolant de ses deux bras*) Plains avec moi, avec douleur (*Ici qu'elle montre le Christ*) La mort de mon doux fils, (*Ici qu'elle montre Madeleine*) Et la mort de ton maitre, (*Ici qu'elle montre le Christ*) La mort de celui (*Ici qu'elle montre Madeleine*) qui t'a tant aimée, (*Ici qu'elle montre Madeleine*) qui t'a déliée (*Ici qu'elle délie ses mains et les laisse retomber*) de tous tes péchés, (*Ici embrassant Madeleine comme la première fois, qu'elle achève le vers*) Très douce Madeleine. — Madeleine. (*Ici qu'elle salue Marie des mains seulement*) Mère de Jésus crucifié, (*Ici qu'elle essuie ses larmes*) |

| | |
|---|---|
| circumcirca et cum manibus ad oculos suos postea dicat) Quis est hic qui non fleret, Matrem Christi si videret (Hic se percuciat) In tanta tristicia[1], etc.... | Avec toi je plaindrai la mort du Christ... — *Marie mère de Jacques* : (*Ici en montrant toute l'assistance à la ronde, et avec ses mains ensuite à ses yeux, qu'elle dise*) Qui est ici qui ne pleurerait, S'il voyait la mère du Christ (*Ici qu'elle se frappe*) En une telle tristesse, etc.... |

A cette mimique et à toute cette mise en scène, joignons par la pensée, puisque nous ne pouvons encore nous en faire l'idée en toute sécurité[2], le surcroît d'émotion que donnait au public la musique qui accompagnait tous ces drames liturgiques, et qui devait soutenir si utilement les exécutants pour le débit et l'expression. Cette musique était ce même plain-chant dont il ne faut pas juger par les clameurs barbares de son héritier dégénéré, mais en se souvenant que ses *psalmodies* arrachèrent un jour des larmes et la clémence à Théodose, et que saint Augustin, malgré ses défiances contre certaines virtuosités, pleurait d'admiration, remué par sa suavité (*suave sonantis*), dans l'église de Milan[3]. On doit se souvenir enfin que cette musique eut l'honneur de donner son vaste essor à la

---

1 Cf. Coussemaker, *op. c.*, p. 292 sqq.

2. Nous avons la musique d'une trentaine de drames liturgiques. On en trouvera la transcription et l'appréciation pour vingt-deux d'entre eux, dans Coussemaker, *op. c.* Nous partagerions volontiers le sentiment ému et même admiratif de ce savant musicographe pour certaines de ces compositions, et souscririons à l'éloge général qu'il leur adresse d'être bien liées au texte et d'en traduire toute l'allure et même la pureté morale, si nous étions plus sûr de la fidélité de sa lecture. Mais nous croyons savoir que celle-ci n'a pas rallié partout les suffrages autorisés. — Cf. aussi Coussemaker, *Histoire de l'harmonie au moyen âge*, Paris, Didron, 1852, l. II, ch. VIII et IX; Danjou, *Revue de la musique religieuse*, Paris, Blanchet, 1854, 4ᵉ année; *Du chant ambrosien*, par Stéphen Morelot, p. 17-86; Félix Clément, *Histoire de la musique religieuse*, *op. c.*, Iʳᵉ partie, pour le chant grégorien, et IIᵉ partie, pour la musique du drame liturgique.

3. Cf. l'abbé Batiffol, *Histoire du bréviaire*, *op. c.*, p. 27 sqq.

poésie strophique[1], et que dans les drames liturgiques développés, comme dans les *Séquences* et les *Tropes*, la poésie restait l'humble servante de ce plain-chant qui avait été son initiateur et qui ne cessa jamais d'être son soutien.

Aussi, avant de porter un jugement littéraire sur les drames liturgiques, les faut-il considérer comme des *oratorios*, en se gardant bien de solliciter pour eux un parallèle imprudent avec les dithyrambes, ou les chœurs de la tragédie grecque[2], et songer qu'ils ont droit, dans l'appréciation de leurs mérites littéraires, à la même indulgence que des livrets séparés de leur musique.

Les plus anciens ont d'ailleurs, dans leurs *scenarios*, des heurts naïfs qui ne laissent pas de donner parfois des secousses dramatiques. On y trouve aussi une sorte de lyrisme abrupt qui a de l'essor. Enfin ils empruntent tout naturellement çà et là, aux textes sacrés, leurs brusques fiertés ou même leur mélancolie poignante, à laquelle il leur est arrivé d'ajouter des traits vraiment pathétiques. On en a au moins un bel exemple dans le drame des *Vierges sages et des Vierges folles*, d'une allure tout à fait dramatique à travers son lyrisme, avec ce refrain d'un désespoir si navrant, en son vieux dialecte poitevin :

Dolentas! chaitivas! Trop i avem dormit[3]!

---

1. Cf. W. Meyer, *Fragmenta Burana*, op. c., p. 37 sqq., 56, 170 sqq., 179 sqq.
2. Tout au plus peut-on en signaler l'intérêt, par une analogie conjecturale avec les dithyrambes qui furent l'embryon du drame grec. A ce point de vue, cf. Marius Sepet, *Origines*, etc., op. c., p. 38, 46, 83 ; et W. Meyer, op. c., p. 182 sqq., pour un séduisant parallèle entre la genèse de la poésie strophique chez les Grecs et chez nos faiseurs de séquences et de tropes.
3. Cf. l'édition Cloetta dans la *Romania*, 1893, t. XXII, p. 225 sqq. ; et Ed. du Méril, op. c., p. 233, n. 1 et 2. On trouvera des analyses de ce drame, avec des commentaires intéressants dans Marius Sepet, *Le Drame chrétien*, op. c., p. 113 sqq.; Petit de Julleville, *les Mystères*, op. c., t. I, p. 28 sqq. — Pour le degré d'émotion qu'inspirait ce spectacle au public du temps, voir ci-contre, p. 51, n. 1.

Mais, en général, et si l'on met à part leurs beautés empruntées, c'est-à-dire la partie de leur texte tirée des livres saints, les mérites littéraires des drames liturgiques proprement dits sont à peu près imperceptibles. Quant à leur intérêt dramatique, on ne peut guère que l'imaginer, en se faisant l'âme naïve d'un public pour qui le succès de ces spectacles était un acte de foi[1].

D'autre part les *ludi*, les jeux scolaires caractérisés, gagnent un peu en vie dramatique, s'ils perdent beaucoup du côté de la simplicité évangélique, du calme hiératique, de la pureté et de l'élévation morales. Il en est de fort insignifiants et qui ne se sauvent de la monotonie que par la brutalité : tel le miracle des *Filles dotées* de Saint-Benoît-sur-Loire[2]. Mais, à la même abbaye, on jouait le *Jeu du fils de Gétron* qui, sans être du Térence, a déjà ce genre de mérite que Fénelon appellera « un dramatique vif et ingénu », avec des traits de réalisme et de comique qui ne se développeront que trop dans nos mystères[3]. Un intérêt du même ordre recommande à l'attention les miracles de saint Nicolas sur le sujet des *Trois clercs ressuscités*[4], ceux sur le sujet du

l'anecdote du margrave d'Eisenach. — Le pathétique de cette parabole évangélique (Saint Mathieu, xxv), vient d'être traduit avec un sentiment tout moderne, mais qui n'en est pas moins suggestif, par M. Icard, dans son beau bas-relief intitulé : *Trop tard !*

1. Cf. dans W. Creizenach, op. c., t. I, p. 127 sqq., l'anecdote caractéristique de ce margrave Frédéric qui, à une représentation d'un drame scolaire des *Vierges sages et des Vierges folles*, à Eisenach, en 1322, s'étant récrié, « Qu'est-ce que la croyance chrétienne, si le pécheur ne peut trouver grâce par la prière de la Vierge et des Saints ? », fut frappé de mort, cinq jours après, pour n'avoir pas retiré de ce spectacle la morale qu'il comportait, selon la foule des fidèles.

2. Cf. Ed. du Méril, op. c., p. 254 sqq.
3. Cf. Ed. du Méril, op. c., p. 276 sqq.
4. Cf. Ed. du Méril, op. c., p. 262 sqq.; et le *Miracle de Saint-Nicolas*. Paris, A. Lemerre, 1888, par M. Gabriel Vicaire, pour une transposition de ce jeu, en style et goût modernes, qui en a dégagé curieusement le pathétique immanent.

*Trésor rendu*, surtout celui des deux qui a pour auteur Hilaire, ainsi que *La Résurrection de Lazare*, de ce même disciple d'Abélard qui avait de l'esprit et dans les deux langues[1]. Du même Hilaire, aidé ou non par ses compagnons, dont on voit figurer les noms sur les rubriques de mise en scène, est un *Daniel* qui mérite, par sa forme, d'être mis hors de pair. Composé probablement d'après un autre *Daniel* qui est l'œuvre des étudiants de Beauvais[2], il a été enrichi par son auteur de telles inventions de versifications et de style, qu'il apparaît comme le dernier effort de l'art en ce genre et à cette époque, de l'aveu même des juges les plus prévenus[3]. Mais s'il dépasse en virtuosité son modèle probable, il lui reste inférieur à nos yeux pour la vérité humaine et les nuances dramatiques des caractères du prophète et du roi Darius, lesquelles sont tout à fait remarquables dans le *Daniel* de Beauvais[4].

Ce caractère dramatique des jeux scolaires, avec une proportion croissante de traits comiques et satiriques, ira s'accentuant singulièrement, comme on le voit par le *Jeu de l'Antéchrist* de Tégernsée (fin du xii<sup>e</sup> siècle) et les *Passions* déjà citées de Bénédictbeuer xiii<sup>e</sup> siècle) et de Francfort (xiv<sup>e</sup> siècle). Mais cela n'importe plus directement à notre sujet, car nous en trouverons alors l'équivalent, autochtone et plus intéressant, dans notre *mystère* national.

1. Cf. Ed. du Méril, *op. c.*, pp. 266 sqq., 272 sqq., 225 sqq.
2. Cf. Coussemaker, *op. c.*, p. 69 :
  Ad honorem tui, Christe,
  Danielis ludus iste
  In Belvaco est inventus
  Et invenit hunc juventus.
3. Cf. W. Meyer, *Fragmenta Burana, op. c.*, p. 57 sqq.
4. Cf. Coussemaker, *op. c.*, p. 80, d'une part, et, de l'autre, Ed. du Méril, *op. c.*, p. 251-2.

Les progrès faits par le théâtre liturgique dans le sens de l'action ne s'étendirent pas aux caractères. Ceux-ci ne devinrent pas vraiment individuels, en dépit de certains traits de passion assez caractéristiques dans les rôles profanes, tels que ceux des Vierges folles, de la mondaine Madeleine, du cruel Hérode, des Juifs subtils de la synagogue, et des gardes fanfarons du Sépulcre. Cette insuffisance de la personnalité dramatique, chez les protagonistes de nos mystères sacrés, sera d'ailleurs, comme nous le verrons, un de leurs défauts les plus choquants pour notre goût. Peut-être la faute n'en est-elle pas aux auteurs, et leur fut-elle imposée par la conception même du drame religieux. Douer de passions et de sentiments personnels, d'une volonté délibérante et consciente, les acteurs profanes du drame sacré, n'eût-ce pas été mêler des ressorts humains à une histoire toute divine ? Un art plus relevé et non moins religieux, celui des Corneille et des Racine, pourra bien montrer que si l'homme agit, Dieu le mène ; mais, dans le drame liturgique, l'homme s'agite confusément, en la foule obscure et anonyme, pour qu'on voie mieux qu'il est aux mains de Dieu, *comme le cadavre est aux mains du laveur des morts*. Aussi les figures du drame liturgique ont-elles cette impersonnalité sans nuances, cette naïveté et cette sécheresse de touche qui caractérisent si curieusement les dessins au trait dont sont illustrés, çà et là, les antiques Tropaires.

Il importait de constater, dès les origines, ce pieux effacement de la personnalité humaine dans le drame chrétien : car là sera le principal obstacle à son évolution vers la perfection littéraire. L'idéal du genre ne se réalisera en effet qu'avec le secours de cette même formule classique dont nous avons vu tenter l'adaptation par les lettrés d'Orient. C'est elle qui, après avoir été parmi nos humanistes de la Renaissance, l'objet de tentatives analogues et très remarquables, devait enfin être fécondée par le génie des auteurs de *Polyeucte* et d'*Athalie*.

Mais il faut considérer aussi que l'intérêt dramatique des représentations de l'histoire sainte ne fut qu'un moyen d'édification, pour les premiers auteurs de drames liturgiques. Il ne fut jamais un but avoué chez leurs successeurs directs, les auteurs de jeux scolaires, en dépit même des gaîtés qu'ils y glissèrent pour assaisonner le spectacle. Sans doute la mise en scène et le dialogue tendront à devenir le principal, après n'avoir été que l'accessoire. Mais cette évolution décisive du drame sacré se produira sans l'aveu officiel, tout au plus avec la complaisance souriante et d'ailleurs intermittente des autorités ecclésiastiques, et avec une arrière-pensée persistante d'édification quand même. On en a la preuve dans ce fait qu'à l'époque où les exigences des spectateurs sur ces deux points deviennent trop grandes, la langue latine, traditionnellement réservée pour la défense et la conservation intégrale du dogme, se retire graduellement du drame *farci*. Alors celui-ci est mis littéralement à la porte de l'Église. Là même, dans ce goût de plus en plus exigeant du public pour le spectacle extérieur, et non dans la *farciture* croissante, est la véritable cause de l'exode du drame chrétien hors de la nef[1]. Quant à la manière dont il fit

---

1. On s'y trompe encore, avec M. Ch. Magnin, malgré les documents si décisifs apportés par M. Ed. du Méril, *op. c.*, p. 73 sqq., 410 sqq. ; cf. aussi Gaston Paris, *Journal des Savants*, 1892, p. 675. — L'introduction de la langue vulgaire dans le drame sacré est si peu une des raisons qui le feront émigrer de l'église que, dès les origines de cette langue, le clergé en prescrivit un emploi diligent à ses prédicateurs, pour rendre intelligible à tous la parole de Dieu. Nous avons ses prescriptions formelles à ce sujet, depuis les canons des conciles de

ce pas décisif, elle consista, comme on l'a vu, à prendre d'abord la petite porte pour aller au cloître adjacent, puis la grande porte pour gagner la place publique, c'est-à-dire, en style du temps, pour passer de la période de *moniage* à celle de *mondanité*.

C'est juste à ce moment que commence la véritable histoire de notre théâtre national; car s'il est évident que le drame liturgique fut l'origine du théâtre français, il s'en faut qu'il ait été lui-même purement français d'origine[1]. En tous cas, il fut chrétien avant d'être français. Mais nous voici parvenus à notre *Adam*, et en face de ce drame religieux du moyen âge qui fut aussi français que chrétien.

Tours, de Reims et de Mayence, en 813 — « *Ut easdem homilias quisque aperte transferre studeat* IN RUSTICAM ROMANAM LINGUAM (langue romana), *aut* THEOTISCAM (germanique), *quo facilius cuncti possint intelligere quae dicuntur* ». *Sacrosancta concilia*, éd. Mansi, Venise, 1769, t. XIV, col. 85. Concilium Turonense, canon XVII; « *Ut episcopi sermones et homilias sanctorum Patrum, prout omnes intelligere possint,* SECUNDUM PROPRIETATEM LINGUAE *praedicare studeant* ». Ibid., col. 7-8. Concilium Rhemense, canon XV: « *De officio praedicationis... qui verbum De praedicat* JUXTA QUOD INTELLIGERE VULGUS POSSIT ». Ibid., col. 72. Concilium Moguntiacum, canon XXV, texte conforme à celui des Capitulaires, *Capitularia regum Francorum: « De officio praedicationis ut* JUXTA QUOD BENE VULGARIS POPULUS INTELLIGERE POSSIT, *assidue fiat* », éd. Baluze, Paris, 1780, t. I, col. 503. — jusqu'à la curieuse charte de l'évêque de Langres, en 1408, autorisant à jouer les miracles de Saint Maclou, en langue latine *et maternelle (lingua latina et materna)*, publiée par Vallet de Viriville, dans la *Bibliothèque de l'École des Chartes*, 1ʳᵉ série, t. III, p. 450, n. 4. Au reste, les *épîtres farcies*, que signalait M. Ch. Magnin lui-même (*Journal des Savants*, 1844, p. 23 ; et Ed. du Méril, op. c., pp. 410 sqq., 414 sqq.), avaient probablement donné l'exemple, dès les xᵉ et xiᵉ siècles, au drame liturgique.

1. Sur ce point ardemment controversé cf. Gaston Paris, *Romania*, t. XIX, p. 370 sqq., *Journal des Savants*, 1892, p. 685 sqq ; et W. Meyer, *Fragmenta Burana*, op. c. p. 33 sqq., 173, 178 sqq., 183 sqq.; qui voit « le berceau » du drame liturgique à Saint-Gall. Mais cette dernière assertion ne repose en fait que sur la patrie du premier trope dramatique connu, le *Quem quaeritis in sepulchro* (cf. ci-dessus p. 26). Or, s'il est probable que cette patrie soit Saint-Gall, M. W. Meyer ne prouve pas scientifiquement qu'elle ne puisse être Limoges (*Ib.*, p. 33). Quant au trope de Tuilon *Hodie cantandus*, on ne lui connaît pas encore de postérité dramatique, et le cycle de Noël se rattacha non à lui, mais très probablement, selon l'opinion de W. Creizenach (op. c., t. I, p. 57), au *Quem quaeritis, in praesepe*, calqué sur le *Quem quaeritis in Sepulchro*, comme nous l'avons montré ci-dessus (p. 26, n. 1).

# CHAPITRE I

## LE THÉATRE SÉRIEUX DU MOYEN AGE; SON RÉPERTOIRE ET SA MISE EN SCÈNE

Drames bibliques, hagiographiques et profanes. — *Mystères mimés.* — Entrepreneurs, auteurs, censure, acteurs, théâtres, publicité, public, scène et machinerie des mystères parlés.

L'histoire du théâtre médiéval[1] commence au début du XIII<sup>e</sup> siècle, avec le *Jeu d'Adam*, et prend réellement fin avec l'arrêt du Parlement de Paris, en date du 17 novembre 1548, qui « inhibe et deffend » aux confrères de la Passion « de jouer le mystère de la Passion Nostre Sauveur, ne autres mystères sacrez sur peine d'amende arbitraire, leur permettant néantmoins de pouvoir jouer autres mystères profanes, honnestes et licites sans offencer ne injurier aucune personne... ». Cette histoire nous est présentement connue par quatre cents pièces environ, d'étendue fort inégale et dont l'ensemble compte plus d'un million de vers.

Pénibles à lire, car l'intérêt dramatique ou anecdotique y est relativement rare, ces pièces sont décevantes pour la documentation, car elles jalonnent mal l'évolution des genres qui est le principal intérêt du théâtre médiéval. Huit seulement d'entre elles sont du XIII<sup>e</sup> siècle,

---

1. Ce néologisme bien fait remplace couramment, chez les philologues, l'expression : *du moyen âge*. Nous en userons pour la commodité de l'exposition.

et sur les quarante-trois qui datent sûrement du siècle suivant, quarante sont des Miracles de Notre-Dame, taillés sur le même patron [1].

La première impression que donne leur lecture est bien celle du chaos dont parle Racine, à propos du théâtre avant Corneille, et, plus on les examine, plus on y aperçoit d'obstacles à une classification rigoureuse. Les espèces s'y confondent au point d'exclure les groupements par genres tranchés, et les titres témoignent eux-mêmes de cette confusion dans l'esprit des auteurs, par leur impropriété qui est courante. Mais si, par delà la bigarrure déconcertante des titres, on ne regarde qu'à l'accent dominant dans le mélange des tons, on voit la foule de ces productions se distribuer en deux masses. La plus importante des deux, en quantité comme en qualité, peut être appelée *le théâtre sérieux*, par rapport à l'autre qui est le théâtre exclusivement comique.

Le présent volume a pour objet l'étude de ce théâtre sérieux. Nous en avons classé les pièces, en ne considérant que la nature de leurs sujets. Nous avons obtenu ainsi trois groupes de drames.

Le premier comprend les pièces tirées de l'Ancien et du Nouveau Testament. A côté de ce groupe, tout biblique, apparaît celui des miracles de Notre-Dame, des vies des Saints et de leurs miracles, que nous appellerons, pour la facilité de l'exposition : *hagiographique*.

Ce ne sera pas forcer le sens du terme ni sortir de la nature du genre, que de rattacher aux miracles des Saints et de Notre-Dame, les autres miracles d'origine divine, tels que ceux de l'*Assomption de Notre-Dame*, de l'*Hostie* dans le mystère de ce nom, du crucifix

---

1. Les trois autres sont : le *Jour du Jugement*, un fgm. de *Résurrection*, *Grisélidis*, cf. pp. 116, 120, 277.

dans la moralité des *Blasphémateurs*, voire du crapaud qui, dans une autre moralité s'attache miraculeusement à la face de l'*Enfant ingrat*, et n'en « chet » qu'après l'absolution papale.

Aux pièces de ces deux groupes seules convient l'appellation de *mystères*, dont nous avons précisé le sens dans l'introduction, en montrant avec M. Gaston Paris que ce mot signifiait : la représentation par personnages d'un mystère de la foi, en vue de sa démonstration et de l'édification du public. Mais ce sens originel s'étant obscurci de bonne heure, il est arrivé que l'on qualifiât abusivement de *mystères* toutes les pièces du théâtre sérieux, y compris les plus profanes et même certaines moralités. C'est ce dont témoigne, dans l'arrêt même du Parlement cité plus haut, l'expression bizarre et abusive de *mystères profanes*. Il y a eu là une *catachrèse*, comme disent les grammairiens, et dont il faut que le lecteur soit bien averti. Nous éviterons d'ailleurs de l'employer couramment, car si elle est vénérable par son antiquité, les confusions qu'elle perpétue ne le sont pas.

Un troisième groupe apparaît ensuite, où se rangent d'ailleurs par définition les « mystères profanes » : celui des *drames profanes*. Outre l'épopée dramatisée de *la Destruction de Troie* et celle du *Siège d'Orléans* où l'emploi du merveilleux est négligeable, étant purement épisodique et hors des ressorts réels de l'action, ce groupe, tout profane et si important par là, sera formé par « l'histoire » de *Grisélidis* et six moralités pathétiques, à savoir : *L'Empereur qui tua son neveu; L'Enfant prodigue; l'Enfant de perdition; la Femme qui avait voulu trahir la cité de Rome; l'Inquisiteur; la Pauvre fille villageoise.*

Il ne reste plus en dehors de ce classement que quelques moralités religieuses et mystiques. Mais il nous semble que l'on peut rattacher sans effort au groupe biblique la moralité de *la Passion* de Jean d'Abondance et aussi la moralité de *Lazare, Marthe, Jacob, Marie-Madeleine* qui n'est, en dépit de son titre, qu'un fragment de Passion. Quant à la demi-douzaine de moralités mystiques, à peine dramatiques et si lourdes, de Pierre du Val, leur place naturelle, et d'ailleurs si peu importante, est, quoi qu'on en ait dit, dans le genre ennuyeux de ces moralités moralisantes dont il y aura lieu de parler à propos des origines de la comédie.

Ce classement des pièces du théâtre sérieux en drames bibliques, hagiographiques et profanes est d'une exactitude qui suffira pour son histoire et en dicte les divisions.

Cependant deux subdivisions se sont imposées à nous pour le premier et pour le second groupe. Nous avons dû étudier d'abord les mystères tirés des deux Testaments, en réservant ceux qui ont trait à la vie de Jésus pour une étude distincte que commandent leur ampleur et surtout leur importance littéraire. Dans le genre hagiographique, une place à part nous a paru devoir être faite aux *Miracles de Notre-Dame*. Ils constituent en effet, à nos yeux, le groupe le plus intéressant de tout le répertoire du théâtre sérieux du moyen âge, et celui où apparaît le mieux l'évolution du drame sacré vers le drame profane.

L'intérêt de cette évolution est rendu grand pour nous par la grandeur future de ce qu'elle commençait: mais on eût fort étonné les dramaturges du moyen âge, même ceux du xv$^e$ siècle, si on leur avait dit que leurs productions arrêteraient les regards de la postérité. La grande affaire, pour eux, comme pour le public, c'était le spectacle. Les paroles ne venaient là que pour ajouter à la vraisemblance, et leurs vers ne paraissaient guère assurés de plus de durée à un Gréban ou à un Mercadé, que leurs décors à un Jean Fouquet ou à un Michel Colombe.

On s'en passait d'ailleurs couramment, témoin la vogue des « mystères sans paroles » ou mystères mimés, qui persistera du début du xiv° siècle à la fin du xvi°, et survivra même à celle des mystères parlés[1].

Elle l'avait devancée d'ailleurs. Dès 1313, au cours des fêtes offertes par Philippe le Bel au roi d'Angleterre Édouard II et à sa femme Isabeau, on vit, parallèlement à une représentation mimée de Renard exécutant ses tours de charlatan de place, celle de la vie de Jésus y compris le Jugement dernier et la Passion, près d'un siècle avant que celle-ci fût jouée et mimée par les confrères. On jugera de l'animation et de la pompe de ce spectacle bigarré et de ses pareils, par ce passage de la *Chronique métrique* de Godefroi de Paris :

> La vit-on Dieu sa mere rire;
> *Renard, fisicien et mire;*
> Et si virent lors mains preudommes
> Nostre seignor menger des pommes;
> Et nostre Dame sans esloingne;
> Avec les trois rois de Couloingne;
> *Et les anges en Paradis*
> *Bien entor quatre-vins et dix;*
> Et les ames dedens chanter.
> Et si vous puis bien creanter
> *Qu'enfer y fu noir et puant,*
> Les ames getant et ruant;

---

[1]. Pour la liste de ces *mystères mimés*, cf. Petit de Julleville, *Les Mystères*, op. c., t. II, p. 186 sqq. Pour les représentations des mystères parlés, les dates de 300 d'entre elles et leurs circonstances, cf. *ibid.*, t. I, c. x-xii et t. II. p. 1-186. Pour la technique de la mise en scène, cf. Germain Bapst, *Essai sur l'histoire du théâtre*, Paris, Hachette, 1893, livres I-II.

> *Dyables i ot plus de cent,*
> Qui tuit sailloïent adjecent
> Por les ames a elz atrere
> A cui faisoient maint contraire.
> La les creut-on tormenter,
> Et les veoit-on dementer.
> *Nostre seignor au jugement*
> *I fu, et le suscitement...*
> La vit on Dieu et ses apostres,
> Qui disoient leurs patenostres;
> Et la les innocents ocirre....
> Feu, or, argent aussi voler;
> Hérode et Cayphas en mitre;
> *Et renard chanter une espitre*
> *La fu veu, et évangile;*
> Crois et flos, et *Hersent qui file;*
> *Et d'aultre part,* Adam et Eve;
> Et Pilate qui ses mains leve....

La Passion *mimée* était du reste dans les attributions des fameux Confrères. En 1420, pour l'entrée de Charles VI et de Henri V, ils la figurèrent, rue de la Calandre, sur un échafaud de cent pieds de long, d'après les bas-reliefs du pourtour du chœur de Notre-Dame. Ces pantomimes qui avaient pour sujets des mystères ou des miracles et plus tard des moralités, faisaient assaut de luxe et de trucs dits *feintes*, avec les autres *attractions* de ces solennités.

Ce n'est pas peu dire, comme on en pourra juger par deux exemples. A son entrée, en 1389, Isabeau de Bavière, — après le *Pas du roi Salhadin*, tout un tournoi qui l'attendait devant l'église de la Trinité, et après le traditionnel lit de justice devant le Châtelet, avec parc rempli de bêtes et d'oiseaux, chasse figurée, etc. — vit, au dire de Froissart, un funambule, costumé en ange, avec cierges en mains, descendre vers elle du haut des tours de Notre-Dame. En 1461, il fut offert à

Louis XI, pour son entrée, un spectacle plus profane et qui a inspiré une jolie toile à un peintre de nos jours[1]. Après « une passion par personnages et sans parler », le roi put arrêter ses regards sur « trois bien belles filles en séraines (*sirènes*) toutes nues, et leur voyoit-on le beau tétin droit, séparé, rond et dur, qui estoit chose bien plaisante ».

Nous citons ce témoignage visiblement satisfait de Jean de Troyes, pour montrer combien peu choquait alors, dans les spectacles avec ou sans paroles, la juxtaposition du profane et du sacré : mais les mystères parlés nous en feront voir bien d'autres.

Nous en avons assez dit d'ailleurs pour faire pressentir, par analogie, l'importance que le spectacle matériel, c'est-à-dire la succession ou la simultanéité des *tableaux vivants*, gardera dans la représentation de ces mystères. En en jugeant le poème, *le livre*, il ne la faut pas perdre de vue ; sinon on s'expose à ne pas comprendre l'attention passionnée du public, et à juger l'auteur avec une sévérité qui n'est pas de circonstance. Aussi allons-nous y insister, en regardant d'assez près comment se préparait et s'exécutait la représentation des mystères, lors de leur grande vogue, c'est-à-dire pour la période de 1450 à 1550.

Ces représentations, dont l'édification du public était le prétexte et aussi le but, avaient pour promoteurs ordinaires les corps municipaux. Ceux-ci prenaient couramment à leur charge une partie des frais et parfois le tout. Ils avaient pour émules les confréries pieuses, les corps de métiers, et très souvent même des associations de particuliers formées et autorisées pour la circonstance. Le clergé ne se désintéressait

1. Cf. à l'Hôtel de Ville de Paris, le panneau de M. Tattegrain.

d'ailleurs pas du spectacle sacré dont il avait jadis fourni les premiers auteurs et acteurs. Des rois, princes et seigneurs s'intéressent aussi, de plus ou moins près, au théâtre et à son administration, comme Charles VI et Louis XII. Quelques-uns même, parmi eux, s'en montrent les protecteurs déclarés, tels que le bon roi René ou ce triste sire de Gilles de Rais. Enfin on voit de simples particuliers, par dévotion à Dieu ou à leur saint, et quelque démon du théâtre aussi les poussant, faire les frais ou les avances de ces pieuses chorégies. Ainsi dame Catherine Baudoiche fera jouer à Metz, en 1468, une *Sainte Catherine de Sienne;* et maître Jean Neyron construira à Lyon, en 1540, un théâtre permanent, consacré à la représentation des mystères.

Les promoteurs ou entrepreneurs de représentations s'adressaient pour le poème, *le livre*, à des fournisseurs plus ou moins attitrés. Les noms de ces derniers, sauf dix-huit[1], se sont perdus dans l'anonymat dont la fréquence témoigne du peu de cas que leurs auteurs eux-mêmes faisaient de ces œuvres de circonstance.

Quelques-unes d'entre elles durent pourtant à l'éclat de ces circonstances ou à leurs mérites propres d'attirer une attention exceptionnelle. Nous en avons pour preuve, la beauté même de certains manuscrits et de leurs enluminures et miniatures, tels que ceux des *Miracles de Notre-Dame* (Biblioth. Nat., n°ˢ 819 et 820) ou celui de *Grisélidis* (n° 2203) qui aurait peut-être été offert à Charles VI en 1395[2], ou encore ceux de la Pas-

---

1. On les trouvera, avec leurs biographies, dans Petit de Julleville, *Les Mystères*, op. c., t. I, ch. IX, et nous rencontrerons les principaux d'entre eux au cours de cette histoire.
2. Il ne faut pas confondre l'ancien n° 7999, présentement n° 2201, avec le n° 2203, ancien 7999 lui aussi. C'est ce dernier qui contient le mystère de *Grisélidis*. Le premier ne renferme qu'une version de la lettre de Pétrarque, dont l'écriture est du XV° siècle. M. Petit de Julleville a omis de faire la différence.

sion de Gréban (*Ibid.* n° 816), de la Passion jouée à Valenciennes, en 1547 (*Ibid.* n° 12536) si précieux par l'estampe qui représente la scène. Nous avons aussi là-dessus des documents formels. Nous savons par exemple qu'un manuscrit de *la Passion* d'Arnoul Gréban « composée à la requeste d'aucuns de Paris », qui avait été payé à son auteur dix écus d'or par Guillaume de Bonœuil, bourgeois d'Abbeville, fut acquis au même prix par l'échevinage de cette ville et soigneusement déposé et scellé dans un de ses coffres, en attendant la représentation. Une autre fois, — le 15 août 1509, pour préciser, — ce sont les consuls de Romans qui envoient un exprès officiel à Chevalet « grand fatiste (*faiseur*) de Vienne ». L'objet de cette ambassade était de convier l'auteur en renom à venir « besognier » avec le chanoine Pra, qui était déjà en train de confectionner le mystère des *Trois Doms*, honneur que déclina d'ailleurs le *fatiste* de Vienne, après être venu juger *de visu* de la manière dont besognait le chanoine de Grenoble.

Une fois en possession du manuscrit de la pièce, il semble bien que les entrepreneurs devaient se préoccuper de la censure. Nous ne savons pas comment elle exerçait sa vigilance, mais on ne peut douter de sa rigueur, à l'occasion.

Ainsi, en 1462, à Bouafles, un sieur de Vieux-Pont qui s'est passé de l'autorisation de l'official pour faire jouer un mystère, est condamné à deux jours de prison. En 1527, l'évêque de Meaux impose son visa pour toute représentation ; et, en 1547, celui de Cambrai soumet la Passion qui doit se jouer à Valenciennes à des « docteurs » de son choix. A Lans-le-Villard, en 1567, un censeur du duc de Savoie examine de près le texte d'un

*Saint Sébastien*, et un examen ultérieur est prescrit pour le rôle du fou, qui était resté en blanc. Il y a même des conflits de juridictions, en l'espèce. En 1518, les échevins de Lyon contestent au prince de la basoche de cette ville le droit d'autoriser une *Conception de Notre-Dame*; et ils obtiennent gain de cause. Enfin le roi Charles VI, dans les célèbres lettres patentes du 4 décembre 1402, stipulera que devront assister aux représentations des confrères de la Passion « troiz, deux ou l'un de ceulx qu'ilz voudront eslire de noz officiers, sanz pour ce commettre offense aucune envers Nous et Justice ».

On voit qu'il y avait deux censures plutôt qu'une, l'autorité ecclésiastique et l'autorité civile s'y exerçant à l'envi. La prudence conseillait donc aux auteurs, comme aux entrepreneurs, de se procurer cette *licencia ludendi* qui se lit au dernier feuillet du manuscrit de la *Vie de saint Vincent*. Certes cette censure était prodigieusement tolérante sur le chapitre des mœurs, à en juger par certains passages des mystères; mais elle paraît l'avoir été beaucoup moins sur celui de la politique, sauf sous Louis XII; et sur celui de la religion, surtout quand la foi eut perdu sa sécurité, dans le voisinage de la Réforme, témoin l'arrêt du Parlement de 1548.

La pièce écrite et autorisée, il restait à la monter. C'était la grosse affaire. Sa représentation, étant œuvre pie, suscitait sans doute en foule les bonnes volontés. Pour les acteurs, par exemple, on n'avait que l'embarras du choix : mais il ne devait pas être mince, car il y avait, à cette occasion, de curieux assauts de vanités et d'ignorances.

Au XIIIᵉ et au XIVᵉ siècle, pour des représentations

telles que le *Jeu de saint Nicolas* ou les *Miracles de Notre-Dame*, les acteurs étaient naturellement fournis par les membres des puys. Au xv$^e$ et au xvi$^e$ siècle, ils se recrutaient surtout parmi les membres des confréries, ou parmi les maîtres et compagnons des corps de métier, sans compter les amateurs qui étaient légion. Il le fallait bien, car les personnages de certains mystères étaient si nombreux qu'il ne devait pas y avoir de famille, surtout en y joignant les figurants, qui ne contribuât au spectacle. Comme on l'a dit, une bonne partie de la ville était employée à divertir l'autre, en l'édifiant.

Parmi ces acteurs amateurs figuraient souvent des membres du clergé, et parfois même de la noblesse. A Valenciennes, Arnould Descordes, « segneur de Maubray, lieutenant du prévost de la ville », tient le rôle de Ruben, si méchamment mis à mort par son fils Juda. A Romans, l'official, un haut personnage ecclésiastique, figure parmi les acteurs des *Trois Doms*. On a d'ailleurs à foison des exemples d'ecclésiastiques jouant dans les mystères, où ils n'étaient pas les moins zélés des acteurs : témoin le curé Nicolle qui tenant à Metz, en 1437, le rôle du Christ « cuyda mourir en l'arbre de la croix, car le cœur lui faillit, tellement qu'il fût été mort, s'il ne fût été secouru »; témoin encore en « icelui jeu », cet autre prêtre Jehan de Missey qui « portoit le personnage de Juda », et d'un tel cœur que « pour ce qu'il pendit trop longtemps, il fut pareillement transi et quasi mort; car le cueur lui faillit, par quoi il fut bien hâtivement dépendu et fut emporté en aucun lieu prochain pour le frotter de vinaigre et autre chose pour le réconforter ».

Le peuple fournissait aussi des acteurs, et du premier

rang, comme ce jeune « fils barbier » qui était aussi de Metz et, en 1485, y joua le personnage de sainte Barbe, — un rôle pénible, à en juger par les tortures que subit l'héroïne — « si prudemment et dévotement, que plusieurs personnes pleuroient de compassion », qu'il n'y eut « seigneur, clerc ni laïque qui ne désirât avoir ledit garçon pour le nourrir et le gouverner », qu'une riche veuve voulait l'adopter, et qu'enfin un chanoine l'envoya étudier à Paris où, plus heureux que ne sera son collègue Figaro à Salamanque, il devint maître ès arts, puis chanoine à son tour.

Mais, pour tenir les emplois féminins, il n'y avait pas que des éphèbes dont la voix n'avait pas mué, comme il advint au susdit fils barbier, l'année suivante, ce qui nuisit à son succès dans le rôle de sainte Catherine. Antérieurement à 1550, on peut noter trois représentations où des rôles de femmes furent tenus par des personnes du sexe[1]. Dans l'une d'elles, à Metz, en 1468, une jeune fille du peuple, de dix-huit ans, récita les 2300 vers du rôle de *Sainte Catherine du mont Sinaï*, et « parla si vivement et si piteusement qu'elle provoqua plusieurs gens à pleurer » et un gentilhomme à l'épouser, sans souci de la mésalliance.

Au reste les rôles des mystères, surtout ceux des hauts personnages, et celui de l'*acteur* chargé du *prologue* et de la *démonstration* des lieux et personnages, étaient fort recherchés. Conteurs, moralistes et prédicateurs témoignent, à l'occasion, de la naïveté orgueilleuse de ceux qui les tenaient, des frais considérables

---

[1]. On a vu qu'elles figuraient de tout leur corps, dans les mystères mimés. Le scrupule ne commençait qu'à la déclamation qui leur était interdite, en principe. On en verra les raisons canoniques, savamment exposées par M. l'abbé Battifol, dans une note de l'*Histoire du Théâtre*, de M. Germain Bapst, *op. c.*, p. 57.

où ils se laissaient entraîner, et aussi des nasardes, parfois bien plaisantes, dont ils étaient payés par la malignité de leurs compagnons[1]. Leur vanité surtout était proverbiale, et Brantôme dit de certains fanfarons qu'ils « se vantent et piaffent comme roys des poix pilés aux jeux et farces de jadis faites en l'Hostel de Bourgogne à Paris ».

Quant aux acteurs de profession, il en exista sans doute dès le haut moyen âge, dans les genres plaisants et plus ou moins dramatiques, sous le nom équivoque de *jongleurs*; et nous les retrouverons, avec leurs nombreux successeurs en traitant de la comédie. Dès le xiv<sup>e</sup> siècle, il est fait mention de « joueurs de personnages », sans qu'on sache s'ils étaient du genre sérieux ou du comique. Mais la certitude commence avec la compagnie de bourgeois et d'artisans qui, par un édit du prévôt de Paris, en date du 3 juin 1398, se vit interdire « les jeux de personnages par manière de farces, de vies de sains, ne autrement », qu'elle donnait à Saint-Maur, qu'elle continua, nonobstant l'édit, le lendemain, et où « furent aucuns qui jouèrent personnages de la Passion Nostre-Seigneur ».

Cette compagnie ayant plaidé sa cause contre le prévôt de Paris, la gagna, et fut reconnue comme *Confrérie de la Passion*, ayant le privilège des représentations des mystères et miracles dans le ressort de Paris, ainsi que le constatent les fameuses lettres patentes de Charles VI, en date du 4 décembre 1402, dont voici des passages mémorables :

<small>Nous qui voulons et désirons le bien, proufit et utilité de la dicte confrarie, et les droiz et revenues d'icelle estre par Nous accreuz et</small>

---

[1]. Cf. Petit de Julleville, *Les Mystères*, op. c., t. I, p. 371 sqq.

augmentez de graces et privilèges, afin que un chascun *par devocion* se puisse et doye adjoindre et mettre en leur compaignie;... avons donné et octroyé, donnons et octroyons de grace espécial, plaine puissance et auctorité Royal, ceste foiz pour toutes et à tousjours perpétuellement, par la teneur de ces présentes Lettres, auctorité, congié et licence de faire et jouer quelque Misterre que ce soit, soit de la dicte Passion, et Résurrection, ou autre quelconque tant de saincts comme de sainctes que ilz vouldront eslire et mettre sus, toutes et quantefoiz qu'il leur plaira, soit devant Nous, devant nostre commun ou ailleurs tant en recors (*répétitions*) comme autrement, et de eulx convoquer, et communiquer et assembler en quelxconques lieu et place licite à ce faire qu'ilz porront trouver, tant en nostre Ville de Paris, comme en la Prévosté, Viconté ou Banlieue d'icelle, *présens à ce trois, deux ou l'un de ceulx qu'ils vouldront eslire de nos officiers, sans pour ce commettre offense aucune envers Nous et Justice;...* et lesquelz Maistres, Gouverneurs et Confrères dessus diz et un chacun d'eulx, durant les jours esquelx ledit Misterre qu'ilz joueront se fera,... *puissent aler, venir, passer et repasser paisiblement, ves tuz, abiliez et ordonnez un chascun d'eulx, en tel estat que le cas le désire, et comme il appartiendra, selon l'ordenance du dit Misterre, sans destourbier ou empeschement....*

Ainsi, à cette date de 1402, avec ces « Maistres et Gouverneurs de la confrarie de la Passion et Résurrection nostre-Seigneur, fondée en l'Eglise de la Trinité, à Paris », et dont la scène fut installée dans la salle du rez-de-chaussée de l'hôpital de la Trinité, nous avons une troupe régulière et un théâtre fixe. Mais ce fut là une exception dont nous verrons d'ailleurs plus loin l'importance.

Le mystère à jouer étant écrit, autorisé et pourvu de ses interprètes, il fallait trouver un théâtre, des décors et tous les accessoires. Ce n'était pas une petite affaire. A Romans, cette représentation des *Trois Doms* dont les procès-verbaux nous renseignent si utilement, coûta dix mois de travail, outre 1737 florins d'argent (environ 50 000 francs). A Reims, la représentation d'une Passion, préparée dès 1517, comme le prouve la date de l'acquisition des accessoires par l'échevinage, n'eut lieu que treize ans après.

Et d'abord il fallait chaque fois construire le théâtre. Il n'y avait en effet qu'un emplacement restreint, ne pouvant suffire que pour un public d'invités, dans ces sièges des confréries où se sont joués probablement le *Jeu de saint Nicolas*, le *Miracle de Theophile*, les *Miracles de Notre-Dame*, et certainement les vies des saints, leurs patrons, comme les *Miracles de Notre-Dame de Liesse* de Jean Louvet ou le *Saint Louis* de Gringore.

Ces théâtres de circontance étaient en planches, sur échafauds, avec places réservées ou étages de loges pour le beau monde, dont une spéciale pour la municipalité, comme celle qui est figurée à l'entre-colonnement, côté jardin, dans l'estampe du *Térence* de 1493, avec l'inscription : *Aediles*. Leurs dimensions étaient généralement considérables. Au théâtre de Romans qui fut construit dans la cour des Cordeliers et adossé au mur de leur église, sur les gradins en amphithéâtre et dans les 84 loges, avec barrières « sur le regard du jeu pour garder de tomber, avec une poste à travers à cause des petits enfants », prirent place, exactement, pour les trois jours que dura la représentation, 13 947 spectateurs, soit 4600 par jour. Mais ce nombre pouvait s'élever beaucoup plus haut. Le « théâtre de bois et rond », construit à Autun, en 1516, pour la représentation d'un *Saint Lazare*, en l'honneur du « patron de la cité des Eduens et du diocèse », et où un fossé plein d'eau séparait la scène du public, pouvait, à en croire le jurisconsulte Chassanée, contenir quatre-vingt mille spectateurs, sur ses gradins en amphithéâtre et dans ses 240 loges en étages, et « à l'abri de toiles de lin ».

« Il n'y eut rien de comparable en France », toujours au dire de Chassanée, « aussi Dieu permit-il qu'il ne se produisît, à cette occasion, ni sifflets, ni tumulte populaire, ni raillerie ou dérision. »

Les frais considérables de pareilles représentations faisaient mettre parfois les places à un prix relativement élevé. A Amiens, en 1494, il fut fixé par les échevins à une somme équivalant à 4 francs de notre monnaie dans les loges, et à 2 francs au parterre « le bas pour le commun peuple ». En 1547, à Valenciennes, le prix d'entrée étant de 6 deniers seulement et du double « sur un hordement (*échafaud*) lequel on avait faict audit lieu tout propice », la recette fut, pour les 25 journées que dura la Passion, de 4680 livres, 14 sous, 6 deniers, et le bénéfice net à répartir, « selon que il auront mérité », entre les « compaignons jueurs » associés pour l'entreprise, fut de 1230 livres 2 sous 3 deniers, soit huit à neuf mille francs en valeur actuelle.

Mais ce bénéfice est modeste, surtout en regard des risques à courir, « sy de adventure il fut advenu quelque mortalité ou guerre ». D'ailleurs il paraît avoir été exceptionnel ; et les entrepreneurs ne l'escomptaient guère, ne faisant pas de ces représentations une affaire, témoin la prudence de certaine clause du contrat de Valenciennes « quand au gaing et profit *se il y en a* ». En général il n'y en avait pas et la différence à payer pouvait même devenir ruineuse pour les petites villes : à Romans, elle se chiffra par une trentaine de mille francs.

Il arrivait aussi qu'au lieu de construire un théâtre de toutes pièces, on jouât sur une place publique, comme cela eut lieu en 1474, à Rouen, pour l'important mys-

tère de *la Nativité*, dont les 24 *establies* furent dressées
« dedens le neuf marchié ». En ce cas, les maisons qui
bordaient la place étaient utilisées. Garnies de spectateurs jusqu'au toit, ayant sans doute à leurs fenêtres,
aux bonnes places, « quelques belles jeunes femmes ou
filles pour tapisseries », ainsi que le prescrit galamment une ordonnance de 1530, relative aux entrées
royales, elles remplaçaient à merveille les loges ordinaires. Parfois aussi, — comme aujourd'hui à Orange, à
Nimes ou à Arles, — on eut l'heureuse idée d'utiliser les
théâtres ou arènes antiques, ainsi qu'il fut fait à Bourges, en 1536. Enfin un théâtre fut construit à Lyon, en
1540, par Neyron, ce riche amateur cité plus haut, et y
resta ouvert, jusqu'en 1548, aux troupes de passage. Il
avait trois rangs de loges, un parterre garni de bancs,
et un plafond avec des peintures représentant le paradis
et l'enfer.

Cependant, à Paris, celui des confrères de la Passion
durait toujours. Installé d'abord dans la salle du rez-de-chaussée de l'hôpital de la Trinité, il mesurait
24 toises et demie de long sur 6 de large. L'hôpital
ayant été rendu, en 1539, à sa destination qui était de
servir d'asile de nuit aux voyageurs n'arrivant aux portes de Paris qu'après leur fermeture, les confrères
émigrèrent à l'Hôtel de Flandres, situé près de la rue
appelée Coquilière, du nom du premier propriétaire du
terrain. Ils y restèrent jusqu'à la démolition de l'hôtel,
en 1543, et se fixèrent enfin, en 1548, rue Mauconseil,
à l'Hôtel de Bourgogne, où nous les retrouverons.

Mais avant de les quitter, il serait injuste de ne pas
signaler au passage l'influence certainement considérable que leur organisation exerça sur l'évolution du
drame sacré. En lui donnant un théâtre fixe, où ils

jouaient d'ordinaire les dimanches et jours de fêtes non solennelles, ils assurèrent la régularité des représentations, et aidèrent ainsi à la formation du répertoire, et aussi, hélas! à l'extension des pièces. Nous voyons, par exemple, que le manuscrit du *Saint Louis* anonyme leur appartenait. On a même conjecturé, avec quelque vraisemblance, que la Passion contenue dans le fameux manuscrit dit de Sainte-Geneviève, et dont nous verrons plus loin l'importance, était celle de leur répertoire. Il y a pourtant lieu de croire plutôt que ce manuscrit était celui du répertoire de l'abbaye de Sainte-Geneviève qu'il n'avait quittée que vers 1502, par le fait d'un prêt de messire « Jehan le Docte, relligieux de l'abaye et couvent de saincte Genneviefre de Paris » à son neveu « Arnoul le Docte, demeurant à Coupenreez » lequel, au dernier feuillet, promet le vin à qui le lui rapporterait en cas de perte.

Quoi qu'il en soit, en prenant la Passion comme principal objet de leurs représentations, les Confrères avaient eu la main heureuse. C'était désigner aux auteurs de mystères et à leurs *originateurs* (adaptateurs et metteurs en scène), la source de pathétique la plus féconde de tout le théâtre sacré. La vogue des Passions, sinon l'idée, date d'eux et fut immense.

Elle fut aidée par la publicité soignée qui se faisait autour de la représentation des mystères. On la commençait par le *cry*. On y annonçait, en prose ou même en vers, des semaines et des mois à l'avance, l'initiative de la représentation prise par tel ou tel personnage de marque. On y conviait les personnes de bonne volonté à se charger d'un rôle, ce qui était une vraie charge, avec l'écu d'or de caution et les *patars* d'amende pour le cas de défaut aux répétitions et aux représentations, lesquelles pouvaient durer jusqu'à vingt-cinq jours. comme celle de la Passion de Valenciennes, en 1547.

Voici une description suggestive du *cry* fait par les confrères de la Passion, le 16 décembre 1540, pour la représentation qui se poursuivit, avec un énorme succès, pendant un bon semestre de 1547, du « triumphant mystère des *Actes des Apostres* », œuvre des frères Gréban, en 61 900 vers, à débiter par 494 personnages, soit 125 vers en moyenne pour chacun, chaque apôtre en ayant environ 1150 pour sa part :

*Le cry et Proclamation publique, pour joüer le Mystère des Actes des Apostres, en la Ville de Paris : faict le jeudy seizième jour de décembre l'an* 1540, *par le commandement du Roy nostre Sire, Françoys premier de ce nom: et Monsieur le Prévost de Paris, affin de venir prendre les Roolles, pour joüer ledict mystère. On les vend à Paris en la rue neufve Nostre-Dame à l'enseigne de Sainct Jehan Baptiste, prés Saincte Geneviefve des Ardens, en la Boutique de Denys Janot. MDXLI.*

Le jour de susdict : environ huict heures du matin, fut faicte l'Assemblée en l'Hostel de Flandres lieu estably pour joüer ledict Mystère, assavoir tant des Maistres Entrepreneurs dudict Mystère que gens de Justice, Plebeyens, et aultres gens ayant charge de la conduicte d'icelluy : rétoriciens et aultres gens de longue robe, et de courte.

Et premierement marchoyent six Trompettes ayans baverolles (*banderoles*) à leurs tubes et bucines, armoyez des armes du Roy nostre Sire. Entre lesquelles estoit pour conduicte la Trompette ordinaire de la ville : accompagnez du Crieur-juré, estably à faire les Crys de Justice en ladicte Ville : tous bien montez selon leur estat.

Après marchoit ung grand nombre de Sergens et Archers du Prévost de Paris, vestuz de leur Hocquetons paillez d'argent, aux livrées et Armes tant du Roy, que dudict Seigneur Prévost, pour donner ordre, et conduicte, et empescher l'oppression du Peuple, et lesdictz archers bien montez, comme au cas est requis.

Puis après marchoyent ung nombre d'Officiers de Sergens de Ville, tant du nombre de la Marchandise que du Parloir aux Bourgeois, vestuz de leurs robbes my-parties de couleurs de ladicte ville, avec leurs Enseignes, qui sont les Navires d'argent : iceulx tous bien montez comme dessus.

En après marchoyent *deux hommes establis pour faire ladicte proclamation*, vestuz de sayes de velours noir, portans manches perduës de satin de troys couleurs, assavoir jaulne, gris, et bleu : et bien montez sur bons chevaulx.

Après marchoyent les deux Directeurs dudict mystère Rhétoriciens ; assavoir ung homme Ecclesiastique, et l'aultre Lay, vestuz honnestement, et bien montez selon leur estat.

Item, alloyent après les quatre Entrepreneurs[1] dudict Mistere, vestuz de chamarres de taffetas armoysin, et pourpoinctz de velours, le tout noir ; bien montez, et leurs chevaulx garnis de housses.

Item, après ce train marchoyent quatre Commissaires au Chastelet de Paris, montez sur mulles garnies de housses, pour accompaigner lesdicts Entrepreneurs.

En semblable ordre marchoyent ung grand nombre de Bourgeois, Marchans et aultres gens de Ville ; tant de longue Robe que de courte : tous bien montez selon leurs estat, et capacité.

*Et fault noter qu'én chascun carrefour, où se faisoit ladicte publication*, deux desdictz Entrepreneurs se joignoient avec les deux Establiz (*pour faire ladite proclamation*) cy-devant nommez, et après le son desdictz six Trompettes sonné par trois fois, et l'exhortation de la Trompette ordinaire de la Ville, faicte de par le Roy nostredit Seigneur, et Monsieur le Prévost de Paris, feirent lesdictz quatre dessus nommez ladicte proclamation en la forme et manière qui s'ensuyst.

*Le Cry et Proclamation de l'Entreprince dudict Mystère des Actes des Apostres, adressant aux Citoyens de ladicte Ville de Paris.*

> Pour ne tumber en damnable décours
> En noz jours cours, aux Bibliens discours
> Avoir recours, le temps nous admoneste :
> Pendant que Paix estant nostre secours,
> Nous dict, je cours ès Royaulmes, ès Cours.
> En plaisant cours, faisons qu'elle s'arreste ;
> La saison preste, a souvent chaulve teste,
> Et pour ce honneste œuvre de Catholicques,
> On faict sçavoir à son et Crys publicques,

---

1. Une ballade, en tête du mystère, les nomme : c'étaient Hamelin et Pentrain, « scients l'ung en praticque et l'autre pour s'embattre tixtre tapis », qui « sous rhétoriciens sçait assez bien », Chevelet boucher ; et certain « Jehan Louvet, opérateur aux fleurs, Bien congnoissant des bons grains les meilleurs », qui n'a sans doute que le nom de commun avec le sergent à verge, auteur des *Miracles de Notre-Dame de Liesse*.

Que dans Paris ung Mistère s'appreste,
Représentans Actes Apostoliques.
　　Nostre bon Roy, que Dieu garde puissant,
Bien le consent, au faict impartissant
Pouoir reçent de son auctorité;
Dont chascun doibt vouloir, que florissant
Son noble Sang des Fleurs de Lys yssant
Soit, et croissant en sa félicité,
Venez, Cité, Ville, Université,
*Tout est cité*, venez gens héroïques,
Graves, Censeurs, Magistratz, Politiques,
Exercez-vous *au jeu de vérité*,
Représentans Actes Apostoliques.
　　*L'on y semond Poétes, Orateurs,*
*Vrays Précepteurs, d'éloquence amateurs,*
*Pour Directeurs de si saincte entreprinse;*
*Mercuriens, et aussi Chronicqueurs,*
*Riches rimeurs, des barbares vaincqueurs,*
*Et des erreurs de langue mal apprinse.*
L'heure est précise, où se tiendra l'assise.
Là sera prise *au rapport des Tragicques,*
*L'Élection des plus experts Scénicques*
*En geste et voix au Théatre requise,*
Représentans Actes Apostolicques.
　　*Vouloir n'avons en ce commencement*
*Débatement, fors prendre enseignement,*
*Et jugement sur chascun personnage,*
*Pour les roolletz bailler entierement,*
*Et veoir comment l'on joüera proprement*
*Si fault comment, ou reste davantage :*
Mys ce partage à vostre conseil sage,
Doibt tout courage, *hors les cueurs paganicques*
*Luthériens, esprits diabolicques,*
Auctoriser ce Mystère et Ymage,
Représentans Actes Apostolicques.
　　Prince puissant, sans toy toute rencontre
Est mal encontre, et nostre œuvre imparfaict :
Nous te prions, que par grace se monstre
Le Jeu, *la Monstre,* et tout le reste faict;
Puis le meffaict de noz chemins obliques
Pardonnez-nous, après ce jeu parfaict,
Représentans Actes Apostolicques.

Et pour l'assignation du jour et du lieu establiy à venir prendre roolles dudict Mistére, fut signifié à tous, de soy trouver le jour de Sainct Estienne, première Férie de Noël ensuivant en la Salle de la Passion, lieu accoustumé à faire les recordz et répétitions des Mistéres joiiez en ladicte Ville de Paris, lequel lieu bien tendu de tapisserie, siéges et bancz, pour recepvoir toutes personnes, honnestes, et de vertueuses qualitez; assisteront grand nombre de Bourgeois et Marchans, *et aultres gens, tant Clercs, que Lays*, en la présence des commissaires, et gens de Justice establis, et députez *pour oüyr les voix de chascun personnage : et iceulx retenir, compter selon la valeur de leur bien faict en tel cas requis, qui fut une réception honneste*; Et depuis lesdictes journées se continuent, et continueront chascun jour audict lieu, jusques à la perfection dudict Mystére.

Outre cette pompeuse et verbeuse réclame, et celle non moins efficace sans doute, que faisaient ensuite chez eux et autour d'eux les acteurs et figurants, il y avait encore, à la veille de la représentation, la *monstre*, où tous défilaient et cavalcadaient à travers la ville, en bel arroi, chacun étant costumé selon son rôle, et avec quelle piaffe, et en quels costumes! Voici celui de Néron, d'après la copieuse et enthousiaste relation de Jacques Thiboust, dans la « triumphale monstre » de Bourges, en 1536, pour la représentation des mêmes *Actes des Apôtres* :

Nesron... estoit vestu d'une saye de veloux bleu toute pourfilée d'or à grands rinceaux d'antique, et découpée a taille ouverte, par ou apparoissoit et flocquetoit a gros bouillons la doublure, qui estoit d'ung satin cramoisy, pourfilée semblablement d'ung autre ouvrage de fleurons et entrelacs de fil d'or; elle estoit doublée de veloux cramoisy a collet de mesme, faict a pointes renversées, entremeslées l'une dans l'autre, et semées par grande prodigalité de grosses perles, auxquelles pointes pendoient grosses houppes d'autres perles.... Sa couronne d'or a trois branches estoit remplie de tant de sortes de pierreries.... Il portait l'un de ses pieds sur ung escrin couvert de drap d'argent et semé de quelque nombre de pierreries.... Portoit en sa main une hache d'armes bien dorée; son port estoit hautain et son maintien magnifique; son dit tribunal et lui dessus estoit porté par huict roys captifs qui estoient dedans, desquels on ne voyoit seulement que les testes couronnées de couronnes d'or....

Quant à la *monstre* où on paradait en si bel équipage, nous citerons à défaut de la curieuse, mais trop longue, description de Jacques Thiboust, celle que nous a laissée Andrieu de la Vigne à l'occasion de la représentation de son *Saint Martin*, à Seurre, en 1496, et qui suffira à nous renseigner :

Quand le dit jour pour faire les monstres fut venu, on fit crier à son de trompetes que toutes gens ayans parsonnages du dit mistère s'assemblassent à l'eure de mydi en Lombardie chacun accoustré selon son parsonnage. Après lequel cry fait se rendirent les ditz joueurs au dit lieu, et furent mys en ordre l'un après l'autre, monstré, accoustré, armé et appoincté si très bien qu'il estoit impossible de mieux. Et est assavoir qu'ilz estoient si grand train que quand Dieu et ses anges sortirent du dit lieu chevaulchant après les autres, les diables estoient desja oultre la tour de la prison..., et n'y avoit de distance de cheval a aultre deux pielz et demy, et se montoyent bien a environ neuf vingts chevaux. Laditte monstre faicte chacun pensa de soy et furent baillées les loges le vendredi ensuivant aux joueurs pour les fournir de tapisserie....

Jusqu'au jour du spectacle, jusqu'à la minute où le premier acteur ouvrit la bouche, se continuèrent ces démonstrations pompeuses, et à grand renfort d'instruments « bas et haulx », à vent, à cordes et à percussion :

Incontinent le monde se retira aux eschaffaulz, les dits joueurs aussi où ils debvoient, et puis furent mys en ordre par le dit maistre Andrieu selon le registre, et marchoient avant a sons de trompetes, clerons, bussines, orgues, harpes, tabourins et aultres bas et haulx instrumens, jouans de tous costez, jusques sur le dit parc (*la scène*), *faisant leur tour comme en tel cas est requins*, qui estoit une si gorrine (*élégante*) et si très somptueuse besongne, qu'il n'est pas possible a entendement d'omme de le savoir escripre, tant estoit la chose belle et magnifique. Ce faict chacun se retira a son enseigne; et commancerent les deux messagiers a ouvrir le jeu....

On pense si une publicité ainsi organisé, un spectacle ainsi *tympanisé*, ont surexcité la curiosité du public. La représentation d'un mystère met une ville sens dessus dessous, et vide les maisons. A Seurre, par exemple, « les maire et échevins ont commandé à son de trompete de les clore bon » et « que nul ne fut si osé ne hardy de faire euvre mecquanique ». Nous voyons même, en certains lieux, changer l'heure des offices pour laisser libre celle du spectacle. Cependant on multiplie les rondes, en doublant les guetteurs au beffroi et les gardes aux portes de la ville, et en fermant toutes celles dont l'ouverture n'est pas indispensable. Enfin il doit y avoir des lanternes aux fenêtres pour permettre la circulation pendant la nuit; car les réjouissances qui se greffent sur la représentation du mystère n'ont garde de prendre fin avec elle. Elle sont fort mêlées.

Ce sont d'abord, et sans sortir du théâtre, les visites à la buvette, à *l'échansonnerie*, que l'architecte n'a eu garde d'oublier. Il arrive même que les femmes des *joueurs* ou d'autres dames de la société offrent les rafraîchissements. On pense bien que les joueurs n'ont garde de s'en abstenir, et certaines rubriques des textes indiquent soigneusement le moment où congé leur est donné de *humer le piot*.

Nous les voyons même, à Troyes, dans une représentation du *Mystère du Vieux Testament*, clore l'enterrement de notre premier père par un repas pris en chœur. Puis la fête continue, au sortir du théâtre. En 1492, à la Rochelle, plus d'une semaine durant, « grand nombre de musiciens et joueurs d'instrumens, ne cessoient tant de jour que de nuit, a recreer le peuple, tellement que la plupart des nuicts pendant ladicte huitaine se passerent en toutes sortes d'esbattemens tant pour les estrangers que pour les habitans ». Parmi ces *esbattemens* qui font suite à la représentation édifiante du mystère, il en est en effet de toutes les sortes, y compris la pire. On sera assez édifié sur certains d'entre eux, — et qui sont d'ailleurs de cette pure tradition des spectacles païens dont s'indignait déjà, huit siècles en çà, Isidore de Séville, — en regardant au bas de l'estampe du *Térence* cité plus haut. Mais ce sont là vices inhérents à toute *liesse* publique. Passons et revenons au spectacle qui n'en peut mais.

Nous en avons suivi l'organisation, depuis l'initiative des entrepreneurs jusqu'à la *montre*. Il nous reste maintenant à prendre place parmi le public qui s'est « retiré aux eschaffaulx », et dont la masse regarde de tous ses yeux la scène, les décors, les *feintes*, et tout le jeu des acteurs, avant de songer à les écouter, si même elle y songe.

La scène est horizontale et juxtapose trois parties distinctes, comme les triptyques des missels. D'un côté, à droite des joueurs, d'après le manuscrit de la Passion de Valenciennes, — *côté jardin*, comme nous dirions, — s'élève *le Paradis*. C'est la pierre de touche de l'ingéniosité du machiniste et de la somptuosité des entrepreneurs. Aussi quel triomphe s'il est réussi! « Voilà bien le plus beau paradis que vous vistes jamais ne que vous verrez! » criait aux spectateurs transportés d'admiration l'auteur du Paradis de la Passion jouée à Saumur, en 1534, du moins si l'on en croit Guillaume Bouchet, en ses *Serées*. Il est d'ordinaire surélevé, avec des dessous machinés pour les ascensions et descentes miraculeuses. C'est du paradis, des chœurs formés par « les ordres des anges » entourant le trône de Dieu, que partiront les belles harmonies des instruments et des voix, au commandement du *Silete*, où se fera en effet le silence.

A l'autre bout de la scène, *côté cour*, s'ouvre *l'Enfer*. La forme de son ouverture est traditionnelle: elle est, comme à Rouen en 1474, « faicte en manière d'une grande gueule se cloant et ouvrant quand besoing en est », à peu près comme la capote d'une voiture. Telle nous l'avions vue, sculptée et d'un relief si net, sur le tympan du porche de l'église de Conques qui est du XIIe siècle, telle nous l'avons retrouvée sur le manuscrit de Valenciennes[1]. Cette figure de la gueule d'enfer, qui est la même dans les nombreux Jugements derniers sculptés au XIIIe siècle, est rituelle : elle traduit l'idée de la gueule de Léviathan[2] dont il est dit, au livre de Job : « autour de ses dents habite la terreur ».

Elle vomissait ces démons qui prendront tant de place dans les mystères, et feront tant de bruit, toute une artillerie aidant, le long de ces scènes que signale la rubrique : *Enfer*, dans certaines éditions. Voici un échantillon de leur accoutrement et de leurs diableries qui mirent à mal frère Tappecoue, lors de cette représentation de la Passion à Saint-Maixent, qu'aurait organisée Villon, sur ses vieux jours, à en croire Rabelais:

Adonc fit la monstre de la Diablerie parmy la ville et le marché. Ses diables estoient tous capparrassonnés de peaux de loups, de veaulx, et de beliers, passementées de testes de moutons, de cornes

---

1. Cf. à l'Opéra de Paris, la gueule du monstre Fafner, dans le *Sigfrid* de Wagner.

2. Cette explication est de M. Émile Mâle, *L'art religieux*, op. c., p. 422. Dans ce même passage l'auteur, commentant ingénieusement les têtes humaines figurées sur le ventre et le bas-ventre des diables au portail de Bourges, y voit l'intention de montrer où ils ont ravalé leur intelligence. Nous remarquons le même symbolisme sur le ventre d'un diable paraissant être le prince des enfers, au côté droit de la miniature de Jean Fouquet qui représente le martyre de sainte Apolline (Livre d'*Heures* d'Et. Chevalier, musée Condé, à Chantilly), et qui est un si suggestif commentaire des scènes innombrables de ce genre, dans le drame hagiographique.

de bœufz, et de grands havetz (*crochets*) de cuisine : ceinctz de grosses courroies, esquelles pendoient grosses cymbales de vaches, et sonnettes de muletz à bruit horrifique. Tenoient en main aucuns bastons noirs pleins de fusées : autres portoient longs tizons allumés, sus lesquelz à chascun carrefour jettoient pleines poignées de parasine (*poix-résine*) en pouldre, dont sortoit feu et fumée terrible.

Comme le paradis, l'enfer est machiné et a des dessous, en contre-bas de la scène, où sont visibles au besoin les scènes infernales.

Entre le paradis et l'enfer sont juxtaposées sur la scène les *mansions*, représentant les maisons, villes et monuments y compris la tour du Limbe, puis les divers sites, avec lacs ou montagnes, le tout sommairement figuré. Mais ces figurations schématiques seront expliquées par la *démonstration* générale des lieux et des personnages que fait, et souvent avec verve, *l'acteur* dans le prologue et qu'abrègent, où besoin est, de « grans escriteaux », pour que nul n'en ignore :

> Affin d'ennuy fuir, nous nous tairons
> Present des lieux. Vous les povez congnoistre
> Par l'escrital que dessus voyez estre,

comme il est dit dans le prologue de *la Nativité* de Rouen.

Les décors étaient d'ailleurs aussi soignés que les costumes. Nous savons que les plus fameux maîtres de l'art, peintres, sculpteurs et architectes, tels que les Jehan Fouquet, les Jehan Poyet, les Michel Colombe, les Jehan Perréal, s'y employaient à l'occasion. Nous avons même les noms de plus de cinq cents miniaturistes et verriers qui, du XIVe au XVIe siècle, travaillèrent à Lyon, à la décoration des mystères comme des *entrées* royales et durent rivaliser ainsi, quoi qu'on ait dit là-contre, avec les peintres flamands dans l'art de couvrir de grandes surfaces.

La machinerie aussi suppose de véritables artistes en l'espèce. Tout y était mis en œuvre pour donner, dans les *feintes*, cette illusion de la réalité tangible dont le goût vif est tant de fois et si curieusement attesté par les rubriques des *livres*. Animaux et monstres mécaniques, mannequins substitués adroitement aux acteurs pour les supplices, vols d'anges, *trucs* plus ou moins rivaux de ceux des féeries modernes, abondent et servent à *faire le secret*.

Voici, par exemple, la tête de saint Pierre qui, après avoir été tranchée, fait trois sauts et « à chacun yst (*jaillit*) une fontaine »; une marche du même saint Pierre sur l'eau, avec une planche « attaché en l'eau, qu'on ne la voie »; des vols innombrables d'anges, y compris celui de Simon le magicien, avec sa chute finale; une descente du Saint Esprit, sous la forme d'un « grand brandon de feu artificiellement fait par eau-de-vie »; une ascension de Jésus, avec les âmes bienheureuses qu'il porte au ciel et que figurent 51 « statures de papier ou de parchemin, bien contrefaites, attachées à sa robe »; une statuette automate de la Vierge qui meut tête et bras et lève les yeux au ciel; « un petit enfant vif, qu'on ne perçoit venir que quand la Vierge accouche »; « une légion de diables qui se changent en pourceaux et se jettent à la mer »; « un figuier couvert de feuilles, qui se dépouillait tout d'un coup et finissait par être sec », etc..

A défaut de coulisses, on avait certainement des jeux de rideaux. Nous voyons en effet de ces *custodes* figurées devant certaines mansions. Nous aimons à croire, qu'on en faisait usage, lors de certains épisodes de nos mystères, encore plus hauts en couleur que celui qui exigeait une *mansion fermée* pour sainte Barbe,

> A celle fin qu'on ne la voye
> Trestoute nue sans chemise,
> Avecques la femme de joye.

En avant de ces mansions, entre elles et la rampe qui était une barrière appelée *créneau*, s'étendait le *champ* ou *parc*. C'était le *parloir* principal et un lieu neutre. On y figurait par des *tours dans le champ*, ces voyages exécutés en un clin d'œil, dont la fiction — qui ne pouvait être évitée, toute l'action devant rester visible, — fait un si singulier contraste avec le réalisme scrupuleux du reste de la mise en scène.

Mais la plus forte des fictions de ce théâtre, c'était la marche même de l'action qui était, pour ainsi dire, nomade à travers des décors fixes. Voyageant à son gré de la terre au ciel ou à l'enfer, et animant au passage les personnages qui l'attendaient, muets et attentifs, *chacun en son lieu*, elle serpentait à travers les mansions, comme fait le lacis du plomb parmi les scènes du vitrail qu'il enchâsse [1].

Telle était la mise en scène du drame médiéval. Elle en détermina la constitution, et influa sur celle de la tragédie jusqu'au *Cid*, lequel sera d'abord joué dans le *décor simultané* des mystères.

Venons-en maintenant à leur texte, auquel la critique consciencieuse de notre temps doit et accorde une attention dont ne devaient guère s'aviser leurs spectateurs, et que ne prévoyaient pas davantage leurs auteurs.

---

[1]. On trouvera dans la *Gazette des Beaux-Arts* (1ᵉʳ mai 1904, *Le renouvellement de l'art par les mystères à la fin du XVᵉ siècle*, par E. Mâle, pp. 390 et 392) de très nettes reproductions; 1° de la *Passion*, de Memmling, de la Pinacothèque de Turin, et 2° de la scène de Valenciennes, pour la représentation de la Passion de 1547, d'après la fameuse miniature du manuscrit 12536 de la Bibl. Nat., œuvre d'Hubert Caillaux qui fut le propre auteur des décors et aussi le metteur en scène de cette *Passion*. Ces deux gravures suggèreront une idée précise de la mise en scène et de la représentation des mystères en France, et aussi dans toute l'Europe qui nous prit en cela pour modèle le plus souvent, comme l'indiquait W. Creizenach, *op. c.*, t. I, p. 357, sqq, et comme le précise E. Mâle, *op. c.*, passim et notamment, p. 392.

# CHAPITRE II

## LE DRAME BIBLIQUE : MYSTÈRES ÉTRANGERS A LA VIE DE JÉSUS

*L'Adam. — Le mistère du Viel Testament. — La Patience de Job. — Les Actes des apôtres. — La Vengeance. — L'Apocalypse. — Le Jour du Jugement.*

La France a l'honneur mérité d'offrir le premier des drames qui ait été écrit, en langue vulgaire, dans le monde moderne. Ce témoin précieux de la vocation dramatique de notre race nous a été conservé dans un manuscrit qui est à la bibliothèque de Tours. On s'accorde à reconnaître que sa langue est le dialecte normand du XIIe siècle. Quant aux conjectures accumulées sur son lieu d'origine qui serait la cour anglo-normande, et sur son auteur qui serait Robert Wace, elles nous paraissent trop gratuites pour valoir qu'on s'y arrête. Il faut savoir ignorer. Ce qui est certain, c'est que cet ancêtre de notre théâtre n'est pas indigne de sa postérité, et qu'il mérite, comme tel, une étude détaillée.

Ce premier en date des drames modernes a pour héros le premier des hommes, du moins à en croire le titre qui est *Représentation d'Adam* (*Representacio Ade*). En fait, c'est une trilogie formée de trois épisodes fort inégaux en mérite dramatique, comme en étendue. Ils ont pour sujet : le péché d'Adam (vers 1-589); le crime de Caïn (vers 590-743) et un défilé oratoire des Prophètes du Christ (vers 744-943).

Cette trilogie n'est rien moins que fortuite, car le lien des trois pièces est liturgique. C'est celui dont M. Marius Sepet a montré la force, dans sa célèbre thèse des *Prophètes du Christ*, que nous avons appréciée plus haut. La liturgie qui qualifie le Christ de *second Adam*[1], et considérait le meurtre de l'innocent Abel comme une première figure de la Passion, en vint à placer le premier homme et son fils en tête de la procession traditionnelle des prophètes du Messie. Alors, en vertu de l'intérêt spécial qui leur faisait escorte, et selon cette loi de croissance, ou plutôt d'excroissance, que nous avons vu présider à la genèse du drame liturgique, ils défilèrent avec les prophètes, étant l'un et l'autre blasonnés, pour ainsi dire, de leur dramatique histoire.

En considérant la force de ce même lien liturgique, on est conduit à rattacher au texte de l'*Adam* un fragment qui lui fait suite dans le manuscrit, et que toutes les éditions reproduisent. Ce sont les *Quinze signes du Jugement dernier* prophétisés, en guise de sermon final, par la Sibylle. Celle-ci se trouverait ainsi fermer la marche des Prophètes ouverte par Adam, conformément à une tradition qui devait inspirer encore Michel-Ange, quand il peignit les Sibylles dirigeant les Gentils. Cette conjecture est bien tentante, même si les *Quinze signes* dont on a d'autres manuscrits, n'ont pas été écrits pour la circonstance. On retrouve d'ailleurs le complément sibyllin des prophéties dans le fameux sermon attribué à Saint Augustin où se voit le premier défilé

---

1. Cf. Ed. du Méril, *Origines liturgiques...*, op. c., p. 233, n. 2.

des Prophètes ; et ce fait vient à l'appui de notre hypothèse. Mais on ne peut aller ici jusqu'à l'affirmation ; et la juxtaposition de ce fragment à l'*Adam* peut bien n'être, selon l'opinion de son dernier éditeur, qu'une étourderie du copiste.

Celle-ci est heureuse, en tout cas, ne fût-ce qu'à cause d'un passage du sermon qui encadre la prophétie sibylline. C'est celui où le prêcheur indique amèrement combien la *Chanson de Roland* restait en possession de la curiosité publique, que les représentations édifiantes n'avaient pas encore su lui enlever, et que les *Passions* devaient enfin accaparer si exclusivement, deux siècles plus tard. Il y gourmande en effet son auditoire en ces termes :

> Plus volontiers orreit chanter
> Come Rollant ala juster
> E Oliver son compainnon,
> Qu'il ne ferrait la passion
> Que suffri Crist a grant hahan
> Par le pecchié que fist Adam[1].

Des trois tableaux de ce triptyque dramatique qu'est l'*Adam*, le plus intéressant, et de beaucoup, est le premier.

Une sorte d'exposition y est d'abord formée par une scène entre Adam, Ève et Dieu qui est appelé mystérieusement la *Figure*, comme pour *figurer* le Verbe qui se fera chair. La *Figure* y prescrit à Adam l'obéissance, lui rappelle ses bienfaits et notamment le don de la compagne qu'il doit « gouverner par raison », sans dispute et avec grand amour, selon « la loi de mariage ». A Eve elle commande aussi l'obéissance au Créateur,

---

1. Plus volontiers il écouterait chanter comment Roland alla jouter avec Olivier, son compagnon, qu'il ne ferait la Passion que Christ souffrit d'ahan, pour le péché que fit Adam.

puis à son mari, sans « issir de se discipline ». Elle les met alors l'un et l'autre en paradis, avec ordre de ne pas manger du fruit défendu. Adam jure, pour lui-même et pour Eve, d'obéir à cet ordre divin avec toute la loyauté requise.

Après cette exposition qui a de la majesté en sa rapidité, et nous a mis au cœur du sujet, vient la scène de la tentation. Le serpent ne va pas tout droit à Ève comme dans la Genèse. Il commence par tenter Adam, en un dialogue dont la conduite est remarquable par la brièveté et la vivacité des propos échangés. Mais tout l'esprit du diable y échoue contre l'honnêteté d'Adam, qui ne saurait se trouver humilié de n'être que « le jardinier de Dieu ». Ayant opéré une fausse sortie et livré en vain un nouvel assaut, le malin s'éloigne, la mine basse. Il va consulter les autres démons, fait irruption avec leur bande parmi les spectateurs et, après cet intermède plaisant, aborde Ève, le visage épanoui, et avec des caresses dans la voix (*leto vultu blandiens*), comme l'indique la rubrique latine qui escorte le texte français.

C'est la scène maîtresse de l'œuvre. Elle mérite l'admiration dont elle a été l'objet, dès la découverte de l'*Adam*, tant par le dessin très net des caractères que par la coupe dramatique du dialogue. L'auteur a d'ailleurs rendu les sentiments des personnages avec une originalité intéressante dans le style, et qui va jusqu'à la poésie. Il y a un instinct dramatique déjà habile dans la manière dont il a su manier les propos du diable, pour piquer la curiosité d'Ève et s'assurer de sa discrétion, en les entrelardant de flatteries sur sa beauté et d'insinuations malveillantes sur le caractère de son mari. Le résultat des unes et des autres, rendu très vraisemblable par une gradation soignée de leurs effets, est de faire mollir la résistance d'Ève jusqu'à une capitulation de conscience qui est facilitée par sa gourmandise, provoquée par les défiances d'Adam, accélérée par les suggestions secrètes du serpent, consommée enfin avec une malice toute féminine et sans remords. Voici un échantillon de ce dialogue :

>Eva, ça sui venuz a toi. —
>Di moi, sathan, e tu pur quoi ? —
>Jo vois querant tun pru, t'onor. —
>Co dunge deu ! — N'aiez pour ;
>Mult a grant tens que j'ai apris
>Toz les conseils de paraïs :
>Une partie t'en dirrai. —
>Or le commence, e jo l'orrai. —
>Orras me tu ? — Si ferai bien,
>Ne te curecerai de rien. —
>Celeras m'en ? — Oïl, par foi. —
>Iert descovert ? — Nenil par moi. —
>Or me mettrai en ta creance,
>Ne voil de toi altre fiance. —
>Bien te pois creire a ma parole. —
>Tu as esté en bone escole ;
>Je vi Adam, mais trop est fols. —
>Un poi est durs. — Il serra mols.
>Il est plus dors que n'est emfers. —
>Il est mult francs. — Ainz est mult sers.
>Cure nen voelt prendre de soi ;
>Car la prenge sevals de toi.
>Tu es fieblette e tendre chose,
>E es plus fresche que n'est rose ;
>Tu es plus blanche que cristal,
>Que neif que chiet sor glace en val ;
>Mal cuple em fist li criator :
>Tu es trop tendre e il trop dur ;
>Mais neporquant tu es plus sage,
>En grant sens as mis tun corrage.
>Por ico fait bon traire a toi.... —
>Quel savor a ? — Celestial[1]....

---

[1]. Ève, lje suis venu ici à toi. — Dis moi, Sathan, et pourquoi ? — Je vais cherchant ton profit, ton honneur. — Dieu le fasse ! — N'aie pas peur ; oui, il y a

La pomme goûtée, Ève ne ressent aucun remords de sa faute. Elle témoigne même une joie exaltée qui entraîne Adam, et le fait se récrier pathétiquement : « Je t'en croirai, tu es ma moitié. »

EVA.

D'itel nen gusta home.
Or sunt mes oil tant cler veant,
Jo semble deu le tuit puissant;
Quanque fu e quanque doit estre
Sai jo trestut, bien en sui maistre.
Menjuc, Adam, ne fai demore,
Tu le prendras en mult bone ore.
*Tunc accipiet Adam pomum de manu Eve, dicens :*

ADAM.

Je t'en crerrai, tu es ma per.

EVA.

Manjue t'en, nen poez doter[1].

Mais, à la différence d'Ève, — et c'est une nuance que nous retrouverons dans les *Créations* ultérieures, — Adam, quand il a mangé du fruit défendu, « connaît

---

grand temps que j'ai appris tous les dessins du paradis ; je t'en dirai une partie. — Or donc commence, et je l'écouterai. — Tu m'écouteras, toi? — Oui bien, je le ferai. Je ne te courroucerai en rien. — Tu m'en garderas le secret? — Oui, sur ma foi. — Ce sera découvert? — Que nenni ! pas par moi. — Or donc, je m'en remettrai à ta discrétion, je ne veux pas de toi d'autre caution. — Tu peux te bien confier à ma parole. — Tu as été à bonne école, toi ; j'ai vu Adam, mais il est trop fol. — Il est un tantinet dur. — Il mollira. Il est plus dur que n'est enfer. — C'est qu'il est très franc. — Mais il est très valet. Il ne veut prendre cure de soi, eh bien ! je prendrai cure de toi, si tu veux bien (?). Tu es *faiblette* et tendre chose et es plus fraîche que n'est rose ; tu es plus blanche que cristal, que neige qui choit sur glace en val ; le Créateur fit de vous un couple mal assorti : tu es trop tendre et lui trop dur ; néanmoins tu es plus sage, et de grand sens en ton cœur. C'est pourquoi il fait bon tirer vers toi.... — Quelle saveur a le fruit? — Céleste....

1. Ève. — Homme n'en goûta jamais de telle saveur! Comme mes yeux y voient clair! Je ressemble à Dieu le Tout-Puissant ; tout ce qui fut et tout ce qui doit être je le sais de bout en bout ; j'en suis bien maître. Mange, Adam, ne fais nul retard, tu prendras la pomme à la bonne heure. (*Alors Adam recevra la pomme de la main d'Ève, en disant :*) Je t'en croirai, tu es ma moitié. Ève. — Manges-en, point de doute!

aussitôt son péché » (*cognoscet statim peccatum suum*).

Il y a, dans cette exaltation aveugle de la femme, après la faute, opposée à la brusque clairvoyance du remords chez l'homme, un trait bien notable. M. Moland a fait observer, avec à propos, qu'il se retrouvera dans le *Paradis perdu*. Mais il n'est que juste de le signaler d'abord dans l'*Adam* d'Andreino, dont on sait l'influence sur le poème de Milton. Nous y lisons en effet qu'Ève, dès qu'elle a goûté de la pomme, s'écrie, avec la même joie satanique que dans le *Paradis perdu* et dans notre vieux drame : *O com'è dolce*[1] !

En revanche, notre Adam exhale ses remords en une tirade dont le pathétique va jusqu'au lyrisme :

> Qui preierai jo que m'aït,
> Quant ma femme m'a si traït.
> Qui dex me dona por pareil?
> Ele me dona mal conseil.
> Aï ! Eve[2] !

Alors se tournant vers la mauvaise compagne, il maudit sa naissance et se récrie : « La côte a trahi tout le corps ! »

> La coste ad tut le cors traï.

Suit l'interrogatoire des deux coupables par *la Figure*. Brèves sont les réponses d'Adam et d'Ève atterrés, et terriblement long pour eux est le réquisitoire du Justicier, avec ces traits d'une ironie formidable, en une telle bouche :

> Por ço quidas estre mon per;
> Ne sai si tu voldras gabber....

---

[1]. *L'Adamo, Sacra rapresentatione di Gio-Battista Andreino*, Milan, Bordoni, 1613, p. 63.

[2]. Qui prierai-je de m'aider, quand ma femme m'a tant trahi, avec qui Dieu m'apparia? Elle donna mauvais conseil. Ah ! Ève!

> Par lui quidas estre mon per;
> Ses tu ja bien adeviner?
> Or einz aviez la maistrie
> De quanque doit estre en la vie :
> Cum l'as tu ja si tost perdue!...
> Jo toi rendrai bien ta deserte,
> Jo t'en donrai por ton servise [1]....

La condamnation est alors formulée, terrible, avec des commentaires du texte sacré où perce l'accent personnel du pieux auteur, par exemple celui-ci :

> Toit iceals qui de toi istront,
> Li toen pecché deploreront [2].

Cependant la sentence est adoucie chrétiennement par une perspective discrète de la Rédemption, qui est absente de la Genèse, et qui luit ici, dans cette fin de la scène :

> Nest hom que vus en face aïe,
> Par cui soiez vus ja rescos,
> Se moi nen prent pité de vus [3].

Chassés du paradis, cultivant à la sueur de leur front une terre qu'envahissent les épines et les chardons, nos premiers parents se désespèrent dans un face-à-face lugubre. Adam se consume du regret du paradis perdu et renouvelle ses imprécations contre Ève, sur un ton ulcéré qui va jusqu'au sarcasme :

> Eve chaitive, que t'en est à viaire?
> C'est as conquis, donez t'est en duaire [4].

---

1. Par là tu pensas être mon égal! Je ne sais si tu auras encore le cœur à la vantardise.... Par lui tu pensas être mon égal! Eh bien! sais-tu désormais deviner? Eh quoi! vous aviez la maîtrise en toute science de la vie, comment l'as-tu si tôt perdue!... Je t'en rendrai bien pour ton mérite, je t'en donnerai pour ton service....

2. Tous ceux qui de toi sortiront, le tien péché déploreront.

3. Il n'est homme dont l'aide vous tire de là, qui vienne pour vous à la rescousse, *si moi je ne prends pitié de vous.*

4. Ève chétive, que t'en semble (?), la voilà ta conquête! tu en as un douaire!

Ève alors fait acte de contrition, et s'abandonne à un désespoir humilié où il y a des accents émouvants :

> Pardonez moi, kar ne puis faire amende.
> Si jo pocie, jo l'en fereie offrende....
> Jo t'en donai, si quidai por bien faire....
> Li fruiz fu dulz, la paine est grant e dure[1]

Puis un dernier cri, celui de *l'immense espérance* qui traversera la terre :

> Deus me rendra sa grace e sa mustrance,
> Gieter nus voelt d'enfer par sa pussance[2];

et, enchaînés, les deux coupables sont entraînés par les démons, parmi les démonstrations bruyantes de la joie infernale.

Vient ensuite le tableau dramatique du crime de Caïn. Nous employons à dessein l'expression de tableau, car l'action est tranchée net entre le premier et le second épisode. Cette coupe avait probablement pour cause la procession des Prophètes qui avait motivé ce spectacle. Stationnant successivement aux échafauds qui jalonnaient son parcours sur le parvis, cette procession venait y encadrer les tableaux dramatiques dont elle était pour ainsi dire illustrée, et qui se trouvaient juxtaposés comme ceux que cloisonnent les nervures de la pierre sur le tympan d'un porche.

Cette séparation matérielle des scènes mettait l'auteur dans l'impossibilité de ramener Adam et Ève des enfers, pour nous les montrer se lamentant auprès du cadavre de leur fils, comme ne manqueront guère de le faire ses

---

1. Pardonnez-moi, car je ne puis amender cela. Si je le pouvais, j'en ferais l'offrande… Je t'en donnai, oui, je crus bien faire…. Le fruit fut doux, la peine est grande et dure.

2. Dieu me rendra sa grâce et sa présence, il nous veut jeter hors de l'enfer par sa puissance.

successeurs, quand ils traiteront le même sujet en toute liberté. Le reproche que lui fait Sainte-Beuve d'avoir manqué un si grand effet, et d'avoir prouvé par là qu'il ne savait pas encore son métier, nous paraît donc porter à faux.

Au reste les scènes du second épisode, sans présenter l'intérêt du premier ou des traits aussi heureux, témoignent, malgré leur raccourci excessif, d'une ingéniosité égale dans la coupe du dialogue. On y retrouve aussi le souci constant, et qui sera si rare dans nos autres mystères, d'expliquer les actes par des traits de caractère. C'est ce qui apparaît très nettement, par exemple, dans la scène du meurtre d'Abel.

Le défilé des prophètes qui terminait le spectacle, est plus oratoire que scénique, chacun d'eux venant purement et simplement débiter sa prophétie. Isaïe seul fait exception, car il soutient avec les Juifs de la synagogue une controverse, laquelle était d'ailleurs traditionnelle depuis le sermon de Saint Augustin. L'incrédulité çà et là narquoise des Juifs produit, en se heurtant à la foi robuste du prophète, un ambigu de sérieux et de comique assez piquant. Les Juifs vont jusqu'à lui dire :

> Tu me sembles viel redoté....
> Ses bien garder al miror ;
> Or me gardez en ceste main.
> (*Tunc ostendet ei manum suam :*)
> Si j'ai le cor malade ou sain.

A quoi Isaïe répond vertement :

> Tu as le mal de felonie,
> Dont ne garras ja en ta vie[1].

---

1. Tu me sembles un vieux radoteur.... Puisque tu sais si bien mirer, mire dans cette main (*alors il lui tendra sa main*) si j'ai le corps malade ou sain....
— Tu as le mal de félonie dont tu ne guériras jamais de ta vie.

Le drame finissait sur ces prophéties, où brille la certitude de la venue du Rédempteur dont l'espérance vague avait atténué la malédiction de Dieu et le désespoir d'Adam et d'Ève.

Ainsi le dernier épisode resserrait le lien religieux de tout le spectacle et, par la perspective réitérée de la Rédemption, amenait les spectateurs tour à tour émus de la douleur du paradis perdu, et frissonnant de la terreur et de la pitié tragiques du premier sang versé, à une sorte d'apaisement édifiant où se rassurait et se complaisait leur foi.

La versification de l'*Adam* dont les octosyllabes et les décasyllabes riment par couples ou par quatrains, a une variété apprise sans doute à l'école de la polymétrie du drame liturgique.

Son texte français est coupé de leçons et de versets en latin, qui maintiennent chaque scène du drame sécularisé dans un cadre liturgique et chorique. Ces passages latins sont parfois traduits littéralement par les premiers vers suivants du texte français, ce qui indique la destination populaire de celui-ci. Mais ils sont surtout commentés par le développement scénique auquel ils viennent de fournir le thème. On voit là clairement que l'Église continue de mener le drame chrétien à la lisière jusque sur le parvis, où il risque ses premiers pas.

Cette tutelle est encore sensible dans ce fait que les rubriques sont toutes latines, comme elles le resteront d'ailleurs dans tous les drames bilingues du XIV<sup>e</sup> siècle qui se sont conservés en Allemagne, sauf un qui est le *Jeu de Pâques* de Saint-Gall. Cela prouve que ces didascalies étaient écrites pour les clercs, lesquels gardaient donc la haute main sur toute la mise en scène.

Enfin elles nous apprennent que l'*Adam* se jouait sur le parvis, contre l'église, puisqu'elles prescrivent à *la Figure* d'y rentrer, quand son rôle s'arrêtait. Aussi Sainte-Beuve a-t-il pu dire, avec une heureuse hardiesse, en considérant ces faits et cette sorte d'adhérence matérielle et morale du drame à l'Église : « l'enfant tient encore à la mère et le cordon n'est pas encore coupé ».

Au reste ces didascalies nous renseignent curieusement sur la mise en scène du temps. Elles nous montrent par exemple dans le serpent automate (*artificiose compositus*) qui grimpait au tronc du pommier fatal, que les machinistes du XIIe siècle s'essayaient déjà à produire de ces illusions d'un réalisme parfois raffiné, que fera multiplier la grande vogue des mystères, et à l'ingéniosité desquelles se mesurait sans doute, dès lors, la piété des entrepreneurs du spectacle sacré. On a pu s'apercevoir, au cours des citations précédentes, que la mimique elle-même était indiquée avec un soin qui vient en droite ligne du drame liturgique. Ce soin s'étendait jusqu'au débit pour lequel étaient prodigués les conseils les plus précis. On en jugera par cette rubrique initiale :

> Stent ambo coram figura; Adam tamen propius, vultu composito. Eva vero parum demissiori; et sit ipse Adam bene instructus quando respondere debeat, ne ad respondendum nimis sit velox aut nimis tardus. Nec solum ipse, sed omnes persone sint, instruantur ut composite loquantur, et gestum faciant convenientem rei, de qua loquuntur; et, in rithmis, nec sillabam addant nec demant, sed omnes firmiter pronuncient, et dicantur seriatim que dicenda sunt[1].

[1]. Qu'ils se tiennent l'un et l'autre debout devant la Figure; mais Adam plus près, l'air recueilli, Ève avec la mine un peu basse; et qu'Adam soit bien instruit du moment où il doit donner la réplique, pour n'y apporter ni précipitation ni retard. Que non seulement Adam, mais que tous les personnages soient dressés à avoir le débit bien posé, à faire le geste qui convient à la chose dont ils parlent ; et que, en rythmant les vers, ils se gardent bien d'y ajouter ou d'en ôter une syllabe, mais qu'ils les prononcent tous avec fermeté, disant dans leur ordre les choses à dire.

Telle est la pièce par laquelle s'ouvre l'histoire du théâtre français. Nous n'en trouverons aucune, dans tout le répertoire sacré du moyen âge, qui ait plus de mérites dramatiques. Et même combien rares y seront les traits à mettre en parallèle avec ceux qu'ont suggérés à l'auteur de l'*Adam* son sens de la scène, si sûr çà et là qu'il équivaut à un art réfléchi, ou sa psychologie instinctive qui est déjà créatrice de caractères !

Par l'élégance native de la langue, très visible à travers son archaïsme, par la naïveté heureuse des traits, et surtout par la sobriété et la fluidité des développements, ce premier-né de nos drames a un air de famille avec les plus précieuses épaves de notre poésie nationale des environs du xii<sup>e</sup> siècle, telles que nos chansons narratives et dramatiques de l'*Enfant Gérard* ou de *Bele Erembor* ou encore les plus anciennes *branches* de notre *Estoire de Renart*. Par là il est digne de l'âge d'or de notre langue et de notre littérature médiévales, comme il l'est, — par une bonne fortune qui prend dans le recul du temps un air de symbole, — des chefs-d'œuvre que devait enfanter, dans la suite des siècles, le génie dramatique de la France.

Cette préoccupation de rattacher la Chute à la Rédemption, que nous avons signalée dès l'*Adam*, se retrouvera partout dans les sujets tirés de l'Ancien Testament. Elle inspirera à leurs auteurs une conception unitaire de tout le drame biblique, qui est très sensible dans la compilation publiée vers l'an 1500, sous ce titre : *Le mistère du Viel Testament*. Elle en est l'âme, y dictant les proportions des développements, les soudant tant bien que mal, et les orientant délibérément vers la venue du Messie.

De là, selon toute vraisemblance, bien plus que du

7

caprice des divers auteurs, vient la disproportion singulière des sujets traités dans cette compilation anonyme. Elle est telle que les épisodes relatifs à nos premiers parents, à Abraham et à Joseph, occupent plus du tiers de l'ensemble (49386 vers), dont l'histoire de Joseph, ce précurseur favori du Messie, remplit à elle seule un septième.

La lecture du *Viel Testament* ne demande pas un effort aussi grand que celle des énormes Passions de Mercadé, de Gréban ou de Jean Michel. L'attention y est sollicitée, malgré la prolixité ordinaire de la rédaction, par la variété des épisodes, souvent éveillée par la rencontre de morceaux bien traités, piquée enfin par des traits familiers ou pires, et dont quelques-uns sont de nature à scandaliser la pudeur encore plus que le goût moderne.

Certes, dans toutes les parties communes à l'*Adam* du XIIe siècle et au *Viel Testament*, l'infériorité de celui-ci est grande, et reste au-dessous de toute comparaison. On s'en convaincra vite, en rapprochant les scènes de la tentation dans les deux œuvres, ou même celles de la mort d'Abel, bien que le mystère du XVe siècle ait eu l'honneur d'être imité directement au XVIe siècle par Thomas Lecoq, curé de Falaise, dans sa curieuse *Tragédie représentant l'odieux et sanglant meurtre commis par le maudit Caïn, à l'encontre de son frère Abel*. Pourtant il serait injuste de ne pas signaler, dans la mort d'Ève, des passages où l'auteur atteint au pathétique.

ADAM.

Quoy ? Sentez-vous quelque torment,
Eve ?

EVE.

Las ! ouy, largement...

Vray Dieu, a ce departement (*départ*).
Donne moy ta grace haultaine!

ADAM.

Las! qu'esse que nature humaine.
Povre, doulente, lasche, vaine?
Vivre si long temps en grant peine
Et puis finablement mourir....

EVE.

Quant a l'ame qui tous jours dure,
Que mon Dieu la vueille garir
Du peché, que fis encourir
A l'homme, par une morsure.
Las! ame, ou iras tu courir
Pour place de repos querir?
Plore, ame, plore, creature;
Quant du corps, mis soit a pourrir
Et les vers de terre nourrir;
Ce n'est que sa droicte nature....
A vray parler, je suis de vivre lasse,
Car je n'eus onc en ce monde liesse.
Dieu de lassus, tourne ta digne face
Hors de rigueur; donne pardon et grace
Par ton plaisir a ceste pecheresse.
Hélas! Je voy mes enfans, que je laisse
Tous obligés a mon maternel vice.....

L'épisode où Caïn, tapi dans un buisson, est tué d'une flèche par son petit-fils, nous parait dramatiquement détaillé. Un frisson tragique devait passer dans l'auditoire, lorsque Lameth aveugle, ayant bandé son arc et croyant viser quelque bête, faisait ainsi diriger le coup au jugé, par son fils Tubal Cayn, sur leur aïeul :

LAMETH, *qui tua Cayn*

Or me dy quant je seray bien
Et garde qu'il n'y ait deffault.
Suys je bien?

TUBAL CAYN.

Ung petit plus hault.

> Tirez droit, en ceste façon,
> Et, s'il y a rien (quelque chose) au buisson,
> Creyez qu'il sera attrappé.
> *Il tire et frappe Cayn*
>
> CAYN.
> Dyables! qui esse qui m'a frappé?
> C'est fait de moy; je vois mourir...
>
> LAMETH, *qui tua Cayn*
> Qu'esse que j'o (entends)? Aprochons nous..

Les péripéties de l'histoire de Joseph, et celles du sacrifice d'Abraham, sont conduites de manière à amener des effets de scène dont l'expression elle-même est assez heureuse, émouvante même en sa naïveté. Voici un monologue où la volonté d'Abraham oscille dramatiquement, selon la règle du genre.

> ABRAHAM.
> Or sa,
> Beau sire Dieu, conseille moy
> De cela que faire je doy.
> Doy je mon enfant mettre a mort?
> Ouy. Non fais. Si fais. Pour quoy?
> Hellas! nature me remort.
> Si le feray je, droit ou tort.
> Faire? Que dis je? Non feray.
> Sire Dieu, donne moy confort
> Et me baille courage fort...

Il y a des traits pathétiques dans le dialogue entre le père et le fils qu'il tient sous le couteau :

> ISAAC.
> Mon père, je vous cry mercy..,
> Et a ma mère naturelle,
> Qui pour moy aura grant soucy,
> Quant elle sçayra la nouvelle...
> Tout ce que vouldrés que je face
> Je le feray, mon père chier;

Mais vueillez moy les yeulx cachier,
Affin que le glaive ne voye
Quant de moy vendrés approchier;
*Peult estre que je fouyroye.*

ABRAHAM.

Mon amy, si je te lyoye
Ne seroit il point deshonneste?

ISAAC.

*Hellas! c'est ainsi que une beste....*

ABRAHAM.

*Hellas! mon amy, bayse moy.*
Mon filz, je te requiers pardon.
Fault il que l'ung l'autre perdon?
C'est une perte trop amere.
A Dieu, mon filz

ISAAC.

    A Dieu, mon père.
Bendé suys; de bref je mourray;
Plus ne voy la lumière clère.

ABRAHAM.

A Dieu, mon filz.

ISAAC.

    A Dieu, mon père.
Recommandés moy a ma mére;
Jamais je ne la reverray...

Mais tout attentifs qu'ils fussent à tirer de la Bible ces effets de terreur et de pitié, les auteurs comptaient évidemment sur certains autres, beaucoup moins innocents, pour attacher leur public. Ils en trouvaient, par exemple, le prétexte et l'excuse dans les épisodes de la bigamie de Lameth, des « Sedomites », de la femme de Putiphar, de David et de Bersabée, d'Amon et de Thamar, de la chaste Suzanne, etc.... Ils les ont traités, avec une complaisance dans les développements et une recherche visible de certains détails, qui ne sauraient être l'effet de leur seule naïveté, et qui excluent d'ailleurs la citation.

Nous n'en risquerons qu'une et qui suffira à indiquer le ton du reste. Nous la tirons d'un des six mystères fragmentaires de la fin, celui de *Judith*, dans l'épisode où il nous est représenté « comme Judich couche avec Holofernès », et qui n'est pourtant pas un des plus vifs.

Entre Vagao, le factotum d'Holopherne, et celui-ci, tout guilleret, à l'idée de sa bonne fortune s'échange le dialogue suivant :

*Icy se despoulle Holofernès.*

VAGAO.

Ung beau petit Holofernès
Ferez ceste nuyt

HOLOFERNÈS.

Point n'en doubte,
Car, certes, ma puissance toute,
S'i employra.

VAGAO.

Qui trop emprent
Souvente fois il se repent;
Mais de venteur petit faiseur.

Il arrive que ces gauloiseries, se heurtant au tragique des situations, produisent des effets singuliers d'une couleur toute romantique. En voici un qui a toute la saveur de ces ironies scéniques où se complait souvent *l'humour* tragique de Shakespeare, ce qui est d'autant plus remarquable qu'il se produit, sans aucun calcul visible de l'auteur.

Judith a accompli, non sans de pathétiques hésitations, son cruel dessein, en s'écriant :

Qui le vouldra pleurer, si pleure!
J'ay faict ung chef d'œuvre de femme;

Et cette femme forte, emportant « dedens sa malette », la tête qu'elle a coupée, se dirige vers Béthulie, grâce au sauf-conduit qu'elle se fit donner par sa propre victime, tout comme fera la Tosca de M. Sardou. Quand elle passe devant les fidèles qui veillent à la porte de la tente, ceux-ci la regardent s'éloigner, en donnant cours aux réflexions que la circonstance commande à leur humeur narquoise, mais qu'elle rend singulièrement tragique pour le spectateur, par le seul effet du contraste entre ces gaîtés de corps de garde et l'horreur foncière de la situation.

TURELUTUTU.

Je voy lumière.

LE SÉNÉCHAL.

C'est la dame et la chamberière
De Bethulie.

GRANCHE VUYDE.

Quoy? De nuyt
Passer parmy nous?

LE SÉNÉCHAL.

Sauconduit
De ce faire a de monsieur

LE MARÉCHAL.

*Qu'on luy a fait grand mal au cueur.*

LE CAPITAINE.

*Je mettray qu'elle a mal aux dens.*

LE MAISTRE DE L'ARTILLERIE.

Il luy tarde qu'el soit dedens
Pour conter de ses avantures.

TURELUTUTU.

*Qu'el marche droit!*

GRANCHE.

Quel creature
Pour bien porter lance en l'arrest!

### LE SÉNÉCHAL.

Monsieur en a eu le prest.
Mais la marchandise le vault.

### TURELUTUTU.

Il n'y a mal que du deffault ;
Bien trouveroit autre service.

### GRANCHE.

En ung tel amoureux assault
Il n'est si fière qui ne glisse.

Dans le *Viel Testament*, comme dans tous les mystères du XV<sup>e</sup> siècle, une large part est faite à des scènes dont la familiarité est souvent triviale. Ce ne sont pas les moins intéressantes, grâce au jour cru mais vif qu'elles projettent sur les mœurs populaires. L'une d'elles est fort connue par l'aigre critique qu'en a faite Sainte-Beuve. C'est celle des ouvriers employés à la construction de la tour de Babel. Mais notre goût, de plus en plus curieux de vérité vécue, est devenu moins dédaigneux depuis l'auteur des *Lundis*. Aussi, bien loin de reprocher à Casse Tuilleau, à Gaste Boys, à Pille Mortier et même à Cul Esventé, de sortir de leur rue de la Mortellerie, on serait tenté de les en louer, tant leurs propos et leurs proverbes traînés dans les ruisseaux des halles, sentent notre vieux Paris.

### CUL ESVENTÉ.

Nous ne besongnons point par fainctes.
Car vecy charpentiers, maçons,
Couvreurs de diverses façons,
Qui nous congnoissons au mestier.
Et puis vecy Pille Mortier.
Qui de nous servir sçait l'usaige.

### PILLE MORTIER.

Jamais nul homme, s'il est saige,
A servir maçons n'entreprenne...

Si est Nembroth desordonné
De la vouloir faire si haulte.

### GASTE BOYS.

Faicte sera, s'il n'y a faulte,
Puis que nous y mettons les mains.

### CASSE TUILLEAU.

L'entreprise beaucoup je crains ;
L'ouvrage est fort a assaillir.

### CUL ESVENTÉ.

On ne peult en fin que faillir.
Besongnons, mais que (*pourcu que*) on nous paie bien...

### CASSE TUILLEAU.

Cul Esventé ?

### CUL ESVENTÉ.

Hau ?

### CASSE TUILLEAU.

Vien icy.

### GASTE BOYS.

Pille Mortier !

### PILLE MORTIER.

Je vois a vous ;
Preparé suis vous servir tous :
J'ay ja l'instrument sur le col...
C'est une droicte dyablerie
Que servir maçons aujourd'uy.

### CUL ESVENTÉ.

Maleureux est qui sert autruy,
Pourveu qu'il s'en puisse passer..

### GASTE BOYS.

Que j'aye ma moyenne congnie( *cognée*) !
Entens tu, hay ! maistre *accipe* ?

### PILLE MORTIER.

Le mortier, je l'ay bien trempé ;
Il est ainsi mollet que laine...
J'ai apporté ung instrument
Pour commencer le fondement,
Car il n'a pas fait qui commence.

N'est-ce pas pris sur le vif et, à ce titre, digne d'une indulgence attentive? Mais, parmi toutes ces scènes de mœurs, la plus intéressante est dans un mystère de Job, étranger au recueil du *Viel Testament* où la *Pacience de Job* ne provoque autour de lui que les impatiences anodines de sa femme. Il en va tout autrement dans le *Job* édité à part, en 1540, et dont le manuscrit date de 1478. Jean de Meung n'a pas exhalé de plaintes plus révolutionnaires contre les abus de l'ancien régime, que celles dont retentit ce mystère, et dont voici des traits caractéristiques :

GASON *au villageois.*

Oncques Dieu n'ayma vilennie (*les vilains*)...

LE LABOUREUR.

Nous n'en mangerons (*de chèvres et chevreaux*) rien qui vaille
    Fors que l'ordure et la tripaille.
    Encore pour nous aviler (*avilir*)
    Nous donnent le boyau cuiler
    Et sommes appelés vilains...
    Ceux qui ont meilleur appetit
    A manger ont le plus petit...
    C'est grand pitié et desconfort.

LE PASTEUR.

    L'on dit que Dieu ne fist onc tort,
    Et qu'il fit tout par sapience,
    Mais cil qui fit tel ordonnance
    N'en devroit pas estre loué.
    Tous fusmes de l'arche Noé,
    Et cuyde selon mon sçavoir
    Que chacun homme doist avoir
    *Autant de bien l'un comme l'aultre*
    Et nous n'avons rien qui soit nostre.
    *Les grans seigneurs ont tous les biens,*
    *Et le povre peuple n'a riens;*
    *Fors que peine et adversité.*
    *Mais qui n'en seroit irrité!*
    Ceux qui ne font nul labourage
    Des biens mondains ont l'avantage :

> L'or, l'argent, le vin et le pain,
> Et nous aultres mourons de faim,
> Qui amassons les biens sur terre.
> Tout le monde nous mene guerre,
> Et sommes batus qui qu'en gronde !
> Jamais n'aurons bien en ce monde,
> Et prenons tout en patience.

Cette conclusion de la tirade nous rappelle seule que nous sommes encore à trois siècles de celle du *Mariage de Figaro*, et le laboureur y vient donner son adhésion; mais sa résignation est encore bien grondeuse !

### LE LABOUREUR.

> C'est bien dit pour ma conscience
> Autre chose ne pouvons faire.
> Mangeons fort : pensons de nous taire :
> Car il est bien fol qui s'esmoye
> De pauvreté par nulle voye.

*C'est bien dit !* Mais il était temps ! Où allions-nous ? Plus loin même que mons Figaro dans son fameux monologue, sous les marronniers du parc de son maitre.

A la suite des mystères de *Job, Tobie, Daniel et Suzanne, Judith et Esther*, distincts en fait du *Viel Testament*, quoique imprimés avec lui, celui d'*Octovien et les Sibilles* clôt cette compilation. Il offre de grands effets de mise en scène et donne tout son relief au plan constant de montrer le trait d'union entre l'Ancien et le Nouveau Testament.

Octave, troublé par certains prodiges, et qui a consulté la sibylle Tiburtine, a la vision suivante.

*Lors se desqueuvre Octovien et regarde au ciel: voit une grande clarté, et est en l'er une Vierge tenant ung enfant entre ses bras.*

### OCTOVIEN.

> O quel esbahissement !
> Sibille, certainement

> Regarder au ciel je n'ose;
> Jamais ne vy telle chose,
> Feu et souffre assemblément.
>   Sibille, je supose
> Et en moy mesmes presupose
> Que ce soit le grant jugement.

**SIBILLE TIBURTINE.**

> Fiche ton entendement
> A regarder hardiment
> Ce que maintenant verras,
> Et je croy certainement
> Que tresvoullontairement
> Le hault Dieu adoreras.
> Escoute bien, tu orras
>   La voix du ciel.

*La voix du ciel tonne, et se monstre encor plus apparement la Vierge et l'enfant, et resplendit grande clarté, tant que Octovien chet a terre tout pasmé...*

Puis les douze sybilles énoncent leurs prophéties messianiques, parmi les questions et les commentaires haletants qu'inspire aux *Humains* leur immense espérance.

Cette idée finale de la Rédemption avait été maintes fois énoncée, au cours de ce vaste drame et, dès le péché originel, dans les épisodes fréquents qui ont pour rubrique le *Procès de Paradis*. On y voit Miséricorde et Justice plaider devant Dieu, pour et contre le rachat de *l'humain lignage* par le Messie. Chaque grande crise du drame sacré est ainsi l'objet des commentaires de ces personnages divins. Nous y signalerons entre autres une preuve bien significative du souci qu'ont les auteurs de suspendre au ciel toute l'action terrestre. Au moment le plus pathétique du sacrifice d'Abraham, quand Isaac, les yeux bandés, attend le coup, l'action s'interrompt brusquement (vers 10283-10358), pour faire place à un nouveau débat dans le ciel de Miséricorde et de Justice.

Nous montrerons, à propos des *Passions*, d'où nous vient réellement l'idée première de ce *Procès de Paradis*. Il nous suffit ici d'en constater l'importance et l'efficacité voulue, qui étaient d'ailleurs un article de foi pour tous. Ce va-et-vient de l'action du ciel à la terre formait sans doute, aux yeux des premiers auteurs comme du dernier arrangeur du *Mistère du Viel Testament*, un lien si fort et si naturel qu'il les dispensait d'un plus grand effort de composition. D'ailleurs on ne voit pas quel procédé d'un art plus savant, eût mieux réussi que ces merveilleuses échappées sur les secrets célestes de la destinée humaine, à tenir en haleine un public de croyants.

La Rédemption qui est le centre où tout tend, dans les mystères qui la précèdent, est aussi le centre d'où rayonne tout, dans ceux qui la suivent, et dont il nous reste à parler ici.

Dans aucun mystère la patience du lecteur moderne n'est mise à une plus rude épreuve que dans celui des *Actes des Apôtres*, dont les 61 908 vers furent rimés, vers le milieu du xv⁵ siècle, par le théologien Arnoul Gréban et surtout, dit-on, par son frère Simon, chanoine du Mans, comme lui. Nul autre drame sacré ne donne davantage à penser que les spectateurs attentifs devaient souvent faire hommage au ciel de leur ennui. Et pourtant les deux frères « au bien résonnant stil », comme dit Marot, n'y ont pas épargné leur peine. Ce monstre dramatique, le plus vaste qui ait été conçu et exécuté d'un seul jet, est d'une rédaction relativement soutenue ; et les prouesses de versification y abondent.

Mais dans cette intrépide dramatisation de tous les Actes des Apôtres, l'intérêt général fait défaut, et l'intérêt épisodique est fort rare.

Les auteurs essaient d'y suppléer par un véritable luxe d'imagination dans la mise en scène, et surtout par force diableries. Il y en a partout. Il y en a même de grandiloquentes, tout à fait dignes de ces éminents *rhétoricqueurs* : par exemple, dans le premier livre, la tirade du « prince des enfers », Lucifer, laquelle remplit toute une colonne in-folio, et commence par ces gentillesses infernales :

> Dyables infectz, esperitz tres sinicques,
> Anges mauvais et monstres draconicques,
> Dyables malins....

Il en est d'assez plaisantes, les unes sur le ton de la farce, d'autres sur celui de la satire. De ce dernier genre est l'exode des suppôts de Lucifer : Sathan, Bargibus, Levyathan, etc... Dégoûtés de l'enfer, depuis que la foi en tarit la clientèle, ils viennent sur terre pour mettre les diables au corps qui d'un usurier, qui d'un avocat, qui d'un simoniaque, etc.... Mais ils ont de quoi se consoler lorsque Néron, après le martyre de saint Pierre et de saint Paul, se suicide « estant en chemise », et que Sathan apporte cette proie opime aux enfers, avec cette invitation à la joie diabolique : « Cliquetez comme une cigongne qui couve! »

Pour supplément de gaîté, les frères Gréban offraient à leurs auditeurs quelques scènes de truands assez épicées et relevées d'argot, telles que celles des *Bélistres*, au troisième livre, sans compter l'épisode traditionnel de l'aveugle floué par son valet, suivant la formule que le *Lazarille de Tormes* a rendue célèbre. On relève, de-ci de-là, dans ces scènes, quelques traits plaisants. En voici un qui fera fortune.

Quand les *tyrans* lapident saint Paul et saint Barnabé, l'un d'eux, Rifflart, est chargé d'apporter des cailloux à ses acolytes, mais, dans son zèle, il a la main malheureuse :

  Apporte moy. — Quoy? — Un caillou.
  Viendras tu? — Attendez ung peu.
  J'ay mis ma main en une ordure.

Ainsi fait parfois Bartholo, cherchant la chanson de Rosine sous la fenêtre, ce qui ne parait pas médiocrement gai au public, du moins au pays d'Arlequin.

Mais la palme de la gaîté est ici au bourreau Daru, dont voici, cyniquement contée par lui-même, la généalogie et parenté : on verra que le coquin a de qui tenir.

  Je suis Daru
  Bon pendeur, et bon escorcheur...
  Le Sire grant de mon grant pere
  Fut pendu d'un joly cordeau :
  Ma grant mere fut au b... eau
  S'esgallant, et menant grant chére :
  La superlative sorciere,
  Dont on ouyt jamais parler.
  Pour petits enfans estrangler.
  Mon pere fut tout vif bruslé,
  Et mon frere fut décollé,
  Et enfouy son aisné filz
  En terre la fosse luy fis,
  Et sur le ventre lui sailly....

Tel quel ce Daru est le personnage le plus vivant du drame. Le drôle a même plus d'esprit que ses pareils, dans sa cruauté, et jusque dans sa lâcheté[1]. Quand les

---

[1]. Cf. l'analyse des frères Parfait (*Histoire du Théâtre français*, t. II, pp. 429, 432, 435, 442, 447, 450), plus facile à trouver et à lire que l'édition gothique (Bibliothèque Nationale, Inventaire réserve, Y f 21, 22).

diables viennent emporter les bourreaux, ses acolytes, il leur échappe avec ce lazzi : « Daru n'y est pas! » En revanche il est partout, et à point nommé, pour torturer les martyrs. Aussi est-il le seul lien de l'action à travers les neuf livres de cet immense poème dramatique; mais comme elle n'est qu'un martyrologe, un bourreau, après tout, y fait assez naturellement le trait d'union universel. En donnant la torture pour conclusion commune à tout, cette sorte d'unité est, en son genre, tout à fait comparable à celle qui est obtenue dans le *Viel Testament* par les phases du *Procès de Paradis*, acheminant tout vers la Rédemption. Il n'est pas douteux qu'elle procurait au goût du public, les lazzis aidant, une satisfaction complète.

Un autre genre de satisfaction était offert aux sentiments et aux ressentiments de ce même public, par les *Vengeances*. Après qu'il avait chrétiennement éprouvé les humiliations et les angoisses de la Passion, il réagissait contre sa tristesse et prenait sa revanche, dans le spectacle prolongé du châtiment des Juifs et de tous leurs complices les plus éloignés. Cette sorte de revanche dramatique était devenue proverbiale; et François Ier, harcelant les Impériaux qui avaient dû lever le siège de Mézières, écrivait à Louise de Savoie : « Et s'yl on joué la pasyon, nous jourons la vanganse ».

Nous avons un monument remarquable de ce genre de mystères, dans la *Vengeance* de 1491 qui reproduit, en l'augmentant de plus d'un tiers et l'enrichissant d'épisodes originaux, celle d'Eustache Mercadé que l'on lit, dans le manuscrit d'Arras, après la *Passion* dont il sera parlé en son lieu.

La plus remarquable invention de l'auteur anonyme est le prologue. Elle met sur la scène la dissipation et l'insouciance de la folle jeunesse de Jérusalem, tandis que le sage Raby censure en vain la *mondanité* des filles de Sion, en ces termes aussi pittoresques que virulents :

>Vous vous fardez de je ne sais quelz fars
>Pour vous monstrer plus belles aux paillars....
>Vous cheminez à grands pas d'arrogance
>Les cols levez aussi droits qu'une lance,
>Pour mieulx monstrer vos faces qui sont belles
>L'une chante, l'autre rit, l'autre danse !
>Ce n'est que orgueil de vous et que vantance.
>On le connoit, vos manières sont telles :
>Vous cheminez fieres comme liepars,
>Monstrant a tous vos beaulx cheveulx espars,
>Vos beaux devans, vos mignonnes poitrines ;
>Et se voyez paillardeaux loricars[1]
>Vous leur jettez impudiques regars,
>Et leur faictes un tas de petits signes,
>Et puis un tas de ribaudeaux coquars (*esbrouffeurs*)
>Pour vous tromper viennent de toutes parts....

Ainsi tancées les folles filles n'en dansent que de plus belle, allant en chœur au refrain de « Eh ! vogue la galé ! Tant que pourra voguer ! »

En vain aussi Jésus Anay, le fol, crie malheur et prophétise et anathématise en latin. Il y a ici à relever un trait qui donne la mesure du dédain de la couleur locale, chez nos faiseurs de mystères, plus soucieux de renseigner l'ignorance du gros public que de faire appel à son imagination historique : Pilate, le préteur romain, ne comprend pas le latin de Jésus Anay, comme en témoigne ce bout de dialogue entre Raby et lui :

---

1. Terme de mépris : c'était le sobriquet des mercenaires allemands à cuirasses (*lorica*) :

>Et ce loricart
>Sera premier auctorisé ?

(*Mistère du Viel Testament*, v. 12997.)

> Baby, je vous vueil enquerir
> Que le dit du fol signifie....
> *Qu'esse a dire*
> *En françois que tout cela?*

Le sac de Jérusalem est décrit avec de révoltants détails, tels que le viol des filles et fillettes devant leurs mères, et, devant leurs maris, celui des femmes dont une se suicide héroïquement pour échapper à l'outrage de la soldatesque. Il fallait vraiment que la soif de vengeance du public fût inextinguible, et son antisémitisme bien exaspéré par la Passion, pour qu'il ait pu supporter un tel spectacle.

Mais ce qui ne saurait même être expliqué par là, bien loin de pouvoir en être excusé, c'est certain épisode de la troisième journée, celui où Néron envoie quérir « cirurgiens pour ouvrir sa mere..., garnis de rasouers bien taillans ». C'est incontestablement le chef-d'œuvre de ces scènes de bourreaux qui paraissent avoir été si fort du goût du public, à en juger par leur nombre et leur longueur, et qui constituent toute une littérature dans celle des mystères. Nous allons donner au lecteur quelque idée de celle-ci, pour qu'il nous tienne du coup quitte de détails sur les autres.

L'opération est préparée et décrite avec une précision de clinique chirurgicale : « Qu'ilz la lyent icy sur ung banc, le ventre dessus et fault avoir un corps faint pour ouvrir ». On ouvre donc, tandis que la malheureuse se lamente longuement, non sans rimer des stances qui se terminent en malédictions, avec sa vie. Content de son opération, le *tailleur* montre les résultats de sa taille à Néron :

> Tenez, plus n'y a que le ny :
> Regardez ce qu'il vous plaira.

> J'ay tout tyré et fait uny,
> Vous estes de tripes fourny.
> Je ne scay qui les mangera :
> Mais jamais n'en reschappera
> La bonne dame, elle est allée....

Le monstre se console de cette mort, en ces termes :

> C'est tout ung, vogue la gallée !
> Aussi bien devoit el mourir....

Il peut alors satisfaire la curiosité sadique et indicible que lui prêtait l'horrible légende : c'est ce qu'il fait. Les réflexions que lui prête ici l'auteur sont telles, qu'elles ne sauraient être excusées par sa préoccupation exclusive de peindre l'orgueil de Néron en révolte contre la nature, contre l'indéniable et misérable origine charnelle de sa « face triomphante ». Les lui prêter c'est faire au plus cruel tyran une cruelle injure. Nous ne croyons pas que le papier ait jamais rien souffert de plus ignoble : que dire des oreilles et des yeux qui l'ont supporté, sans parler de l'étrange état d'imagination de l'auteur qui a peut-être cru faire en cela œuvre pie ? Nos faiseurs de mystères, quand ils ont voulu suppléer par leurs inventions ou compilations, au silence de la Bible, comme les y obligeait le sujet des *Vengeances*, ne se sont jamais plus égarés qu'ici.

Notre auteur dit en terminant : « De la passion Jésu Crist icy termine la vengeance, comme Josephus l'a escript dedens les livres en substance » ; que ne s'en est-il tenu du moins à ce Josèphe qu'il invoque ainsi au terme de son œuvre si disparate, où il y a des traits excellents, et d'autres qui ont dû être le charme de la canaille, encore plus que ceux du *Saint-Christophe* de

Chevalet dont nous verrons pourtant s'offusquer la Monnoye lui-même.

A la suite des *Actes des Apôtres* est imprimée l'*Apocalypse* de Loys Choquet. C'est une mixture fort médiocre de l'histoire romaine emmêlée avec les quatorze visions apocalyptiques et la vie de Saint-Jean à Patmos. Nous y noterons au passage que Daru, le bourreau ubiquiste des apôtres, y est à son tour dépouillé et mis à male mort par deux de ses acolytes.

Un *Jour du Jugement*, du milieu du xiv° siècle (?)[1], récemment publié[2], mérite de clore cet examen des drames bibliques étrangers à la vie de Jésus. C'est une œuvre intéressante, à mettre en bonne place parmi ces mystères du genre *eschatologique*, comme disent les théologiens, dont la collection faite jusqu'ici des seuls *Jugements derniers* provençaux et étrangers, s'ouvre par le *Ludus Antechristi* que nous avons signalé dans notre introduction.

Le style a une sobriété qui est bien notable en l'espèce, et tient lieu de qualités plus relevées. A défaut d'une composition savante, la juxtaposition des tableaux dramatiques dont est formé ce mystère est très claire, avec des effets et des jeux de scène variés, et qui vont du terrible au plaisant ou à peu près — car les diableries y sont modestes et restent liées à l'action —. On verra d'ailleurs plus loin que cette sobriété relative dans les ornements égayés, est un des caractères du drame sacré au xiv° siècle. Le seul qui égaie ce drame, et il est médiocrement gai, c'est le court épisode où le démon Angingnars vient faire sa cour,

---

1. Cf. *Le Journal des savants*, décembre 1903, art. N. Valois.
2. *Études sur le théâtre français au xiv° siècle : Le Jour du Jugement*, par Émile Roy. Paris, Bouillon, 1902.

par ordre de Satan « premier deable », à une « fame de mauvais renom... qui belle soit ». Celle-ci accueille ses galanteries avec une promptitude toute professionnelle, en gaillarde qui a depuis longtemps le diable au corps.

MERE ANTRECRIST.

Pour fole me devroye tenir
Se refusoye tel compagnie :
Bien me plaist estre vostre amie,
Faites de moy vo voulenté.

Il en fait l'Antéchrist, à la Nativité duquel nous assistons. Au reste ce héros de notre *Jugement dernier* a de l'allure, et fait paraitre, en ses actes comme en sa figure, quelques traits de cette grandeur satanique que lui prêtait une légende tenace et d'ailleurs à peine évangélique.

# CHAPITRE III

LE DRAME BIBLIQUE : MYSTÈRES SUR LA VIE DE JÉSUS

Les *Résurrections* fragmentaires du xiiie et du xive siècle. — La *Nativité* du xive siècle. — Conjectures sur les *Passions* françaises antérieures au xve siècle, d'après les *Passions* rhénanes et la gasconne. — Les *Passions* de Sainte-Geneviève, du manuscrit 904, d'Arras, d'Arnoul Gréban, de Jean Michel, etc.

La Passion devint le centre de la littérature des mystères, comme le dogme de la Rédemption est le centre de la religion chrétienne : mais elle ne le fut pas d'abord. Nous avons montré, dans l'Introduction, comment le pathétique de la Passion fut vu et exprimé, dès le xie ou le xiie siècle, chez les chrétiens d'Orient, dans le *Christos paschon*. Chez ceux d'Occident, il ne dut être nettement perçu et assidûment traduit sur la scène, que vers la fin du xive siècle, comme en témoignent le titre même des *Confrères de la Passion* et le texte de Sainte-Geneviève. Cependant il faut tâcher de remonter plus haut, pour suivre la croissance de ce genre de mystères, le plus important de tous, depuis la *Passion* de Benediktbeuer, où nous avons quitté l'évolution de l'office de Pâques. On ne le peut guère qu'en recourant à la critique conjecturale.

En effet, les deux plus anciens textes français du cycle de Pâques, ne sont que des fragments de Résur-

rections dont on ne peut affirmer qu'ils étaient liés à
une Passion. Le contraire est même probable, car il
faudra attendre un mystère gascon du xiv° siècle, dont
nous parlons plus loin, pour constater la fusion d'une
Passion avec une Résurrection. Tels quels ces deux
fragments offrent cependant un vif intérêt, pour montrer la continuité de croissance et de diffusion du théâtre sacré.

Le plus important des deux est le second en date
des monuments du théâtre français. Il nous a été
conservé dans un manuscrit du xiv° siècle, mais dont
le texte remonte au premier tiers du xiii° siècle. Il n'y
a plus de latin que dans la dénomination et la désignation des personnages (*Pilatus, Miles, Unus militum,
Alter ex militibus, Aliquis in via respiciens, Item qui
supra*); et voilà que la langue sacrée est expulsée, à
cela près, des rubriques mêmes qui avaient été, dans
l'*Adam*, son dernier refuge. Celles-ci sont en effet en
français, dans notre *Résurrection*, et en vers[1].

Ce fragment se compose d'abord d'un prologue qui
témoigne du développement rapide de la mise en scène,
par sa description des lieux et *mansions* et des nombreux personnages, en six groupes, qui y prennent
part à l'action. Suivent quelques-unes des scènes tradi-

---

1. Ce fait a donné lieu à une controverse qui dure encore. Sur les 366 vers de ce fragment, 82 constituent une sorte de narration où certains critiques voient de simples indications pour la mise en scène, et d'autres un récit intercalaire qui aurait été débité par un *lecteur*, remplissant le rôle du *clerus* dans les *leçons* du drame liturgique et de l'*Adam*. Nous inclinons vers la première interprétation. Cette partie narrative nous paraît être une simple glose du dialogue, qui n'a d'ailleurs nul besoin d'elle pour être compris. Elle nous paraît même çà et là viser formellement la mise en scène, ici par exemple :

  Quand il fut enterrez e la père mise.
  Caïphas, *qui est levez*, dist en ceste guise...
  Un des serganz donc *s'esdreça* (se dressa)
  E a Pilatus issi parla....

tionnelles des Résurrections, et dont nous avons vu les analogues dans la Passion grecque, mais avec quelle supériorité de style et d'action ! Ce sont celles entre Joseph et Pilate; celui-ci et les soldats; ceux-ci et Longin; Joseph et Nicodème; Caïphe, Pilate et les gardes qui viennent au Sépulcre, point où se termine le fragment.

Le peu d'intérêt qu'on y pouvait prendre est dû à l'animation *inhérente* à ce sujet, tout prêt pour la représentation, et dont il ne faut pas faire un mérite à l'auteur. Le dialogue est terne, sans ces saccades et reparties dramatiques qui sont si remarquables dans l'*Adam*. Aucun trait n'y vient relever la naïveté sans saveur du style. Dans l'indication des caractères, nous ne voyons de notable qu'un aveu de sa pusillanimité par Nicodème, qui est assez plaisamment partagé entre son désir d'ensevelir le prophète Dieu et sa crainte de la justice de Pilate. En revanche, on y voit déjà poindre ce réalisme puéril et cette badauderie bavarde qui s'étaleront si fastidieusement dans les mystères du xv$^e$ siècle.

Un autre fragment, de 80 vers, qui vient d'être trouvé en Suisse et date du début du xiv$^e$ siècle, est une pièce encore plus médiocre, mais pourtant précieuse et par sa médiocrité même. La gaucherie extrême du style et de la versification donne à penser, en effet, selon l'ingénieuse conjecture de son éditeur, que la *Passion* ou la *Résurrection* dont ces vers faisaient partie, étaient l'œuvre de quelque clerc ou bourgeois d'une petite bourgade, ce qui n'en indique que mieux, non seulement la continuité, mais l'extrême diffusion du genre dès cette époque.

C'est un point de vue analogue qui double l'intérêt,

d'ailleurs intrinsèque, du premier mystère que nous rencontrions sur la vie de Jésus. Il se trouve parmi les *Miracles de Notre-Dame* du manuscrit Cangé, qu'on peut dater de la seconde moitié du XIV° siècle; et il a pour titre *La Nativité de Notre Seigneur Jhesu Crist.*

Mêlant sans scrupule les apocryphes aux évangiles, il commence l'action par le miracle de la naissance de Jésus que constate et publie la « ventrière » Zebel. Suivent les épisodes de Salomé punie de son doute à ce sujet, puis guérie; de la joie du vieillard Siméon qui a vu le Sauveur avant de mourir; enfin de la présentation au Temple, avec l'accompagnement qui est de règle dans ces *Miracles de Notre-Dame*, du chant d'un rondel par les anges Gabriel et Michel. Une deuxième partie montre Jésus disputant dans le Temple avec quatre docteurs, d'après saint Luc et les apocryphes, et en dépit de la chronologie évangélique, tout comme il le fera ultérieurement avec les pharisiens et les docteurs de la loi. Il y fait merveille sur les prophéties, saint Jean et le Messie, enferme ses adversaires dans un dilemne, ou les argumente *a contrario*, avec une verdeur de langage qui doit être un écho direct des soutenances de thèses en ce temps-là, enfin les réduit à *quia*. Ils avaient commencé par le mépris :

> Hé ! c'est parole d'enfançon ;
> On la doit mettre en nonchaloir...
> Je sçay bien qu'il n'ot onques maistre
> Ne ne hanta onques l'escole ;
> Mais ainsi de nous se rigole
> Comme un enfant sot et nicet (*niais*)....

Puis cette « gent malotru » qui « tient siège de maître » indûment, comme lui dit Jésus, baisse le caquet, non sans enrager. L'un dit :

> Il me poise (pèse) que de mes mains
> Ne li ay batu le visage.
> Comment l'ont fait dyable si sage,
> Qu'il nous a touz quatre maté?

Mais un autre plus philosophe conclut:

> Il convient que ce duel se passe,
> Que dyable y soit! Laissons ester (*Laissons là*)
> Ce larroncel : alons disner;
> Je miex n'i voi.

Et Jésus, retrouvé par Marie et Joseph qui le cherchaient depuis trois jours, retourne avec eux en Nazareth. Un *serventoys couronné au dit puy*, et un *serventoys estrivé* (concurrent) terminent la pièce.

Ce mystère sur l'enfance de Jésus a la sobriété relative et assez expressive de la plupart des miracles auxquels il se trouve mêlé, et quelque grâce en sa naïveté. Mais tout précieux qu'il soit, comme faisant apparaître pour la première fois sur la scène sacrée la figure du Christ, il nous renseigne encore moins que les deux fragments antérieurs sur la naissance du thème de la Passion. Nous devons, en fin de compte, recourir encore à des conjectures.

Elles ne sont pas dénuées de tout fondement; et il en faut risquer quelques-unes, même dans une simple histoire, tant reste obscure et inquiétante pour l'esprit la lacune qui persiste dans l'état actuel des documents, entre le drame religieux du XIIIe siècle, tel qu'il nous est apparu dans l'*Adam*, et celui du XVe siècle qui en est si radicalement différent.

Qu'il ait existé en France des Passions dramatiques antérieurement à celles qui nous sont parvenues, c'est un fait qui paraît certain. On lit, par exemple, dans les catalogues de la bibliothèque de Charles V, depuis celui de 1373, cette mention : « La Passion Notre Seigneur, *rimée par personnages* ». Cette formule, si voisine de cette autre qui est courante pour les mystères et miracles : *représenté par personnages*, semble bien indiquer une Passion faite pour être jouée. Mais si l'existence de Passions dramatiques, en français, antérieures à celle de Sainte-Geneviève paraît établie[1], la nature de leur constitution reste hypothétique. En attendant que le manuscrit de Charles V se retrouve en Angleterre, où le duc de Bedford emporta toute la bibliothèque du Louvre, en 1429, voici à quelles hypothèses on est présentement réduit.

Il paraît hors de doute que les Passions du pays rhénan ont été exécutées d'après des modèles français; et que l'Allemagne a contracté de ce chef envers notre théâtre une dette analogue à celle de ses *minnesingers* envers notre poésie courtoise. Or ces imitations sont assez nombreuses pour nous renseigner sur le caractère dominant des modèles perdus. La plus importante de toutes, le *Paaschspel*, dit de Maestricht, — en dialecte moyen néerlandais, mais qui est originaire de la région de Cologne, et antérieure au milieu du xiv$^e$ siècle — est totalement dépourvue de ces ornements égayés qui abonderont dans nos Passions du xv$^e$ siècle, tels que joyeusetés et grossièretés de bergers, de soudards et de truands, et diableries à grand spectacle. Le caractère de gravité relative de ces Passions de la première manière peut donc être considéré comme établi.

C'est une induction que confirme notre précieuse Passion gasconne du xiv$^e$ siècle[2], dont on a une version

---

1. Cf. E. Roy, *Études sur le théâtre français du xiv$^e$ et du xv$^e$ siècle; les Miracles de Notre-Dame*, Paris, Rousseau, 1901, p. ccxxvi sqq.
2. Cf. le manuscrit 4232 à la Bibliothèque Nationale : « *Aysi comesa la Pasio*

catalane, qui est peut-être plus ancienne encore. On nous semble avoir prouvé que cette Passion procède, elle aussi, de ces mêmes prototypes français dont la figure originale se devine ainsi dans ses images plus ou moins fidèles, au Nord et au Midi. Certes la Passion gasconne n'a pas la sobriété de l'*Adam*, et ses 2500 vers prouvent la croissance vigoureuse et continue du drame sacré. Elle s'est enrichie notamment de la légende de Judas. Nous y retrouvons d'ailleurs des scènes parasites du drame liturgique, telles que le marchandage des parfums ; mais l'ensemble est assez sobre d'emprunts aux apocryphes. Ces épisodes, surtout dans la seconde partie, paraissent même imités assez directement de leurs modèles latins, à travers les intermédiaires français qui sont perdus. La sobriété relative des scènes de torture y est aussi très caractéristique. Enfin un autre intérêt de cette Passion est d'opérer, pour la première fois en France, comme fait le *Paachspel* de Maestricht, la fusion de la Passion et de la Résurrection, que nous présentaient, à l'état séparé, la si importante Passion bilingue de Benediktbeuer, du XIIIe siècle, signalée dans notre Introduction, et probablement aussi la Résurrection française, sa contemporaine, dont il a été question plus haut.

Enfin si l'on examine la Passion cyclique (*Nativité, Passion* et *Résurrection*) du manuscrit 904 de la Bibliothèque nationale, sur laquelle nous reviendrons[1] elle

---

de *Jhesu Christ* », fol. 9 ; Paul Meyer, *Daurel et Beton* (collection des Anciens textes français, Introduction, p. LXIX sqq ; Chabaneau, *Revue des langues romanes*, t. XVII, 3ᵉ série, t. III, 1880, p. 302 et t. XXVIII, 3ᵉ série, t. XIV, 1883, p. 5 et 53 ; W. Creizenach, *Geschichte d. N. D.*, op. c., t. I, p. 155 sqq ; Marius Sepet, *Origines catholiques*, op. c., p. 255 sqq ; Stengel, *Zeitschrift für französische Sprache und Literatur*, XVII, p. 209.

1. Cf. p. 138 sqq.

donne çà et là l'impression, autant qu'on en peut juger
à travers le texte hiéroglyphique de ses 9000 vers,
d'être une sorte de confluent des Passions de la première manière. Mais ce n'est là qu'une impression,
moins qu'une hypothèse[1]. Au reste on ne peut dater la
composition de ce mystère; car si elle est fort antérieure
au manuscrit qui est de 1488[2], on ne peut affirmer
qu'elle le soit à celle du manuscrit de Sainte-Geneviève
qui a d'ailleurs la même étendue.

Mais nous bornerons là ces conjectures qui suffisent
à indiquer l'évolution continue du genre. Nous en venons donc à cette *Passion* du manuscrit de la bibliothèque Sainte-Geneviève, qui nous met sur un terrain
plus solide, et offre avec une timidité et une sobriété
relatives, la transition formelle entre la première et la
seconde manière de nos faiseurs de Passions.

Cette Passion présente d'abord, comme la gasconne,
la première fusion connue en français des cycles de
Noël et de Pâques : car à une Passion proprement dite
elle unit une *Nativité*, avec un *Geu des trois roys*, entre
les deux. Cette fusion est plutôt une juxtaposition, car
elle ne rend pas les trois morceaux inséparables. Le
manuscrit lui même nous apprend que la *Nativité* se
jouait avec ou sans le *Jeu des trois rois*. Quant à la
Résurrection finale où l'action est d'ailleurs plus
trainante, elle parait bien avoir formé un spectacle à
part, comme en témoigne la bizarrerie même de sa
composition.

---

1. Nous partageons sur ce point l'avis si autorisé de M. Marius Sepet qui donne une analyse de cette Passion, dans ses *Origines catholiques...*, op. c., p. 290 sq. et nous a aidé à en déchiffrer le texte.
2. C'est ce que nous apprenons par les vers de son propriétaire Jehan Floichot « clerc et notaire real » du bourg de Semur, qui n'a malheureusement pas employé à cette copie le calligraphe de son étude.

Une certaine fluidité de style, çà et là la saveur que donne à l'expression son archaïsme autant que sa naïveté, et surtout l'intérêt littéraire ou documentaire des ornements égayés dont le sujet paraît pour la première fois susceptible aux auteurs, empêchent la lecture du tout de paraître fastidieuse. Mais une analyse détaillée le serait. Cependant, comme cette Passion est la première en date, nous en indiquerons la composition, ce qui nous évitera des redites pour les autres où le plan général reste le même. Nous signalerons aussi, au cours de cette analyse des divers épisodes, les traits qui serviront à caractériser, dans le genre, une évolution qui en est le principal intérêt.

Le prêcheur du sermon qui ouvre le mystère, à l'ordinaire, recommande d'abord l'attention au public :

> Benois soit-il qui se tera
> Et fera paix pour mieulx oyr....

Puis il dit comment le péché originel a été racheté par l'Incarnation qui est

> Au plaisir de la Trinité,
> De la haulte Nativité
> Du doulz Jhésucrist le mistère,

dont le spectacle doit avoir pour fruit qu' « eslire puissions la voie de Paradis ». En conséquence, et pour montrer le lien des choses, le péché originel sera montré succinctement, en tête de la *Nativité*.

La naïveté de l'exposition est ici sans charme, et on y chercherait en vain la psychologie dramatique de l'*Adam* du XII$^e$ siècle. Celle-ci se borne à des traits du genre du suivant qui fait remonter à ses origines l'expression physiologique de *la pomme d'Adam* :

Adam prengne (*prenne*) la pomme et morde et se prengne parmy la gorge et die :

> Ha hay ! je suy mal avoiez (*en voie*)
> Ce morcel ne puis avaler.
> Las douleroux ! qu'il est amer !
> En la gorge la mort me tient.

La rédemption est formellement prédite par Dieu :

> Puis l'homs en la croix mourra.
> Autrement estre ne pourra ;
> Et par sa mort l'umain lignage
> Sera osté de grief servage....
> En enfer peine souffreras,
> En la fin arrousé seras
> Du sanc qui me sera osté
> Des piés, des mains et du costé.

Cette prédiction, à laquelle s'ajoute brusquement celle des prophètes Isaïe et Daniel, met en émoi l'enfer où ils se lamentent tous avec Adam et Eve. Notons que celui-ci est mieux renseigné dans ce mystère sur l'Incarnation et ses effets, qu'il ne le sera dans d'autres, et notamment dans la *Passion* d'Arras, où son incertitude sur le dénouement produit des effets plus dramatiques. La jalousie des anges déchus, qui fournira de si beaux traits de poésie et d'éloquence à Milton, s'exprime ici en des termes qui ont du moins le mérite de la netteté :

> Se sy orde (*sale*) chose estoit assise
> Sur lez cièges scélestiens,
> Comme ly homs est terriens (*de terre*)
> Qui sont fait de limon, de boe (*bouc*),
> A dieu en feroie la moe (*moue*),
> Sy remplissoit son paradis
> Où nous fûmes assis jadis....

La Nativité commence aussitôt après cette diablerie par les présages qui troublent César, notamment par

l'ineffaçable inscription latine où est prédite la chute de
« l'ymage de Jupiter ». Là et un peu plus loin, tout
comme Pilate dans *la Vengeance*, et toujours avec
l'excuse latente de traduire pour le public, César a
besoin qu'on lui mette le latin en français :

> Sartan, il les vous convient lire
> Et les exposer en romant.

Le souci de la couleur locale est d'ailleurs si mince
chez notre auteur, qu'il fera dire plus loin par le bourreau Malquin, sans aucune nécessité et sans y prendre
garde :

> Jhesu *enten-tu bien romans?*
> Je te vueil cracher en la face....

Suit le concours des prétendants à la main de Marie,
dont l'élu sera celui que désignera le miracle du bâton,
de « la verge pelée en son poing » se couvrant de ver-
dure. Quand s'approche Joseph, poussé par une force
secrète et tout honteux, car, dit-il :

> Touz sont jeunes, je suis chenuz ;
> De moy se devroient bien moquier
> Et moy appeller dam Riquier :
> Honteux suy d'y estre venu....

le messager, bon biberon comme tous ses pareils, le
salue de ces gentillesses :

> Regardez ce villain chenu :
> Tant pour certain l'en luy donra
> Marie, qui miex ne pourra ;
> Il en puet bien estre asseur :
> XX ans a qu'il est tout meur
> Et qui commança à florir....
> Mes n'en estes pas à 11 doie
> Que la pucelle a vous atouche ;
> Vous n'avez mais dens en la bouche :
> Elle arait beau mary en vous !

Cependant les cris des prophètes, que torture l'enfer dans sa rage de les perdre un jour, montent jusqu'à Dieu qui se décide à l'Incarnation, sans autre forme de procès, c'est-à-dire sans le débat entre les vertus qui sera de règle plus tard :

> Je ne puis plus leur cry souffrir.
> Mes cielx me convient a ouvrir
> Et pour eulz devandray homme....

Gabriel fait l'annonciation avec ce jeu de mots traditionnel :

> Cy murrai (*muerai*) le nom *Eve*
> En toy disant les douz *ave*,

et avec cette image, qui ne l'est pas moins et qui est belle, de la virginité de Marie comparée à la verrière que le soleil « oultrepasse » sans la casser :

> Mais tout ainssy com la verrière
> Du soleil qui demeure entière
> Quant son ray par my oultre passe
> Qui ne la brise ne ne quasse,
> Ainssy demoura ton corps sains.

Les alarmes passagères de Joseph, qu'indique d'ailleurs la Bible, sont développées avec une complaisance qui veut certainement provoquer le rire gaulois :

> Vous estes grosse, bien le voy ;
> Pas ne direz que c'est de moy ;
> Et puisqu'ainssy estez ensainte,
> Convaincue estes et ataincte....
> Or, suys-je certain sur mon âme
> Qu'il est fol qui se fie en famme....

Cette gaîté, inhérente aux Nativités et sœur de celle des *Noëls*, devient rustique comme il faut, et même davantage, dans le jeu des bergers Rifflart et Gobelin.

Voici, par exemple, sur quel ton ils échangent leurs impressions devant le divin nouveau-né :

GOBELIN.

Dy moy beau compaing (*compagnon, copain*), le voy-tu ?

RIFLART.

Malotru, quoquart (*sot*), testu,
Je le voy mieux que tu ne fais.

Après ce « jeu des berchiez » et leur chanson de danse, leur « estampiè » pour Marion « la doulce amie », suivait le *Geu des trois roys*. Mais on pouvait représenter les deux pièces séparément. En ce cas, comme l'explique le texte, la *Nativité* se terminait par un couplet plaisant du messager Gratemauvaiz. Il a rêvé qu'il faisait la fête à « la taverne jolie », où il entendit une chanson de geste qui lui est allée au cœur :

Mais chanter me covient de jeste[1]
Une chançon trop merveilleuse
Qui au cuer me fut angoisseuse....

Mais la note à payer lui est aussi restée sur le cœur, et il conclut ainsi :

Sy chantons bécus (*ayant bon bec*) et camus,
Chascun, *Te Deum laudamus*.

On retrouve ces deux vers, à la fin du *Jeu des Trois rois*, dans la bouche de Joseph où ils sont assez déplacés; mais l'auteur, en les replaçant là, a voulu sans doute

---

1. Cf. *Le Garçon et l'Aveugle*, v. 120 sqq, l'unique et mémorable farce du xiii° siècle, où le garchon fait, entre autres propositions moins honnêtes, celle-ci à l'aveules son patron, qu'il va berner :

Diex ! com grand feste
Menrons, car je sai bien *de geste*
Canter, si vous en deduirai (*donnerai le plaisir*).

éviter de les perdre, quand on coupait le rôle de Gratemauvaiz. Dans le cas contraire, c'est-à-dire quand le *Jeu des Trois rois* faisait pièce à part, il avait, en guise de prologue, le sermon coutumier aux « tres doulces gens ». C'était — à la manière de Plaute qui est aussi couramment celle des faiseurs de mystères — une annonce succincte au public du spectacle dont il allait jouir, avec l'avis non moins courant, et sans doute fort nécessaire, d'être « bons entendeurs ».

S'un pou de temps vous voulez faire.

Dans la scène des trois rois devant Hérode, nous ne trouvons de notable qu'un trait d'hypocrisie du tyran, nuançant sa physionomie qui est uniformément barbare dans les Passions ultérieures :

HÉRODE.

Je vous pri, retournez par cy.
G'iray a luy (*à Jésus*) crier mercy,
Car sachiez, je suis désirant
De aourer (*adorer*) le roy puissant,

Le massacre des Innocents est relativement court; et nous n'y rencontrons pas, comme dans la Passion d'Arras, l'épisode si dramatique du propre enfant d'Hérode tué par erreur dans le tas, et qui y motivera adroitement le suicide du tyran désespéré.

Cependant Jésus, Marie et Joseph ont échappé aux tueurs, et depuis longtemps : car le semeur qui vit passer les trois fugitifs et leur montra le chemin d'Égypte, au temps des semailles, n'est interrogé qu'au temps de la moisson par les séides d'Hérode, Humebrouet et Hapelopin. Sur l'ordre de l'ange Raphaël, le trio sacré reprend la route de Nazareth, avec les deux vers joyeux rencontrés déjà plus haut et que dit ici Joseph. Ce retour met fin au *Jeu des trois rois*.

Le sermon qui commence la Passion contient un programme, plus détaillé que les précédents, du spectacle qui va suivre; et il est bien fait pour en donner un avant-goût.

L'action commence au repas chez Simon. Madeleine y est repentante, dès qu'elle entre en scène et, sans nous donner le spectacle de sa *mondanité*, elle se borne à confesser brièvement comment elle se passa :

> En punézie de luxure
> J'ay vescu toute ma jouvente (*jeunesse*);
> De péchier ne fu oncques lente
> Mais en ay esté tousjours preste.
> Vilain, bourgeois, clerc ou prestre,
> Las, trop ay esté fole fame,
> Dont j'ay moult encombrée m'âme....

Vient ensuite la résurrection de Lazare, à la possibilité de laquelle Marthe refuse de croire, car son frère étant trépassé depuis quatre jours,

> Il put trop fort certainement!

Lazare ressuscité raconte, à la demande de Simon, ce qu'il a vu aux enfers. Cet épisode qui se rencontre ici pour la première fois, depuis la Passion gasconne, offre un témoignage bien notable des visions qui hantaient les imaginations chrétiennes, qui guidèrent si souvent le ciseau des imagiers des cathédrales, notamment au curieux porche de Conques, et qui inspirèrent à Dante ses sublimes horreurs :

> Lez diables d'enfer lez tourmentent :
> On n'y treuve nully dormant;...

> Et sont, se Diez me doint (*donne*) sancté,
> De IX ! tourmens tuit tourmenté.
> Le premier est de feu ardant
> Qui tout le corps leur va lardant...,
> Cil qui ont péché par beine
> Ont compaignie de couleuvres....
> Le crapout leur pent aus oreilles...,
> Le Dyable sanz demourance
> Leur fait faire trop laide dance.
> Les piez leur tient en contre mont
> De dur aiguillon les semont ;
> Souvente foys il fait le prestre,
> En lieu de pain feu leur fait pestre, etc....

Puis commencent ces scènes de bourreaux qui émailleront de leurs horreurs, souvent dégoûtantes, ou de leurs gaîtés macabres, non seulement les Passions ultérieures, mais tout le martyrologe chrétien, et dont le public ne semblait pas pouvoir se lasser, si on mesure sa curiosité à l'insistance de tous les auteurs.

Dès la Passion de Sainte-Geneviève, cette insistance est caractéristique. Voici quelques échantillons de la gaîté professionnelle des bourreaux, et de la manière dont leur horrible besogne les fait « rigoler », comme dit le bon larron, et sans doute le public avec eux :

MALQUIN.

> Cy me garderas ces 11 bufes (*coups de poing*)
> Que l'ay trouvé tant te quéru.

DIEU.

> Tu m'as sanz deserte (*mérite*) féru
> Vilainement en mon visage....

MALQUIN.

> Esgar (*regarde*) com il besse l'eschine,
> Le jeu je croy ly abelit (*semble beau*)....
> Je li donray tel oreillon
> Qu'il y aura du vermeillon...

> Haquin, je voy de grosses bosses
> Sus son dos que faites luy as.
>
> HAQUIN.
>
> Non ay, voir *(vraiment)*.
>
> MALQUIN.
>
> Par ma foy, si as....
> Tien ce cop, sy t'en souvenra.
> Porce que es de parler sy haus *(fier)*....

Parmi les thèmes traditionnels de ces gaîtés de tortionnaires, il faut ranger le forgement des trois clous de la croix. Ici, le forgeron, le *fèvre*, refuse la besogne, sous prétexte que ses mains sont « toutes roigneuses », et qu'il a une telle « apostume en la gorge » qu'il n'ose boire de vin. Là-dessus la fèvresse Maragonde — un nom que nous retrouverons en un bien mauvais lieu, dans le *Saint Christophe* de Chevalet — invective son mari, dit que « le prophète l'a enchanté », qu'elle le préfèrerait « teigneux », et se met à forger les clous elle-même[1], non sans qu'il lui en cuise, témoin cette exclamation :

> Ferue me suis sus le doy
> A ce clou-ci : fère la pointe
> Qui du sang Jhesu sera ointe.
> Est-il fait de bonne testée ?

Parmi ces horreurs, les nerfs sont un peu détendus par une intervention de la femme et des enfants de Pilate, en faveur du « prophète » torturé. Cette intervention, que les auteurs de la *Passion* du manuscrit 904 et de celle d'Arras, présenteront comme une machination infernale pour perdre l'homme en sauvant le Rédempteur, est d'ailleurs vaine, car le grand pontife Annes la fait

1. La scène a été peinte par Jean Fouquet, pour le fameux livre d'*Heures* d'Étienne Chevalier, op. c.

repousser aussitôt. Une détente plus heureuse est opérée par le dialogue de Notre-Dame et de son fils en croix, avec chant à la fin du *planctus* :

### MÈRE DIEU.

Mon deuil doy-je bien aprester
Quant je voiz que mon filz je pers.
De duel mouray se je le pers....
Lasse ! comment sa couleur est mate.
Le forfait des pécheurs achate.
Sy qu'il en est livré à mort.

### DIEU.

Famme souffre toy ; pour ma mort
Ne te dois pas desconforter.
Je muir pour sancté aporter....

### MÈRE DIEU.

Il souffre angoisse trop obscure,
Mon douz fils....
   *En chantant die.*
Beau filz je doy bien forcener (*être hors de sens*)....

L'auteur n'a eu garde d'oublier le coup de lance de l'aveugle Longin dirigé par l'un des bourreaux, avec ce geste tragique qui sera mis au centre de leurs crucifixions par les peintres chrétiens de l'époque, les Memmling et les Durer :

### LONGIS.

Huquin, ma lance en droit le cuer
Apointe trestout droitement....
Bien sçay que je t'ay la char route (*rompue*) :
Je sens sang ou yaue qui dégoute
Sur mes mains contre val ma lance....

Survient un débat entre *Sainte Église* et *Synagogue*, sur la divinité du Messie expiré et l'efficacité de son sacrifice. Pour être allégorique il n'en est pas moins vif, les vivacités de langage étant du côté de Synagogue, la vaincue, qui s'écrie :

> Je te creveray ton oiel destre....,
> Par ma loy, gloute (*gloutonne*), tu mens....

L'achat du suaire, par Nicodème et Joseph d'Arimathie, fournit à un mercier l'occasion de faire l'article et de détailler toute sa mercerie et draperie, ce qui ne laisse pas d'avoir son prix à nos yeux pour l'histoire de la mode et par suite des mœurs. Les gasconnades, les « vantances » des gardes du tombeau, Pinceguerre, Baudin et Mossé, font un assez plaisant contraste avec la « paou » qui « abat leurs bourdes », quand résonne le formidable *Pange lingua* des anges.

L'enfer aussi est en émoi, « affolé » par Jésus qui, non content d'avoir ressuscité Lazare, en force les portes vainement verrouillées et épaulées par les diables et le « chétif Sathanas », lequel s'entend condamner à la réclusion perpétuelle, comme « aisnez des diables » :

> Mais en enfer tous jours seras
> Sans jamais nul jour remuer,

tandis que sont délivrés les patriarches,

> De trestous péchiez sy lavez
> Qu'il sont sy cler que je m'i mire
> En les regardant, beau doulz sire,

comme dit Adam.

L'achat des parfums par les Trois Maries amène un *espicier* à « deviser sa marchandise », ce qui fait une énumération complémentaire de celle du mercier, avec cette différence qu'il se laisse payer, tandis que le mercier a refusé l'argent pour l'amour de Jésus. L'apparition du Rédempteur à Madeleine, et le récit qu'elle fait de ce miracle aux apôtres qui partent pour parler en Galilée à leur divin maître, termine la Passion, avec un *Te Deum* et un *Benedicamus* auquel tous sont invités par le centurion converti.

La *Résurrection*, faisant suite à ces trois pièces dans le manuscrit, commence par un résumé, qui est une répétition textuelle de la Création qu'on lit déjà au commencement de la *Nativité*, où elle avait été annoncée par cette préoccupation unitaire du drame biblique, que nous avons eu déjà à signaler et à expliquer. Quant à la Résurrection proprement dite, où saute brusquement le texte après ce résumé, elle n'est qu'une variante plus développée et à peine différente, pour le fond, de celle qui formait déjà la fin de la Passion précédente.

Les seules différences que nous y voyons à signaler sont les suivantes. Notre-Dame s'y lamente plus longuement, en jouant à satiété sur le calembour traditionnel *Eva-Ave* et sur celui de *Virgo-Virago*, du moins si nous comprenons bien ce trait :

> Se Virago m'eusse nommée
> Tu ne m'eussez pas surnommée..

La Résurrection est montrée sur la scène : *Dieu le filz, en levant du tumbel, die...*, tandis qu'elle était à la cantonade, dans la *Passion*. Le tombeau est gardé par trois chevaliers qui, après leurs « vantances », sont si troublés au réveil qu'ils s'entrebattent. L'on n'y entend plus l'épicier faire l'article, en vendant les parfums.

En somme cette pièce, la quatrième du groupe, paraît en devoir être mise hors et n'avoir jamais été représentée après la *Passion*, dont elle répète toute la fin, en la délayant et sans aucun intérêt appréciable. Au reste la *Passion* était la pièce de résistance, comme il ressort de sa seule dimension (4500 vers), qui est égale à la moitié du tout, aux trois quarts si on retranche la *Résurrection* postiche ; et elle a dû être le centre de réunion du reste.

Telle est cette première des *Passions* françaises, dont l'analyse va nous permettre de le faire court sur les autres.

Avant d'aborder les *Passions* monumentales de Mercadé, de Gréban et de leurs imitateurs, nous nous arrêterons un peu à celle du manuscrit 904 de la Bibliothèque Nationale, dont nous avons dit déjà qu'elle donnait, par la sobriété relative de certains développements, l'impression d'être un aboutissant des Passions perdues de la première manière.

Nous y relevons en effet, dès le début, le germe du *Procès de Paradis* dont nous allons voir l'importance dans l'inspiration et dans la composition des grands mystères. Il a lieu entre Charité, Espérance et Dieu qui viennent « pour le secours du monde à Dieu parler ». En voici des vers, tels du moins que nous avons pu les déchiffrer. On remarquera dans ce passage la rubrique latine qui semble l'indice de son ancienneté, sinon d'un original latin commun à cette Passion et à celle de Maestricht :

CHARITÉ.

Espérance, ma suer, je n'y feroi demeure
Je voy bien et cognois que le monde perille....

DEUS RESPONDET (*Dieu répond*)

Comment, mes belles filles, comment se peult se faire
Puis je donc dire au diable que mes amis me rende....

ESPÉRANCE.

Se l'humaine lignée s'est envers moy meffaite
Pitié il doit gésir, car c'est par fraude esté....
Ma fille Charité, n'ayez nulle tristesse....
Un paradix terrestre de nouvel reffairey
C'est le corps de la Vierge ouquel y descendray.
Et pourler feulle et fruit quand y serai enté....

Nous trouvons encore à signaler dans ce manuscrit les particularités suivantes. Le forgeron, *Nichodemus faber*, y refuse de forger les clous, sous le même prétexte que dans la *Passion* de Sainte-Geneviève, et qui est qu'il a « en ses mains la rogne »; et c'est aussi sa femme qui le supplée. La scène est d'un réalisme curieux[1]. Il y a dans la crucifixion des détails grotesques, répugnants. Le Sauveur y fait un sermon sur les dix commandements. L'anniversaire de la naissance d'Hérode y est fêté avec « maint jeis (*jeux*) de geste et mainte carolle (*danses*) » où figure la fille d'Hérodiade, qui a nom Églantine. L'*Apothecarius* y fait l'article aussi abondamment que l'épicier de la Passion de Sainte-Geneviève. Les bergeries, elles aussi, y sont familières jusqu'à la grossièreté. *Ecclesia* y adresse un sermon à l'assistance; et la Vierge exhorte Judas au repentir. Celui-ci se voit refuser l'argent de la trahison par sa mère, qui lui reproche le parricide et l'inceste. Cette dernière innovation suggérée par la légende d'Œdipe, et qui est absente de la Passion de Sainte-Geneviève, se retrouvera dans les autres. Nous relèverons enfin, à la résurrection de Lazare, cette indication du raffinement de la mise en scène : « Ici l'âme descendra et viendra sauter sur le corps dans le sépulcre (*Hic des-*

---

1. Cf. Marius Sepet. *Origines catholiques*, op. c., p. 296.

cendet anima, veniet prosiliens (?) suppra corpus in sepulcro) ».

Avec la Passion d'Arras, nous arrivons aux grandes compilations dramatiques du xv<sup>e</sup> siècle sur la vie de Jésus. Ce qu'elle offre de plus remarquable, c'est sa composition.

Les savants éditeurs de la Passion d'Arnoul Gréban, constatant qu'elle est encadrée dans le *Procès de Paradis* ou débat des Vertus — dont les unes combattent et les autres demandent la Rédemption, ce qui en effet engage pathétiquement l'action et la dénouera par une sorte d'*apaisement final* analogue à celui de la tragédie grecque — ajoutent : « C'est là une idée qui nous semble neuve et qui ne manque pas de grandeur[1] ». L'idée n'était pas neuve et tout l'honneur de son exécution revient à Eustache Mercadé[2] qui

      Moult sage fut et moult discret,
      Bachelier en théologie,
      Et official de Corbie,

l'auteur probable de la Passion d'Arras, comme il l'est certainement de la Vengeance qui lui fait suite dans le manuscrit. C'est un mérite qu'il faut lui rendre, comme on le peut constater aisément, maintenant que le texte est imprimé[3].

Mais d'où venait cette idée? Son importance et la fortune qu'elle fera valent qu'on le sache.

Nous l'avons vue former une sorte de prologue, à

---

1. Cf. *Le Mystère de la Passion*, d'Arnoul Gréban, édition Gaston Paris et Gaston Raynaud, Paris, Vieweg, 1878, Introduction, p. XVI.
2. Il était official de Corbie en 1414, et fut plus tard prieur de l'abbaye de Ham : Martin le Franc, en son *Champion des Dames*, le cite parmi les « rhétoriciens » célèbres.
3. Cf. *Mystère de la Passion*, texte du manuscrit de la Bibliothèque d'Arras, par J. Marie Richard, Paris, Picard, 1898.

défaut de l'épilogue, dans la Passion du manuscrit 904, dont la rédaction est probablement antérieure à celle d'Arras. Mais elle venait de bien plus loin, et sa filiation est curieuse. M. Petit de Julleville l'avait déjà suivie, à la trace, chez les poètes et les théologiens jusqu'à Guillaume Herman et Hugues de Saint-Victor (XIIe siècle)[1]. Pour nous, sans remonter jusqu'à ses origines orientales[2], nous croyons pouvoir avancer qu'elle est venue à nos faiseurs de Passions par les *Méditations de la Vie du Christ* de saint Bonaventure, qui furent leur principale source après les Évangiles et les Apocryphes. Nous avons rencontré la trace matérielle de cette inspiration directe, dans une note marginale de la *Nativité* de Rouen qui, à propos d'un épisode de ce même *Procès de Paradis*, cite saint Bonaventure. Au reste ce Père dit lui-même qui lui a inspiré son développement, et il en fait expressément honneur à saint Bernard.

On trouve en effet, chez l'un et chez l'autre, le *Procès de Paradis*, avec l'intervention des anges, la recherche par les Vertus du Rédempteur au ciel et sur la terre, et le choix motivé du Fils comme seul médiateur possible. On y constate cette vivacité des débats qui a paru « singulière »[3] dans les mystères, à certains critiques parce qu'ils n'étaient pas remontés à sa source. On y peut mesurer enfin toute son importance théologique qui explique et excuse, au besoin, celle qu'il prendra dans les *Passions* de Mercadé, de Gréban, dans la Vengeance, et même, par extension, comme nous l'avons déjà vu, dans le *Viel Testament*[4].

1. Cf. Petit de Julleville, *les Mystères*, op. c., t. II, p. 359. n. 1.
2. Cf. *Le mistere du Vieil Testament*, éd. James de Rothschild, Paris, Didot, t. I. Introduction, p. LX.
3. L'expression est de M. Petit de Julleville lui-même.
4. Cf. *Sermones S. Bernardi*, Vindobonæ (Vienne), Hölder, 1891, t. II.

Ainsi, dans les Passions cycliques que nous venons de nommer, toute l'action terrestre se trouve suspendue à la décision céleste sur la possibilité et les voies de la Rédemption. Chacune de ses principales péripéties a sa répercussion pathétique devant le trône de Dieu; et le dénouement y trouve sa sanction suprême. De là l'unité indéniable de l'inspiration et par conséquent, pour un public de fidèles, un cadre solide pour les développements, quelle que fût leur intempérance.

Au reste l'auteur de la *Passion* d'Arras a pris certaines précautions, pour donner à son œuvre une harmonie et une continuité sensibles. Il l'a divisée en quatre journées, d'environ six mille vers chacune, dont la première a trait à la Nativité jusqu'au retour à Nazareth; la deuxième à la vie de Jésus jusqu'au jugement de Pilate; la troisième à la Passion jusqu'à la descente de croix; la quatrième à la Résurrection et aux Apparitions jusqu'à la descente du Saint-Esprit. Le prêcheur fait, à la fin de la première et de la troisième journée, une annonce alléchante du spectacle du lendemain, dont son sermon initial donne le programme. S'il se dispense de cette annonce après la seconde journée, c'est sans doute que la curiosité du public, suspendue au beau milieu du jugement de Jésus, n'avait pas besoin

---

p. 517 sqq. Tout le premier sermon roule sur ce débat des Vertus, d'après ce texte du psalmiste : *Ut inhabitet Gloria in terra nostra, Misericordia et Veritas obriaverunt sibi, Justitia et Pax osculatæ sunt.* Le débat est si vif que la Paix doit mettre le holà : *Ait Pax, parcite verbis hujusmodi; non nos talis altercatio decet; ridiculum est inhonesta contentio*; ce que répétera saint Bonaventure. Cf. *Les Méditations de la vie du Christ*, Paris, Poussielgue. 1847, ch. i et ii : *Misericordia pulsabat viscera Patris, ut subveniret, secum Pacem habens; sed contradicebat Veritas, habens secum Justitiam.... Unde persona Filii tanquam media accepta est ad hoc remedium faciendum.* L'accord final des Vertus, après la Rédemption, qui sera l'épilogue des Passions de Mercadé et de Gréban, n'est pas développé, mais il est formellement indiqué à la fin du ch. i : *Tunc ergo impletum est*, etc.

de cet aiguillon au matin de la troisième. Il résume soigneusement, à la fin de la quatrième, les « theumes » (*thèmes*) de son sermon que le public vient de voir jouer, « démontrer », comme dit le prologue de la Vengeance, pour sa plus grande édification. Enfin il traduit, de-ci de-là, certaines précautions littéraires de l'auteur :

> Excusez notre ignorance
> Se veu y avez défaillance.

La plus curieuse et la plus nécessaire de ces précautions est celle où il s'excuse de sa longueur :

> Et nous pardonnez humblement
> Se nous vous tenons longuement,
> Car la matiere le requiert·
> Qui a no (*notre*) jeu sert et affiert (*convient*)
> Et encoire le passerons
> Le plus briefment que nous porrons.

L'insistance de l'excuse pourrait bien indiquer que cette longueur du spectacle était une nouveauté : la Passion de Mercadé a, en effet, une dimension quadruple de celle de Sainte-Geneviève.

Ses mérites littéraires sont d'ailleurs fort minces et, après en avoir lu « de bout à l'aultre la matere », comme dit le prêcheur, et avec toute la patience requise du public, on n'y trouvera guère qu'une demi-douzaine de passages qui soient notables, pour les petites qualités d'un style qui est couramment plat, en sa limpidité réelle comme en sa versification facile. Nous en citerons deux : d'abord ces adieux de Marie à la terre de Judée, parmi tant d'autres « lacrimeuses plaintes » :

> Adieu, la terre de Judée
> Ou j'ai esté mainte saison.

> Adieu la terre ou je suis née
> Je t'ay trop cruelle trouvée
> Qui veulz permettre sans raison
> La mort et la confusion
> De mon fils que j'aime tan chier,
> Dont il me fault en region
> Estrange mon chemin drecier (*dresser*)
> En toy est né le vray confort,
> Ton bien et ta prospérité,
> Et tu le decaches (*persécutes*) si fort
> Que de voloir traictier a mort
> Par ta perverse iniquité !

puis ce passage de la *mondanité* de Madeleine :

> Tandis que suis en jonesse,
> Joieusement me maintenray.
> Droit ey ung bien peu chanteray....
> (*Adonc chante une chançon amoureuse*).
> En amours je dy fy d'argent
> Il ne fault riens que bel amy
> Et amer de cuer lealment,
> D'aultre richesse j'en dy fy....
> Ne suis je pas gaye et mignote.
> Les mamellotelles poinnans (*piquant*)
> La belle vermeillette cotte
> Qui me fait mon bel corps parans ?
> Quesse cy ? ou sont ces gallans
> Qu'ils ne me viennent requerir ?
> Ne suis je pas assez plaisans
> Pour faire leur gré et plaisir ?
> Quesse cy ? ne venra nul dire
> Le mot ? seray je refusée ?
> Y a il riens sur moy que dire ?
> J'ay la char tendre que rousée
> Et aussy blanche qu'une fée....
> Tandis qu'il est temps et saisons,
> Venez et du bon temps prenons.

L'impression de l'ensemble est celle d'un bavardage aisé, parmi les solennités lentes de l'action que rehaussent à l'ordinaire les gaîtés des bergers, les lazzis des tortionnaires, parfois dégoûtants, comme dans la scène des crachats au visage du Christ, les devises et *vantances* des chevaliers, les boniments de l'apothicaire, d'un fourbisseur, d'un tavernier, lequel est bien terne près du *crieur du vin* dans le *Jeu de Saint Nicolas* de Bodel, etc....

Parmi ces ornements, plus ou moins traditionnels, et où quelque part d'invention peut être faite à l'auteur, nous citerons les détails réalistes du logement des rois « a l'hostel »; la prose, laquelle est très rare dans les mystères[1], du mandement de l'empereur; la naïveté des propos de bienvenue des voisins, quand Marie revient à Nazareth; ou encore celle de l'exclamation de Joseph, pendant la circoncision : « Hélas! gardez de le blecier *(blesser)!* », ou enfin la « finesse » de la main engluée, qui est classique dans les bergeries, et avec de pires variantes, et que voici :

GONTIER.
Il se faut taire,
Ou parler bas a tout le mains
Nous permettrons dedans ses II mains
Ung peu d'argille bien defaicte,
Dame! la chose vault que faitte,
Et pour faire le personnage
Nous catcillerons son visage
D'un festu qui l'esveillera
Et puis ses II mains frotera
Sur son visage et la verons
Tel chose de quoy nous rirons.

Au nombre des inventions sérieuses dont l'honneur, dans l'état actuel des documents, revient à Eustache Mercadé, il y a le chant affectueux des nourrices, qui

---

1. Signalons pourtant plusieurs lettres en prose, dans la Vengeance de 1491, étudiée plus haut, chacune de trois à quatre colonnes *in-folio*.

forme un contraste dramatique avec leurs invectives ordurières quand on leur tue leur nourrisson ; le meurtre vengeur de l'enfant d'Hérode parmi les autres ; certains traits émouvants de la mort de ce tyran, de l'agonie du Christ, de la prière de Joseph d'Arimathie, du désespoir de Judas et de son horrible supplice ; la rencontre de Notre-Dame et des filles de Jérusalem, sur la voie douloureuse, avec le Christ tout défiguré par la torture, ce qui rappelle une des plus pathétiques peintures d'Albert Durer[1] ; le tableau final où Jésus termine son « pèlerinage » en Paradis, avec les Vertus à genoux « baisant et accollant l'une l'aultre » devant la Trinité, et sa « parolle mellifueuse » qui « fine leur discord » et ôte à jamais « l'homme du servage ».

Mais le tout, et surtout la quatrième journée, paraissent bien longs, de quelque patience qu'on ait fait provision pour se donner l'état d'âme des contemporains. Sans doute ceux-ci avaient une avidité singulière de voir agir et parler devant eux les héros et les moindres comparses de l'histoire sacrée : mais peut-être, dans cette Passion et dans ses émules en longueur, comblait-on la mesure de cette avidité, témoin les excuses du prêcheur que nous avons citées plus haut ; et plus d'un spectateur d'Arras devait se répéter *in petto* le vers de Nacor,

Sus tos abregiez, compaignons !

Cependant l'œuvre d'Eustache Mercadé est d'un tiers plus courte que celle d'Arnoul Gréban qui compte 34574 vers. Il est vrai que celle-ci est l'œuvre d'un véri-

---

[1]. Cf. la gravure, au Cabinet des Estampes : le Christ, portant sa croix, tourne vers sa mère sa face où se peint une douleur sublime, tandis qu'un garde le tire brutalement d'une main par le haut de sa tunique, et de l'autre par une corde passée autour des reins.

table écrivain[1]. Aussi, parmi tous ses défauts qui viennent de la prolixité et du pédantisme inhérents à l'auteur ou au genre, l'attention du lecteur moderne y est-elle assez souvent réveillée, sinon soutenue, par l'intérêt du style. Elle y est amusée par la virtuosité de la versification[2]. Son estime littéraire est sollicitée par nombre de passages; et un sentiment voisin de l'admiration s'y fait jour, au moins une fois, comme on va voir.

Telle quelle cette Passion est la plus haute inspiration, le plus sérieux effort, et la meilleure formule du drame biblique : car les *Actes des Apôtres* comme le remaniement de Jean Michel ne sont nés vraisemblablement que du succès qu'elle eut et pour l'exploiter, et le *Viel Testament* n'est qu'une collection fort inégale. C'est le chef-d'œuvre du théâtre sacré du moyen âge, et il vaut un examen critique, sinon une analyse qui exigerait trop de redites après celles que nous avons dû déjà faire des Passions de Sainte-Geneviève et d'Arras. D'ailleurs l'originalité de l'auteur n'est que rarement dans l'invention des épisodes : mais elle est très réelle dans l'exécution, laquelle fit école.

L'inspiration en est nettement édifiante et sent son théologien. Si Arnoul Gréban, « notable bachelier en théologie, lequel composa ce present livre a la requeste d'aulcuns de Paris », a écrit, en guise de pro-

---

1. Arnoul Gréban serait né au Mans vers 1420, aurait été reçu maître ès arts à Paris avant 1444, aurait écrit et fait jouer sa Passion avant 1452, devint un peu plus tard bachelier en théologie, et dut composer alors le prologue du susdit mystère, collabora avec son frère Simon aux *Actes des Apôtres*, étudiés plus haut, enfin mourut chanoine du Mans, vers la cinquantaine, avant 1471. Nul n'en sait et n'en peut affirmer davantage. Cf. éd. Gaston Paris et Gaston Raynaud, *op. c.*, Introduction.

2. Pour des échantillons caractéristiques de cette virtuosité, souvent déplacée d'ailleurs, par exemple dans la bouche de Judas désespéré, cf. l'édition G. Paris et G. Raynaud, *op. c.*, pp. 43, 44, 54 (v. 4241 sqq), 63 sqq, 88, 135, 144, 154, 168, 172, 191, 277 sqq, 293 (v. 22409-10), 352, 354, etc.

logue, « une Creacion abregee », c'était seulement « pour monstrer la differance du peché du deable et de l'omme et pour quoy le peché de l'homme ha esté reparé et non pas celluy du deable »; et l'*Acteur* explique, en ces termes, cette Création abrégée :

> Or avons monstré, beau seigneur,
> Le trespas de nos premiers peres;
> Mes pour abreger nos materes,
> D'Abraham, Ysaac et Jacob
> Laisserons, qui nous tendroit trop
> A ce que nous avons a faire.
> Souffice vostre doulx affaire
> Qu'apres celle trangression,
> Voyez la repparacion
> Par la puissance precellante;
> C'est nostre singuliere entente,
> La se tourne tout no desir....

L'appel à la dévotion des spectateurs du « hault mistère de Jhésu et sa passion » est discret :

> Ouvrez vos yeulx et regardez,
> Devotes gens qui attendez
> A oyr chose salutaire :
> Veillez (*Veuilles*) vous pour vo salut taire
> Par une amoureuse silence...

Ils sont avertis d'ailleurs, au début et à la fin, du dessein qu'a l'auteur de

> Tenir chemin de vraye foy....
> *Sans apocriphe recevoir*.

Cette dernière promesse ne doit pas être prise à la lettre ; cependant elle est mieux tenue que cette autre :

> Poursuyvant *sans prolixité*
> L'esvangile à nostre scavoir....

La prolixité, voilà ce qui gâte les bonnes intentions d'Arnoul Gréban quant à la composition de son œuvre. On dirait qu'il le sent, tant il multiplie ses promesses d'abréger et de tout concentrer autour de la Passion[1] et d'en faire une

> Simple demonstrance
> Et assés simplement batie.

Mais sa facilité et aussi le goût du public l'emportent. Sans doute son poème est nettement encadré dans le débat des Vertus; et ce cadre est montré parfois fort à propos, par exemple quand Dieu le père, ému des tortures prolongées du divin Fils, les abrège par la mort inévitable,

> Pour satiffaire a la requeste
> De dame Justice la fiere,
> Qui pour requeste ne priere
> Ne veult riens de ses droits quitter.

Mais les ornements sérieux ou gais, y compris les interminables « prédicas » du Christ et d'autres personnes sacrées, en sont si luxuriants qu'ils débordent à chaque instant le cadre. Ils en arrivent même à le faire si bien oublier qu'on ne sache vraiment plus où on en est.

Quel luxe pédantesque d'arguments, par exemple, dans le *Procès de Paradis* dont l'enjeu est le salut de l'homme, ce « ruisselet de déité », et qui se débat entre les Vertus y compris Sapience si éloquente qu'elle en « obnubile » sa « petite Chamberiere Philozophie »! Comme cela sent son maitre ès arts et les ergoteries de la rue du Fouarre! C'est accablant.

Heureusement certains de ces ornements sont mieux venus. Dans le genre sérieux ils sont peu nombreux. Cependant, outre la harangue réellement éloquente et souvent citée de Jean-Baptiste à Hérode (v. 10 749 sqq.); et la courte, mais si dramatique intervention de Satan,

---

1. Cf. notamment le prologue de la *Quarte journée*.

dans la cène, poussant Judas à achever son ouvrage, et qui est visible pour le traître seul et sa victime (v. 18 249 sqq.), il faut signaler cette « chançon des dampnés »,

> La dure mort éternelle
> C'est la chançon des dampnés;
> Bien nous tient à sa cordelle (chaine)
> La dure mort éternelle;
> Nous l'avons desservy telle
> Et a luy sommes donnés;
> La dure mort éternelle
> C'est la chançon des dampnés,

à laquelle font pendant, à l'autre bout du poème, les hymnes de joie des patriarches délivrés; ou encore cette variante de la comparaison classique entre la Vierge et la verrière que nous avons déjà rencontrée, dès la Passion de Sainte-Geneviève,

EZECHIEL.

> Vers Orient vis une porte
> Riche, belle et de noble sorte.
> Par laquelle ung roy voult passer
> Sans l'ouvrir et sans la casser, etc...;

ou enfin et surtout la Désespérance de Judas :

JUDAS.

> Mon ame est si lasse de vivre
> Et tient mon corps a si grant charge
> Qu'il convient qu'elle s'en décharge...

DESESPERANCE.

> Meschant, que veulx-tu que je face?
> A quel part veulz tu aborder?

JUDAS.

> Je ne sçay : je n'ay œil en face
> Qui oze les cieulz regarder.

DESESPERANCE.

> Se de mon nom veulz demander,
> Briefment en aras demonstrance.

JUDAS.

D'où viens tu ?

DESESPERANCE.

Du parfont d'enffer.

JUDAS.

Quel est ton nom ?

DESESPERANCE.

Desesperance.

JUDAS.

Terribilité de vangence,
Horribilité de danger,
Approche, et me donne allegence.
Le mort peust mon dueil alleger.

Certes cela reste loin des fureurs d'Oreste : cependant c'est déjà l'accent et, à l'allégorie près, la couleur de la tragédie.

Mais fort au-dessus de ces cris tragiques ou de ces gentillesses de versificateur ingénieux, Arnoul Gréban a produit une scène de premier ordre et qui a trouvé grâce devant le goût dédaigneux de Sainte-Beuve. Elle le méritait, étant vraiment une perle dans l'océan de vers de nos Passions. C'est le dialogue entre Marie et son divin fils qu'elle supplie d'éviter une mort ignominieuse, et de qui elle n'obtient que des réponses dont le stoïcisme surhumain croit avec le pathétique de ses supplications. Il faudrait tout citer ; en voici du moins les principaux traits. On y remarquera que la subtilité scolastique de la division *quadri-partite*, comme on disait rue du Fouarre, y contribue elle-même à l'émotion, retournant « le gleysve de sa douleur » dans les plaies du cœur de Marie :

NOSTRE-DAME.

O cher filz, quant je me recors
Des piteux mozt et douloureux,

Destresseux et mal savoureux,
Dont autreffois m'avez servye[1],
En disant que de ceste vie
Briefment vous fauldra departir.
Mon ame se voulsist (*voudrait*) partir
De mon povre corps qui lui griefve,
Et se la promesse s'acheve
Je sçay bien qu'ainsi en sera.

JHESUS.

Mere, l'heure s'aprochera
Que la chose soit accomplie.

NOSTRE-DAME.

Hélas! mon filz, je vous supplie
Que jamés vostre corps n'habite
En ceste cité tant maudite,
En qui tant avez d'ennemis....
O mon filz, n'y allez jamais,
Ne veillez pas habandonner
Vostre mere, pour vous donner
A ceulx qui vous veullent destruire.

JHESUS.

Ma mere, il me convient conduire
Selon l'ordonnance et la rigle
A quoy l'escriture me rigle.
Et pour endurer ceste peine
Ay je formé ma char humaine
En vostre ventre venerable....
Et si convient qu'ainsi soit fait
Pour l'humaine redempcion,
Et s'il y a dilacion
Il n'est ame qui les delivre....

NOSTRE-DAME.

Ja Dieu ne plaise, mon cher filz,
Qe j'empesche si haulte chose...
Mais aussi n'est il pas licite
Que moy, vostre mere petite,
Ne debvez ung petit oïr
Et en aucuns cas obeir,

---

1. Allusion à leur entretien, quand Jésus quitte la Judée, vers 15374-15455 : et cf. ci-après p. 154 pour l'indication par saint Bonaventure de ce thème que déplace si heureusement Gréban.

Ou au moins passer ma requeste....
Voy le ventre qui t'a porté,
Voy les mameles en pitié
Qui t'ont nourry et alaitié
Le temps de ta tendre jeunesse.
Et considere ma foiblesse....
O cueur, y sçarois tu durer ?...
Je quier de quatre choses l'une :
Vous n'avez excusacion.

JHESUS.

Faictes vostre peticion,
Ma chere mere reverante.

NOSTRE-DAME.

Pour oster ceste mort dolante
Qui deux cueurs pour ung occiroit,
Il m'est advis que bon seroit
Que sans vostre mort et souffrance
Se fist l'humaine delivrance ;
Ou que s'il vous convient mourir,
Que ce soit sans peine souffrir ;
Ou se la peine vous doit nuyre,
Consentez que premier je muyre ;
Ou s'il fault que mourir vous voye,
Comme pierre insensible soye...

JHESUS.

Ma mere et ma doulce aliance,
A qui obeyssance doys,
Ne vous desplaise ceste fois
S'il fault que je desobeysse
Et vostre requeste escondisse (*refuse, éconduise*).
Ces quatre ne vous puis passer,
Non pas l'une ; et devez penser
Que l'escriture ne ment point.
Et pour respondre au premier point, etc....

NOSTRE-DAME.

O filz, que ce parler m'est dur
Et mal savourant a merveille !...
O dolente mere angoisseuze !
O pitié, o compacion !
Pourras tu voir tel passion
Sur ton cher filz executer ?

> O dueil incappable a porter,
> Quel cueur le sçara soustenir?...
> Cher filz, quoy que je vous requiere,
> Pardonnez ma simplicité;
> Puisqu'il est de nécessité,
> Vostre bon vouloir en soit fait[1].

Nous avons déjà rencontré une beauté analogue dans la Passion grecque, mais placée avant la crucifixion. Absente, à y regarder de près, des Passions de Sainte-Geneviève et d'Arras, elle se retrouvera désormais dans les autres[2], y compris les bretonnes, comme le remarque M. de la Villemarqué[3].

Nous en avons trouvé l'idée première dans un de ces prédicateurs et faiseurs d'homélies, où ont tant puisé nos faiseurs de mystères, et qui est saint Bonaventure. Elle est dans une de ses méditations, dont voici le début : « Ici on peut intercaler une méditation *qui est de toute beauté (valde pulchra)*, dont pourtant ne parle pas l'Ecriture.... »[4]. Suit un dialogue où Notre-Dame, « pouvant à peine proférer des paroles articulées », demande à Jésus de différer son voyage à Jérusalem, et d'opérer la Rédemption autrement que par sa mort, puisqu'il est tout-puissant. Il refuse, lui disant de sécher ses pleurs, et qu'elle sait bien qu'il doit obéissance au Père. Alors

---

1. Cf. v. 16423-16619.
2. D'où en vient l'idée, nous demandions-nous dans l'introduction? De quelque apocryphe perdu? Nous l'avions en vain cherchée parmi ceux qui nous restent, mais, dans le temps que nous mettions la dernière main à ce volume, nous eûmes la satisfaction de la rencontrer dans saint Bonaventure, comme il est dit ci-dessus.
3. Au reste, la littérature bretonne des mystères, si vivace et si touffue, paraît bien devoir sa naissance et sa croissance à l'influence directe des mystères français. C'est ce que vient de faire ressortir — contrairement à l'opinion de M. de la Villemarqué dans son introduction au *Mystère de Jésus* — la thèse si nette de M. A. le Braz (*Essai sur l'Histoire du théâtre celtique*. Paris. Calmann-Lévy, 1904. — Cf. notamment le ch. VI).
4. Cf. pour le texte latin, *Les Méditations*, op. c., p. LXXII.

le pieux auteur, suivant sa méthode favorite, en appelle à la sensibilité et à l'imagination du lecteur: « *Considère*, s'écrie-t-il, *en quel état pouvaient être la mère et le fils, en agitant un pareil sujet...* ». Cet appel fut entendu de maître Arnoul Gréban et lui dicta la plus belle inspiration du théâtre chrétien.

Si nous passons maintenant à la série traditionnelle des ornements égayés, nous trouverons qu'Arnoul Gréban n'y est en reste avec aucun de ses prédécesseurs ou successeurs. Il faut cependant relever à son avantage une réserve relative dont on jugera, par exemple, en le comparant avec Mercadé[1], dans la scène de la circoncision. Il y aurait ici beaucoup de citations à faire, et on n'aurait que l'embarras du choix entre les diableries et bergeries, scènes de truands et de bourreaux pour assaisonner cette analyse : mais nous aurons à revenir sur ces gaîtés et nombre d'autres dont sont émaillés les mystères, en traitant des origines de la comédie. Ici quelques échantillons suffisent à caractériser le mélange sans scrupule des tons, y compris le plus grossier, et la bigarrure de l'œuvre, à l'ordinaire.

Satan notamment a parfois l'esprit de tous les diables, ce qui n'est pas trop, mais assez, témoin le passage où il adresse à Lucifer cette demande :

Avoir la benecisson houssue (*avec aspersion*)
De votre orde pate crochue.

Il y a de la drôlerie dans les coq-à-l'âne et fatrasies de *la fille Chananée* (v. 12 229 sqq.,) ou dans la glouton-

---

[1]. Pour être juste notons, à ce propos, qu'il est inférieur à Mercadé, en consolant d'un mot Hérode du meurtre de son fils dans le massacre des Innocents, au lieu de motiver par là, comme fait son prédécesseur, la fureur qui pousse le tyran au suicide.

uerie des couards Narinart et Grongnart (v. 5720 sqq., etc...). Les bourreaux ont une gaité inquiétante, et vite répugnante. Ce sont les bergers qui nous paraissent l'emporter dans l'emploi d'amuseurs; et nous retrouvons parmi eux une vieille connaissance, le Rifflart, de la Nativité de Sainte-Geneviève, dont le nom, nous dit-il lui-même, suffit à provoquer le rire[1]. Pour nous borner, nous nous en tiendrons à une scène de *pastourie*, et qui a une grâce rustique tout à fait digne des chefs-d'œuvre antérieurs du bon vieux temps en ce genre :

ALORIS, *premier pastoreau.*

Il fait assés doulce saison
Pains pastoureaux, la Dieu mercy.

YSAMBERT, *deuxième pastoreau.*

Se les bergiers sont de raison.
Il fait assez doulce saison.

PELLION, *troisième pastoreau.*

Rester ne porroye en maison.
Et voir ce joyeulx temps icy.

ALORIS.

Il fait assés doulce saison
Pour pastoureaux, la Dieu mercy.

YSAMBERT.

Fi de richesse et de soucy !
Il n'est de vie si bien nourrie
Qui vaille estat de pastourrie.

PELLION.

A gens qui s'esbatent ainsi,
Fi de Richesse et de soucy !

RIFFLART, *quatrième pastoreau.*

Je suis bien des vostres aussi
Atout (*avec*) ma barbete fleurie;

---

1. *Rifflart* vient de *rifler* qui équivaut à *râfler*.

Quand j'ay du pain mon saoul, je cryc :
Fi de richesse et de soucy !

ALORIS.

Il n'est vie si bien nourrie
Qui vaille estat de pastourie.

YSAMBERT.

Est il liesse plus serie (*douce*)
Que de regarder ces beaux champs
Et ces doulx aignelès paissans,
Saultans en la belle prairie ?

PELLION.

On parle de grant seignourie,
D'avoir donjons, palais puissans :
Est il liesse plus serie
Que de regarder ces beaux champs?

RIFFLART.

Quand ma pennetiere (*panetière*) est fournie
De bons gros aus et nourrissans,
De ma flute vous fais uns chans,
Qu'il n'est point de tel symphonie.

ALORIS.

Est il liesse plus serie
Que de regarder ces beaux champs.
Et ces doulx aignelès paissans,
Saultans en la belle praerie ?
    Quand le beau temps voyent,
    Pastoureaux s'esjoyent,
    Chantent et festoyent,
Et n'est esbas qui ne soient
    Entre leur deduis (*divertissement*).
    Leurs chappeaux cointoient (*parent*)
    Leurs gippons (*jupons*) nestoient
    Leurs moutons pourvoient (*surveillent*)
Leurs chiens retourner envoient,
    Ceulx qui sont mal duys (*appris*).
    Le jour passe et puis
    Quand viennent les nuis,
Leur parc choyent et appuyent
    Et se loup famis (*affamé*)

Venoient qui les guerroient
    Des chiens sont remis (*repoussés*).

**YSAMBERT.**

En gardant leurs brebietes,
Pasteurs ont bon temps :
En gardant leurs brebietes,
Ils jouent de leurs musettes,
    Liés (*joyeux*) et esbatans.
La dient leurs chansonnetes;
Et les doulces bergerettes,
    Qui sont bien chantans,
Cueillent herbes bien sentans
    Et belles fleurettes ;
Qui pourroit vivre cent ans
    Et voir telz baguettes (*bagatelles*) !
Pasteurs ont bon temps.

**PELLION.**

Bergier qui ha pennetiere
Bien cloant, ferme et entiere;
    C'est ung petit roy;
Bergier qui ha pennetiere
A bons cloans (*agrafes*) par derriere
Fermant par bonne maniere,
    Que luy fault? quoy?
Il a son chappeau d'osiere,
Son poinsson, son alleniere (*étui à alène*),
Son croc, sa houllette chere,
    La boite au terquoy (*poix*),
    Beau gippon sur soy
    Et par esbanoy (*divertissement*)
Sa grosse fleute pleniere,
    Soulliers de courroy (*corroyés*)
A beaux tacons (*empiècements*) par derriere ;
Face feste et bonne chere :
    C'est ung petit roy.

**RIFFLART.**

Forsetes (*ciseaux*), cousteaux pragois (*de Prague*),
Grosses moufles (*gros gants d'hiver*) a deux dois,
    Son coffin (*panier*) aux nois,
    Kallendrier de bois,

>       Du lart en ses pois,
>       Paletos sarrazinois
>       Luy vallent ilz rien?
>   Grosses botines a plois (*plis*)
>   Des flajollés deux ou trois,
>   Tabours et fleutes de chois,
>       Patins en lourdois (*grossiers*),
>   Lacés au gallois (*au bon compagnon*).
>   Pour mener aucuneffois
>       Briet, leur grand chien;
>   Et se je vouloye bien
>   Deviser tout leur maintien,
>   Je n'aroye fait des mois.
>
>               ALORIS.
>
>   Nous chantons cy nos serventois,
>   Mes je ne voy berger qui songne
>   D'aller exploitier sa besongne
>   Et mettre ses brebis appoint.

La *Passion* d'Arnoul Gréban fit école, et toutes les autres qui nous sont connues n'en furent que des imitations[1]. La plus originale est celle qui fut jouée à Angers, « moult triumphanment et somptueusement, en l'an mil quatre cens quatre vingtz et six en la fin d'aoust, avecques les addicions et corrections faictes par tres elocquent et scientifique docteur maistre Jehan Michel »[2].

C'est une mise au goût du jour de l'œuvre d'Arnoul Gréban, laquelle, lui étant postérieure d'un demi-siècle, témoigne de sa vogue persistante. Comme elle est encore plus longue, elle prouve en outre combien était robuste la curiosité du public des mystères. Jean Michel a d'ail-

---

[1] Nous signalerons, à titre de vulgarisation, l'anthologie, avec raccords adroits, qu'ont faite de la Passion de Gréban, mais Jean Michel aidant, MM. Gailly de Tourines et de la Terrasse, dans leur *Vray Mistère de la Passion*, Paris, Belin, 1901.

[2] Il ne faut pas le confondre, comme on l'a fait, avec Jean Michel, évêque d'Angers, lequel mourut en 1447, mais probablement l'identifier avec le docteur en médecine Jean *Michel*, angevin de naissance, que la municipalité d'Angers choisit pour médecin de la ville au lendemain de la représentation de 1486, et peut-être pour l'en récompenser : cf. Petit de Julleville, *Les Mystères*, op. c., t. I, p. 324 sqq.

leurs plus d'adresse et moins de scrupules théologiques que son modèle. Il égaie davantage son sujet, ce qui l'allonge; mais, en revanche, il serre davantage le dialogue, file mieux les scènes et, tout en renchérissant encore sur la virtuosité de la versification, il n'a garde de laisser perdre les meilleurs traits de l'original. En somme cette adaptation de l'œuvre primitive au goût du temps la rend plus voisine du nôtre. On en jugera tout de suite, par la comparaison du beau dialogue de Jésus et de Notre-Dame, avec son modèle :

N.-D. — Et me permetez que je vive
Durant vostre si gref torment
Sans avoir aucun sentement
Des douleurs qu'aurez si tres grandes :
C'est la quarte de mes demandes
Que je vous requiers de bon cueur. —
J.-C. — Ce ne seroit pas vostre honneur
Que vous, mere tant doulce et tendre
Veissiés vostre vray filz estandre
En la croix, et (là) mettre a mort.
Sans en avoir aucun remort
De douleur et compassion.
Et aussi le bon Symeon
De voz douleurs propheliza,
Quant entre ses bras m'embrassa.
Que le gleysve de ma douleur
Vous perceroit l'ame et le cueur
Par compassion trés amere.
Pour ce contentés vous, ma mere.
Et confortés en Dieu vostre ame.
Soyés forte, car oncques femme
Ne souffrit tant que vous ferés ;
Mais en souffrant meriterés
La laureole de martire... —
... qui d'amour maternel servante
Ay fait telles requestes vaines ! —
Elles sont douces et humaines,
Procédantes de charité,
Mais la divine voulonté

A prevu que autement se face... —
Au mains veuillés, de vostre grace,
Mourir de mort brefve et legiere. —
Je mourray de mort très amere. —
Non pas fort villayne et honteuse. —
Mais très fort ignominieuse. —
Doncques, bien loing, s'il est permis. —
Au milieu de tous mes amys. —
Soit doncques de nuyt, je vous pry. —
Mais en plaine heure de midy. —
Mourés doncques comme les barons. —
Je mourray entre deux larrons. —
Que se soit soubz terre et sans voix. —
Ce sera hault pendu en croix. —
Vous serez au moins revestu. —
Je seray ataché tout nu. —
Attendés l'aage de viellesse. —
En la force de ma jeunesse. —
C'est très ardente charité;
Mais pour l'amour d'humanité
Ne soit vostre sang respandu. —
Je seray tiré et tendu,
Tant qu'on nombrera tous mes os;
Et dessus tout mon humain dos
Forgeront pecheurs de mal plains.
Puis fouyront et piez et mains
De fosses et playes très grandes. —
A mes maternelles demandes
Ne donnés que responces dures. —
Accomplir fault les escriptures,
Sans ung tout seul point en passer... —
Has, mon cher enfans, faut-il qu'on[1]
Vous traict si rudemens. —
Portez le paciemment
Et j'en accroisteray vos merites. —
... O fructueuse passion !...
Je vous offre ma conscience
Mon corps sans puissance, mon ame,
Et toute la petite femme
A faire ce qui vous plaira.

---

1. Le vers coupé ainsi rime avec : « Et gentibus non fuit vir mecum » qui est plus haut, dans le texte intégral.

La supériorité du savoir-faire de Jean Michel est évidente : la coupe du dialogue est plus savante ; et les effets, plus ramassés, avec des traits plus précis en leur détail réaliste, portent mieux.

On retrouvera la supériorité de son tour de main dans nombre de retouches, par exemple dans la paraphrase de l'*Ecce homo* ; ou encore dans cette délicatesse méritoire dont le bourreau, qui va décapiter saint Jean-Baptiste, s'avise envers la fille d'Hérodias :

> Mais affin que vous n'ayez peur
> Et que mal ne vous fasse au cueur
> De veoir le sang humain espandre,
> Vous plaise ung peu plus loing attendre
> Et j'auray tost fait mon complet.

En regard de ce trait, et pour en apprécier le mérite, qui est sans précédent chez un bourreau de mystère, il faut mettre celui de l'original dans Arnoul Gréban :

> LA FILLE.
> Grongnart, delivre moy la teste,
> Car je ne l'ose recueillir.
>
> GRONGNART.
> Tenez, or la portez bouillir,
> Et puis en faictes des pastés.

Il y a, chez Jean Michel, des broderies moins heureuses, comme l'épisode des confitures qu'on apporte à Lazare malade, ce qui sent son médecin ; ou celui de la fille Chananée qui pousse les *fatrasies* traditionnelles jusqu'à l'obscénité. D'autres sont simplement agréables, telles que la *mondanité* du même Lazare « habillé bien richement en estat de chevalier, son oiseau sur le poing et Brunaumont mène ses chiens après luy ». Il en est qui sont voisines de la haute éloquence, comme les invectives de Pilate aux Juifs :

> J'ay faict assez, et trop, pour vous.
> Vous estes plus cruels que loups,
> Plus poignans que l'escorpion
> Plus orgueilleux qu'ung vieil lyon,
> Et plus enragés que faulx chiens,
> Vous qui estes les plus anciens
> Du peuple pour garder justice,
> M'avez par cautelle et malice
> Fait faire un souldain jugement
> Faulsement et injustement,
> Qui a esté a moy folye...
> Vous estes gens durs, gens a sang,
> Maulditz de Dieu et de la loy.
> Pourquoy retournez vous vers moy ?
> Vous suffist il point qu'a grant tort
> Avez mis ce pauvre homme a mort ?

ou encore les lamentations de Thabita, la fille de Jaïrus l'archisinagogue, mourante :

> Que deviendras tu, povre corps,
> Sinon terre et viande a vers.
> Quand l'ame sera mise hors,
> Plus ne diras (ne) chants ne vers.
> Pauvre fille, tu te vas vers
> Les lieux obscurs et tenebreux...
> Beauté tu m'as de peu servi !
> Jeunesse tu m'as peu duré !

Une de ces *variantes* de Jean Michel est même si remarquable que ne la pas citer serait une injustice. C'est celle où il développe, avec une délicatesse de touche parfois exquise, le thème de la *mondanité* de la Madeleine, grossièrement mise en scène dans la Passion d'Arras, et gauchement narrée dans celle d'Arnoul Gréban :

> MAGDALEINE (*en chantant*).
>
> Ou fortune donne richesse,
> Et nature belle jeunesse,

Avecques courage de sorte,
Plaisir mondain veult que on s'asorte
En toute joyeuse lyesse!
Si j'ay de tous biens a largesse,
Et je tiens estat de princesse....
C'est mon eur qui ma fierté porte
  Ou fortune, etc....
    (*Et se peut recommencer sans chanter.*)

#### PASIPHEE.

... Vous avés la vogue et le bruit;
On ne parle plus que de vous.
Chacun vous suit, chacun vous rit;
Et faictes bon accueil a tous.
Vostre regart plaisant et doulx
Et pour atraire un nouveau monde.
Et bien se peut garder des coups
Qui d'autrui doit branler la fonde (*fronde.*)

#### MAGDALEINE.

Je puis bien tenir table ronde
Et hanter toutes gens d'honneur;
Car puisqu'en tant de biens habonde
Je n'y puis avoir deshonneur...
Je vueil estre a tout preparée,
Ornée, dyaprée, fardée,
Pour me faire bien regarder.

#### PASIPHÉE.

Dame à nulle autre comparée,
De beauté tant estes parée,
Que n'est besoing de vous farder...
(*Madeleine se lave le visage et se myre, puis dit :*)

#### MAGDALEINE.

Suis je assez luysante ainsi?

#### PÉRUSINE.

                Très.
C'est une droicte ymage escripte.

#### MAGDALEINE.

Et ma toquade?

#### PÉRUSINE.

      A la polite.

MAGDALEINE.

Mes ozillettes

PÉRUSINE.

A la mode.

MAGDALEINE.

Et le corps quoy?

PÉRUSINE.

Selon la suyte.

MAGDALEINE.

Du courage plus fier que Hérode...
Dressez ces tapis et carreaux,
Respandez tost ces fines eaux.
Les bonnes odeurs par la place.
Jetez tout, vuydez les vaisseaux,
Je veuil qu'on me suive à la trace...

Là-dessus entre Rodigon,

Gentil escuyer gracieux
A face plaine et rians yeux.

Madeleine et son galant se livrent à une « balade en amours » : c'est du parfilage courtois, avec ce refrain :

On n'a jamais ce que amours ont cousté.

Et la rubrique donne cette indication sur les belles manières du temps « Rodigon, en prenant congé, pourra baiser Magdeleine et ses damoyselles ».

Plus loin, Jean Michel a même mérité l'honneur d'un rapprochement avec l'auteur du *Misanthrope*, dans la scène de Célimène et d'Arsinoë :

MARTHE.

Ma seur
Dire vous veuil ce que j'entends.
(*Icy se tirent Marthe et Magdaleine, à part.*)

Vous vous donnés à tous peschés :
De tous villains fais approchés,
Et faictes tant de dueil a tous
Que nous en sommes mal couchés,
Et tous nos parents reprochés,
Seulement pour l'amour de vous.

### MAGDALEINE.

Seulement pour l'amour de vous,
Ma seur, je vouldroie a tous coups
A vostre voulenté complaire.
Ceux qui parlent de moy sont foulx,
Et quant de parler seront soulx
Au moins ne pevent ils que se taire.

### MARTHE.

Au moins ne pevent ils que se taire,
Quant vous cesserés de mal faire,
Et que la bouche leur clorrés.
Mais quant vous penserés parfaire
Vos delitz (*plaisirs*) pour au monde plaire,
Rien que reproche vous n'orrés (*entendrez*).

### MAGDALEINE.

Rien que reproches vous n'orrés
Et jamais honneur ne verrés
A homme qui est mal parleur.
Se mes plaisans fais abhorrés,
Le danger pour moy n'en courrés;
Souciés vous de vous, ma seur.

### MARTHE.

Souciés vous de vous, ma seur,
Retournez devers le Sauveur.
Grace de Dieu puissez acquerre.

### MAGDALEINE.

Quant a moy je ne lui doy rien...
Vous m'ennuyez d'en dire plus.

Ces échantillons suffisent à montrer l'art réel avec lequel Jean Michel a varié, enrichi son modèle, au point d'en éclipser souvent l'originalité ; comment sa Passion a gagné en intérêt ce qu'elle perdait en gravité; et combien enfin ces excroissances, ces *mondanités* du drame sacré l'amenaient près du drame profane, jusque dans les sujets bibliques.

Nous ne trouverons rien qui approche de ces mérites chez les autres imitateurs d'Arnoul Gréban. La Passion de Troyes (fin du xv᷊ siècle) qui, elle aussi, vise à rajeunir celle de Gréban, offre pourtant deux curiosités notables. Les 1256 premiers vers reproduisent ceux du *Viel Testament*[1] : or comme le reste est farci du texte de Gréban, cela a donné à penser que la *Création* du *Viel Testament* pourrait bien être l'œuvre dudit Gréban, qui aurait été ensuite résumée par lui, en guise de prologue à sa *Passion*, sous le titre de *Creacion en brief*. La seconde et beaucoup plus importante curiosité de la Passion de Troyes, est dans le rôle du Sot qui apparait ici, pour la première fois, et dont on a d'ailleurs exagéré l'importance dans les mystères.

Il était destiné à « soulager par ses plaisanteries l'esprit de l'auditoire (*ad jocunde sublevandum animos audientium*) », ainsi qu'il est dit dans une rubrique de la *Nativité* de Rouen. Voici d'ailleurs — à titre documentaire et en attendant d'en faire état pour déchiffrer l'énigme des origines de la comédie — quelques-unes des saillies de ce personnage, du moins dans la première journée, car, à partir de la seconde dont il fait d'ailleurs le prologue, son rôle est indiqué par cette simple rubrique : *Ici parle le sot* (*Stultus loquitur*). Après ces deux vers d'Ève à Adam :

> Dieu nous pardonne nostre offense,
> S'y luy plaist amyablement,

---

1. Cf. l'édition J. Rothschild du *Viel Testament*. op. c., Introduction, p. XLII.

le sot dit :

> Il faut parler d'un autre mets :
> Je m'en vois veoir a la cuysine;
> C'est trop jeuné; c'est a jamais!
> Je conseille que chascun disne.
>     (*Cy se fera le disner*)...;

et ailleurs, peut-être avec une allusion au *Pathelin*
tout contemporain :

> Bergers, vos brebis disent badiz!
> Apprenez leur ung aultre notte...;

ou encore :

> Je m'en vois moy et ma marotte
> En quelque lieu faire silence...,

ce qui ne l'empêchera pas d'adresser aux spectateurs
des apostrophes dans ce goût :

> Petis enfans, mochez vos nez.
> Certes, je suis determinez
> Maintenant de faire merveilles.
> Qui dormira, qu'on le resveille
> Ou qu'on lui donne ung chault moufflet
> Ou hardiement ung grand soufflet....
> Il m'est advis en mon lourdois
> Que je voy la une connette
> Qui me regarde de guinguois....

Ailleurs il prodigue les obscénités dont l'esprit ne vaut
même pas celui de ce trait de satire, quand il met sa
marote à la place des idoles chutes :

> Vela Marotte qui domine;
> Hé Dieu! qu'elle fait bonne mine!
> Elle parle presque latin.

Dans la Passion de Valenciennes qui est une mixture,
faite au XVIᵉ siècle, de celles de Gréban et de Michel, il

y a cependant, outre des scènes de truands assez plaisantes, une beauté de composition, sinon d'exécution, qui est de premier ordre. L'auteur a eu l'idée de faire suivre et commenter les phases de la Rédemption, par les Pères qui, du fond des Limbes, participent pathétiquement aux péripéties de l'action sacrée, avec des alternatives lyriques d'espérance et de détresse, comme fait le chœur dans la tragédie antique.

Du *mystère de la Conception, Nativité*, etc.[1]... (autre remaniement de Gréban, de la fin du XVe siècle), nous citerons ce passage d'une pastorale, pour le mélange piquant de mythologie et de gauloiserie, qui est déjà tout marotique :

### *Interlocutoire des bergiers*

#### ACHIN.

Le dieu Pan souvent on gracie
Et semble qu'on soit en ayse
Avec Paris et Zénona
Qui a l'ombre sous la fueillie
Firent mainte chose jolye
Que le dieu Bacchus ordonna.

#### MELCHY.

Lorsque Pegasus s'en volla
Par sus les airs quand il portoit
Perseus, bergerie estoit
En grand bruyt : c'estoit melodie
Que d'ouyr sur la reverdie
Chanter les nymphes et deesses.

#### ARCHIN.

Encor soulz les fueilles espesses
On se treuve parmi les boys
Avec des bergeres galloises (*galantes*)
Qui ne font grant bruyt ne grans noyses
S'on leur donne ung baiser courtois.

---

[1]. Cf. Bibliothèque Nationale *Réserve Y f* 160 et *Inventaire Réserve Y f* 1602

Dans la *Nativité* de Rouen[1], le doublement du rôle du fou est à signaler, avec des niaiseries au gros sel des deux compères Ludin « fol pasteur » et Anathot « pasteur nyays ». On y voit le premier « endormy dedens une loge a pasteur ou avoit ung moulinet a enfant au coupel qu'il faisoit tourner par dedens quand il vouloit, et parle par une fenestre d'icelle loge jusques a ce qu'il doyt partir ». Un de ses lazzi, dans sa loge, consiste en des réveils ahuris d'où il retombe en un profond somme.

Dans une autre *Nativité*[2], très courte, nous ne voyons à relever qu'une jolie variante sur le thème du bonheur de *pastourie* et que voici :

> Pastour qui a six tournoys (*livres tournois*)
> Sa gaule a abatre nois,
> Et ses gros sabotz de boys
>   C'est ung capitaine
> Pastour qui a six tournoys,
> La grosse flute a dix dois.
>   Sa large mytaine,
>   Sa bouteille plaine,
>     Chante a degois
>   Tout son saoul de pois
>   Emprès la fontaine.
>   Pastour qui a six tournoys
>   C'est ung capitaine, etc....

Cela continue, et à satiété, avec ce refrain qui circule à la ronde :

> Ma bergere est bien pourveue !

Enfin la Résurrection de Jean Michel, jouée à Angers, comme la Passion, à une date qu'on ne peut préciser, mais « triumphament devant le roi de Cécile », le bon

---

1. Cf. Bibliothèque Nationale, *Inventaire Réserve* Y f. 12.
2. Cf. Bibliothèque Nationale, *Inventaire Réserve* Y f 4569.

roi René (mort en 1480), qui offre des mérites fréquents de style et certains traits pathétiques ou plaisants, est surtout précieuse pour ses abondantes et explicites rubriques de mise en scène.

Il y aurait sans doute d'autres remarques intéressantes à faire sur les drames relatifs à tout ou partie de la vie de Jésus; mais nous y avons relevé ce qui importait le plus pour documenter l'évolution du genre. D'ailleurs il faut se borner et craindre d'imiter leurs auteurs.

Pourtant on ne peut s'empêcher, après les avoir lus, de se demander comment la source d'émotions sacrées et de vie dramatique, *vivi fontis exitum*[1], que recélait le drame du Golgotha, a été, en fait, si vite tarie pour eux. Pourquoi l'admiration et la pitié qui escortent l'Homme-Dieu le long de *la Voie Douloureuse*, et sont si éloquentes, aux parois et aux verrières des églises, dans les pages des missels et sur les toiles des maîtres, sont-elles si platement bavardes sur la scène des *mystères*? Est-ce la faute de leurs seuls auteurs et ne serait-ce pas aussi celle du sujet? N'y avait-il pas, outre la difficulté peut-être insurmontable de faire parler Dieu par la bouche d'un acteur, quelque antinomie rréductible entre les lois essentielles du genre dramatique et l'essence même de l'héroïsme du divin protagoniste, du moins tel que le voulait l'orthodoxie du temps?

---

[1]
ANGELI.
Dic, Maria, quid vidisti
Contemplando crucem Christi?

MARIA
Clavos manus perforare,
Hastam latus vulnerare,
Vivi fontis exitum.

*Cantique dialogué de la Résurrection*, Ed. du Méril, *Origines latines*, etc., op. cit., p. 108.

Son caractère n'évolue pas plus dans les *mystères* que sa mission n'hésite. Victime désignée — et résignée — pour « accomplir les Écritures », il ne peut ni ne doit faiblir publiquement. Il exhale une seule plainte et solitaire[1] : « Mon âme est triste jusqu'à la mort ». Ainsi isolé dans un héroïsme inaccessible à tout sentiment humain, il reste sans commune mesure avec les êtres qui l'approchent et les spectateurs qui le contemplent. Au lieu d'aimanter leurs cœurs, comme fait au théâtre le *personnage sympathique*, il les tire mécaniquement après lui, à coups de miracles, comme les marionnettes de papier attachées à sa robe entre ciel et terre, dans la *Résurrection* de Jean Michel.

Un seul des êtres qui l'entourent peut lui parler, au nom de l'humanité, avec quelque chance de faire tressaillir en lui la part qu'il en doit avoir, en tant qu'Homme-Dieu, et c'est sa mère. Arnoul Gréban a parfaitement vu cela, éclairé qu'il était, comme nous croyons l'avoir prouvé, par une vision du *docteur Séraphique*. Aussi le dialogue qui est sorti de cette inspiration marque-t-il le point culminant de l'évolution du genre. Mais, dans cette scène même, le caractère du Christ est si loin d'évoluer, que c'est sa fixité qui produit la beauté du dialogue, par contraste avec les assauts variés que lui livre la tendresse ingénieuse de la *Vierge de pitié*. Partout ailleurs, dans nos Passions, cette fixité traditionnelle a été un défaut incurable et dont a souffert toute l'action. Celle-ci, en effet, ne trouvant pas le centre et le ressort de ses péripéties dans le personnage

---

[1] « Jésus est dans un jardin.... Je crois que Jésus ne s'est jamais plaint que cette seule fois.... Jésus cherche de la compagnie et du soulagement de la part des hommes. Cela est unique en toute sa vie, ce me semble. Mais il n'en reçoit point, car ses disciples dorment. » Pascal, *Le Mystère de Jésus*.

central, ne marchant dès lors qu'à l'aventure et par saccades, s'est désorientée et s'est émiettée en épisodes parasites.

C'est qu'au fond la perfection d'un héros immuable en son héroïsme, cloué à son devoir comme Prométhée à son roc, est stérile pour la scène. Elle peut bien provoquer des accès d'admiration, mais elle n'a pas de quoi alimenter l'émotion dramatique. Sa beauté n'est pas théâtrale, elle est lyrique. Elle aura le don d'inspirer des *Stabat* ou *le chœur des Océanides*, mais elle restera très inférieure, pour l'effet scénique, aux mâles alarmes d'un *Œdipe* ou d'un *Cid*. Elle pourra être traduite par les procédés synthétiques des arts plastiques ou du symbolisme musical, mais elle restera rebelle aux procédés analytiques de l'art théâtral qui exigent, pour produire leurs effets, ce que La Bruyère appelle excellemment *le progrès* de l'action. En d'autres termes elle ne se détaille pas, or le théâtre vit de détails.

L'échec général de nos faiseurs de *Passions* a là une première excuse, et qui dispense d'en chercher une autre dans leur manque de génie. On peut même remarquer, à leur décharge, que tous ceux qui, jusqu'à nos jours, ont porté le même sujet à la scène avec plus de talent et moins de scrupules, n'y ont guère été plus heureux. Il semble donc que le soin, plus ou moins pieux, de représenter la vie de l'Homme-Dieu, doive être réservé à un art d'un réalisme moins exigeant que n'est le théâtre. Sans parler des Michel-Ange et des Raphaël, les Van Eyck, les Memmling, les Albert Durer, et aussi notre Jehan Fouquet, ont souvent réussi où les Corneille et les Racine, avertis par la sagacité de leur génie dramatique, plus que par l'échec oublié des ambitieux rimeurs de Passions, se sont bien gardés d'essayer.

# CHAPITRE IV

### LE DRAME HAGIOGRAPHIQUE :
### MYSTÈRES TIRÉS DES MIRACLES DE NOTRE-DAME

Le théâtre hagiographique. — Le *Miracle de Théophile*. — Classement et examen de trente-neuf Miracles du manuscrit Cangé. — *Le chevalier qui donna sa femme au dyable*. — *Une jeune fille laquelle se voulut habandonner à péché*.

En suivant leur édifiant dessein de *représenter par personnages* toute l'histoire sacrée, nos faiseurs de mystères furent amenés à jouer par piété la Vierge et les Saints, après Dieu et ses prophètes. Ils y étaient évidemment encouragés par les associations littéraires et corporatives qui, placées sous le patronage de Marie ou d'un saint, leur fournissaient des entrepreneurs et un public très favorables à ce genre de spectacle.

Quand le goût des représentations théâtrales se généralisa, ces compagnies et confréries cherchèrent à le satisfaire chez elles et à leurs frais, pour honorer leur patron, témoin probablement, dès le xiii<sup>e</sup> siècle, le *Saint-Nicolas* de Bodel et le *Théophile* de Rutebeuf. et jusqu'au milieu du xvi<sup>e</sup> siècle, les *Mystères de Notre-Dame-de-Liesse* écrits par Jean Louvet pour la confrérie parisienne placée sous ce vocable. Elles avaient en général assez de ressources pour monter, en leur siège, un pareil spectacle, sans recourir à celles de l'Église, ce qui dut même contribuer matériellement à la sécularisation du drame chrétien. Elles foisonnaient d'ailleurs à travers la France. Celles qui paraissent avoir eu le plus d'influence sur le développement du drame hagiographique, sous la forme des *Miracles de Notre-Dame*, furent les compagnies littéraires appelées *puys*, d'un nom qui vient probablement, mais sans qu'on sache au juste pourquoi, de celle du Puy-en-Velay. Elles étaient en effet sous le patronage de Marie, et lui vouaient un culte particulier dont s'imprégnaient les œuvres qu'elles produisaient ou couronnaient, comme dans la fameuse Académie des Jeux floraux des *Sept troubadours de Toulouse*.

Une littérature hagiographique très riche facilitait d'autre part la tâche des faiseurs de mystères sur la Vierge et les Saints. Elle leur offrait même une matière qui, par ses traits anecdotiques et surtout par son caractère miraculeux, était singulièrement propre à être dramatisée. Nul procédé dramatique n'est en effet plus puissant que le miracle, quand le spectateur y a foi. Un miracle n'est-il pas par définition un coup de théâtre? Qu'est-ce qui vaut un miracle pour faire apparaître tout à coup et régner au dénoûment, lequel est toujours si malaisé dans un sujet d'intrigue enveloppé, une belle et bonne justice distributive; et pour satisfaire ainsi cet optimisme final qui est, pour le gros du public de tous les temps, un besoin instinctif, presque un droit qu'à la porte il achète en entrant?

Ainsi facilitée, la production des drames hagiographiques dont la Vierge et les Saints sont les héros, dut être grande. Nous l'avons vue commencer dès la période scolaire du drame liturgique; et il nous reste quarante et un *Miracles de Notre-Dame* proprement dits, et trente-neuf *Vies* ou *Miracles* de Saints.

Le premier groupe est de beaucoup le plus important pour l'histoire du théâtre, par suite du naufrage du reste du drame sacré dans ce même xiv° siècle où surnagent 39 de ces 41 pièces. Ce serait déjà de quoi nous les rendre précieuses, si elles ne l'étaient d'ailleurs par leur valeur intrinsèque. La plupart nous offrent en effet des tableaux de mœurs si évidemment peints d'après nature, et plusieurs d'entre elles ont çà et là une vie dramatique si intense, que rien n'est plus digne d'attention dans tout le théâtre médiéval. Nous allons donc consacrer un chapitre à part à cette variété du drame hagiographique.

La richesse relative du répertoire des *Miracles de Notre-Dame* nous paraît due à deux circonstances qui vinrent surexciter l'influence générale exercée par les associations littéraires ou corporatives, et par la littérature narrative ou lyrique sur le drame hagiographique. D'abord le culte de Marie atteignait son apogée, avec la fête devenue très populaire de l'Immaculée Conception dont le dogme, importé de l'Église d'Orient, avait fini par s'imposer à celle d'Occident. Nous savons d'ailleurs en vertu de quelle subtilité chevaleresque et galante ce culte s'était amalgamé, dès l'époque des troubadours, avec celui des dames, la *domneia*, dans la poésie dite *courtoise*. A défaut de renseignements précis sur la manière dont il en vint à se manifester, sous la forme dramatique, aux xiii° et xiv° siècles, nous constatons que toute une littérature narrative et lyrique sur les miracles de la Vierge[1],

---

1. Cf. Mussafia, *Études sur les légendes de Marie au moyen âge*, dans les

achevait alors de s'épanouir. Enfin, et c'est là le second fait qu'il importe de signaler, elle venait de trouver son Homère. Ce fut Gautier de Coinci (m. en 1236), qui tout au long des 30 000 vers de ses *Miracles de Nostre-Dame*, se fit le traducteur et le poète de cette littérature spéciale dont Petrus Damiani, le champion du culte de Marie, avait été le promoteur au XIe siècle.

On peut donc conjecturer que les membres des *puys*, et les candidats à leurs lauriers, se mirent à tailler ces miracles pour la *représentation par personnages*. Ils ne se firent pas faute d'ailleurs, et toujours pour la plus grande gloire de Marie, de puiser dans nos épopées héroïques ou romanesques, ainsi que dans ces Apocryphes auxquels la poésie et l'art du moyen âge sont redevables de tant d'inspirations qui seraient inexplicables sans leurs commentaires.

Il y a donc lieu de serrer de près l'examen de cette première espèce du drame hagiographique. Au reste elle fut aussi vivace que l'autre, et les *Miracles de Notre-Dame*, comme les *Vies et Miracles des Saints*, dureront aussi longtemps que le théâtre médiéval. On en a pour preuve les douze petits et d'ailleurs médiocres mystères, que fit Jehan Louvet, à la demande des *Confrères de Nostre-Dame-de-Liesse* qui les jouèrent, au siège de la confrérie, à Paris, en l'honneur de leur patronne, de 1536 à 1550.

Le premier monument du genre remonte au XIIIe siècle, et est l'œuvre de Rutebeuf[1]. Sa date, comme le

---

Comptes rendus de l'Académie de Vienne (*Sitzungsberichte der Wiener Akademie*), *passim*, depuis le 2e semestre de 1886, t. CXIII, p. 917.

1. On ne sait presque rien sur la vie de ce poète, sinon qu'il vécut et écrivit à Paris, entre 1255 et 1280, étant le premier dont les œuvres reflètent vivement la personnalité, frondeur, gueux et gai, bon diable au demeurant, qui, devenu vieux, se fit ermite, ancêtre certain de Villon, à la mélancolie près, et de Voltaire, moins son amertume et son impiété.

nom de son auteur, commandent un examen attentif.

Il a pour titre *Le Miracle de Théophile*, bien que Théophile n'en soit que l'objet, l'auteur du miracle étant Notre-Dame. Ce Théophile est un vidame de l'église d'Adana, en Cilicie, qui, après avoir humblement refusé de succéder à son évêque, s'est vu chasser de sa modeste charge par des intrigants. Pour y rentrer il s'est tout à coup donné au diable, et lui a signé à cet effet un écrit dont il se repent si fort, dans la suite, que la Sainte Vierge le lui fait rendre, à sa prière. C'est là une légende d'origine orientale qui avait fait une fortune extraordinaire. Traduite du grec d'Eutychianus par Paul, diacre de Naples, et admise jusque dans la liturgie, elle était devenue le plus populaire des miracles de Notre-Dame. Elle a été mise en vers successivement par trois poètes, à savoir la célèbre abbesse Hroswitha (xe s.), un inconnu du xie siècle en qui on a vu sans preuve l'évêque Marbode, et naturellement par Gautier de Coinci. Quant à Rutebeuf, non content d'écrire sur elle la pièce qui nous occupe, il l'a contée aussi dans son *Ave Maria*. C'est celui des miracles de Marie qui inspira le plus fréquemment, presque exclusivement, les peintres de vitraux et sculpteurs de bas-reliefs dans nos cathédrales. Il se voit, représenté encore plus au long que dans les récits, sur une verrière du chevet de la cathédrale de Loan, et jusqu'à deux fois aux parois de Notre-Dame de Paris, notamment sur un bas-relief qui est presque contemporain de Rutebeuf[1].

D'ailleurs ce sujet, qui offre une analogie foncière et

---

1. Cf. Monmerqué et F. Michel, *Le Théâtre au moyen âge*, Paris, Didot, 1842, p. 138; et E. Mâle, *L'Art religieux du xiiie siècle en France*, Paris, A. Colin, 1902, p. 297 sqq.

peut-être originale avec celui de *Faust*, et qui se retrouve dans les fragments de trois pièces en bas-allemand, est essentiellement dramatique. Ainsi préparé par la collaboration des artistes et des poètes, il était bien à point pour le théâtre; et quand il échut à Rutebeuf, il ne pouvait, semble-t-il, tomber en de meilleures mains : les fableaux du célèbre trouvère n'offrent-ils pas çà et là des dialogues très vivants, et son *Dit de l'Herberie* ne témoigne-t-il pas d'une verve déjà dramatique? Voyons ce qu'il en a fait.

La pièce s'ouvre par un monologue où le prêtre Théophile, réduit à la besace par ses aumônes et disgracié par son évêque, passe de la piété qui l'a ruiné à une impiété qui va l'enrichir, en blasphémant et bravant Dieu. Il va en effet trouver Salatin « qui parloit au deable quand il voloit ». Il ébauche avec lui le marché qui doit se conclure le lendemain avec l'enfer, et où il reniera Dieu pour avoir honneur et prébende. Le dialogue a du naturel, sans plus.

Théophile, resté seul, balance entre ses craintes de la damnation et son avidité de la revanche. C'est le meilleur passage de la pièce, et il est sur le rythme favori de Rutebœuf, que retrouvera d'ailleurs à peu près Alfred de Musset (*A mon frère revenant d'Italie*) :

> Ha, las! que porrai devenir?
> Bien me doit li cors dessenir (*s'affoler*)
> Quand il m'estuet (*me faut*) a ce venir.
>     Que ferai, las!
> Si je reni saint Nicholas
> Et saint Jehan et saint Thomas
>     Et Nostre-Dame,
> Que fera ma chétive d'ame?
> Elle sera arse (*brûlée*) en la flame
>     D'enfer le noir....

> Or dit qu'il me fera ravoir
> Et ma richesse et mon avoir,
> Ja mes n'en porra riens savoir
>     Je le ferai.
> Diex m'a grevé, je l'greverai ;
> Jamais jor ne le servirai
>     Je li ennui (*je le renie?*) ;
> Riches serai, se povres sui :
> Se il me het, je harrai lui....

Le diable conjuré par Salatin vient, non sans protester contre ces conjurations dont la fréquence et le peu de courtoisie le tourmentent ; et il promet son aide pour Théophile, si ce dernier se donne à lui. Mis au courant par le magicien, notre Faust « va au diable », non sans « trop grant paor », ce qui lui attire ce trait endiablé :

> Gardez que ne resamblez pas
> Vilain qui va à offerande[1].

Le pacte est conclu et garanti par des lettres que le diable exige, ayant été souvent « sorpris », faute de cette exigence, et que Théophile avait d'ailleurs apportées toutes prêtes. Par-dessus le marché, le diable fait à son nouveau client une morale qui est exactement le contre-pied de la bonne, et avec des traits d'une rage vraiment satanique :

> Je te dirai que tu feras :
> Jamès povre homme n'ameras ;
> Se povres hom sorpris te proie (*prie*)
> Torne l'oreille, va ta voie.
> S'aucuns envers toi s'umelie,
> Respon orgueil et felonie....
> Dieu amer et chastement vivre,
> Lors me semble serpent et guivre
> Me menjue le cuer et ventre....

---

1. Prenez garde de ressembler à un vilain qui va à l'offrande.

Ici changement à vue : l'évêque fait mander Théophile pour lui rendre sa *baillie*, s'accusant d'avoir commis une folie, en l'ôtant au plus digne qui fût. Théophile rentre en grâce avec une impertinence notable :

> Or disoient assez souvant
> Li chanoine de moi granz fables :
> Je les rent a toz les deables.

Puis il annonce le mauvais dessein, que lui a suggéré sans doute la leçon du diable, à l'évêque ébahi et qui lui offre le partage de son amitié et de ses biens. Nous le voyons ensuite exécuter ce dessein, en malmenant deux de ses compagnons dont l'un lui rappelle en vain, selon la légende, qu'il n'avait tenu qu'à lui de succéder à l'évêque précédent, ce qu'il refusa par humilité chrétienne.

Là, sans autre transition, la rubrique nous dit : « Ici se repent Theophiles, et vient a une chapele de Nostre-Dame, et dist…. » Il exhale alors ses remords des sept ans qu'il a suivi « le sentier de Sathan », en alexandrins rimant quatre à quatre, et où reparaît le goût ordinaire de Rutebeuf pour ces jeux de mots et ces paronomases, qui devaient faire école chez nos *grands rhétoriqueurs* du XVe siècle et jusque chez Marot, et même fort au delà :

> Ors (*sale*) sui, et ordoiez (*sali*) doit aller en ordure :
> Ordement ai ouvré, ce set (*sait*) qui or dure
> Et qui toz jours durra (*durera*) : s'en aurrai la mort dure.
> Maufez (*maudit*), con m'avez mors de mauvaise morsure.

La prière qui suit, cette longue *repentance*, un des thèmes de la poésie d'alors, est d'un rythme remarquable, et qui est d'ailleurs fréquent chez Rutebeuf :

> Sainte roine bele,
> Glorieuse pucele,
> Dame de grace plaine,
> Par qui toz biens revele (*se révèle*)
> Q'au besoing vous apele
> Delivrez est de paine,
> Qu'a vous son cuer amaine.
> Ou (*au*) pardurable raine (*royaume*)
> Aura joie novele;
> Arousable (*féconde*) fontaine
> Et delitable et saine,
> A ton filz me rapele.

Citons encore cette strophe, où le poète a rimé à son tour l'image traditionnelle et si délicate de la verrière :

> Si comme en la verriere,
> Entre et reva arriere
> Li solaus (*soleil*) que n'entame,
> Ainsinc fus virge entiere
> Quant Diex, qui es ciex iere (*était*).
> Fist de toi mere et dame.
> Ha! resplendissant jame (*gemme*),
> Tendre et piteuse fame,
> Car entent ma proiere,
> Que mon vil cors et m'ame
> De pardurable flame
> Rapelaisses arriere.

Notre-Dame repousse d'abord le suppliant, ce qui est bien rare dans les Miracles :

> Je n'ai cure de ta favele (*fable, parole*);
> Va-t'en, is (*sors*) fors de ma chapele.

Puis, cédant brusquement à un nouveau couplet de prière, elle va chercher la *charte* signée dn sang de Théophile, que le diable refuse de rendre. « Et je te foulerai la pance! » s'écrie Notre-Dame. Ce propos a triomphé, car elle rapporte la charte à Théophile qui la porte à l'évêque : celui-ci en donne lecture au public, lequel sur son invitation, chante le *Te Deum* final.

En dernière analyse, le miracle de Rutebeuf apparaît comme très inférieur à l'autre miracle du xiii<sup>e</sup> siècle, le *Saint-Nicolas* de Bodel, que nous analyserons parmi les *Vies des Saints*; et le plus célèbre des deux poètes ne s'est pas montré le plus habile. Mais il ne faudrait pas trop déprécier son œuvre, par comparaison, comme on l'a fait. A vrai dire, le trouvère artésien fut mieux inspiré qui, tout en disant de son héros ce qu'il en pouvait dire, s'est jeté à côté, dans certains épisodes de croisades et de taverne, et a pu, grâce à ces *actualités*, donner carrière à sa double inspiration de trouvère épique et de chansonnier. C'est ce dont ne s'avisa pas Rutebeuf. Certes ni le trait, ni la couleur, ni même l'élévation, témoin certaines de ses satires, ne faisaient défaut d'ordinaire au trouvère parisien. Mais il semble qu'il ait ici travaillé trop vite, ou qu'il ait été gêné. Ce fut sans doute une œuvre de commande, comme son poème d'*Élisabeth de Hongrie* et telles de ses *Complaintes*. Peut-être aussi le puy ou la confrérie qui la lui commanda, étaient-ils plus sévères que ceux d'Arras. Il se peut enfin que ce bon diable, devenu ermite, ait rimé ce miracle pour ses péchés, comme il fit sa *Repentance*; et la contrition devait lui être une muse médiocre.

Quelle qu'en soit la cause, et malgré les traits épars de psychologie ou de verve et la virtuosité de versification que nous avons relevés, et où se retrouve un peu sa maîtrise, Rutebeuf est resté trop prisonnier de son sujet. Il s'est borné à découper une quinzaine de scènes dans la vie du saint, à les développer au petit bonheur, et à les juxtaposer assez platement, tout comme s'il avait été chargé de versifier des légendes, pour les médaillons de la verrière de Laon qui illustrent le *Miracle de Théophile*.

Nous voici maintenant en présence de ce bloc de trente-neuf *miracles de Notre-Dame* du XIV⁵ siècle, auxquels il en faut rattacher deux autres d'une rédaction ultérieure, mais faits sur un plan identique. Ce trésor est contenu dans un même manuscrit[1] et composait, selon toute vraisemblance, le répertoire d'un même puy.

Nous allons analyser, de plus ou moins près, chacun de ces quarante et un miracles, tant leur intérêt est varié et dramatique, si la forme ne l'est pas toujours. Ils nous paraissent être la principale curiosité du théâtre sérieux du moyen âge, à la monotonie courante duquel ils font compensation. Le dédain que l'on a professé d'ordinaire à leur endroit, s'il est commode pour dispenser de les lire, paraît fort injuste quand on les a lus.

Nous plaçant au point de vue de l'histoire du théâtre, et de l'évolution du drame sacré vers le profane, nous classerons ces pièces suivant que la merveilleuse intervention de la Vierge est le ressort principal de l'action, qu'elle est simplement amalgamée avec d'autres ressorts humains, ou enfin que cette intervention, tout extérieure à l'action, n'apparaît que comme un pieux décor ou même comme une sorte de dédicace à un personnage dont l'influence doit faire jouer la pièce.

Nous obtenons ainsi trois groupes que voici, avec

---

1. Ce manuscrit, dit de Cangé, acquis on ne sait où, au XVIII⁵ siècle, par Chatre de Cangé, — sans doute un de ces amateurs comme le duc de la Vallière et M. de Soleinne, auxquels l'histoire de notre théâtre doit tant, — est à la Bibliothèque Nationale, sous les n⁰⁵ 819-820.

l'ordre dans lequel les pièces vont être examinées, chacune y étant désignée, pour la commodité des références, par son numéro d'ordre dans la grande édition[1] : le premier groupe, presque tout sacré, celui où le miracle de la Vierge est essentiel à l'action, sera formé par les nos I, XXX, XIII, IX, XX, XXII, XXIV, XXV, XXXVIII, XL, XIV, X, XI ; le second, qui est semi-profane, où des motifs humains balancent l'action miraculeuse, par les nos XXVI, XV, XXVII, XVI, II, III, VI, VII, VIII, XXXV, XXXVI et *le Chevalier qui donna sa femme au dyable* ; enfin le troisième, tout profane au fond, celui où le miracle est en quelque sorte postiche, par les nos XII, IV, XXVIII, XXIII, XXIX, XXXVII, XXXII, XXXI, XVII, XVIII, XIX, XXI, XXXIII, XXXIV, XXXIX et par *Une jeune fille laquelle se voulut habandonner a peché pour nourrir son pere et sa mere en leur extreme povreté*.

Le sujet de l'*Enfant donné au diable* (n° I) est dans Gautier de Coinci. Par dévotion à la Vierge, une dame a fait vœu de « vivre en chasteté ». Son mari, inspiré par la Vierge, fait bien le vœu parallèle, mais, deux diables le poussant, il le rompt. De dépit la dame donne aux diables le fils qui est né de cette infraction au double vœu. Mais avant de le leur livrer, elle en obtient successivement deux sursis de sept ans. Cependant la Vierge, escortée des anges Gabriel et Michel qui lui débitent des rondels, selon un cérémonial qui est de règle dans ces *Miracles*, apparaît à la dame et lui promet que son fils sera savant et précoce.

Instruit de tout par ses parents, celui-ci va trouver le pape, non sans graisser le marteau au Vatican, où

---

1. Cf. l'édition Gaston Paris et Ulysse Robert, Paris, Didot, 1876-93, 8 vol.

deux sergents d'armes exigent de lui deux florins pour le laisser passer. Le pape l'envoie à des ermites dont le meilleur intercède près de Marie, pour que l'enfant ne soit pas livré aux diables à l'échéance qui est venue. L'affaire est portée au tribunal de Dieu et s'y plaide entre Notre-Dame et les deux diables, avec tout le tempérament procédurier de l'époque. Dieu déboute les diables, malgré la lettre scellée dont ils ont eu soin de se nantir, comme leur devancier, dans *le Miracle de Théophile*. Il motive sa sentence par l'incapacité juridique de la dame qui est en puissance de mari :

> Sathan, je vous dy et par droit
> Que la femme n'a que donner
> A chose qu'elle ait a garder
> Sanz le vouloir de son seigneur.

Le premier diable (avec quelle irrévérence ce maraud parle de Dieu!) philosophe ainsi sur sa défaite :

> Encor sommes nous plus coquart (*sot*)
> De nous en estre sur Dieu mis.
> Il nous est touz jours ennemis ;
> Pour sa mére n'en ose el faire :
> *Si lui faisoit riens de contraire,*
> *Il seroit batuz au retour.*

Puis, dans un dernier rondel, les anges tirent la morale des faits, en trois vers qui contiennent celles de tous nos miracles, et pourraient leur servir de devise :

> Bon fait servir et loer
> La mére au vray roy des roys,
> *Qui pardonne touz desroys* (désordres).

C'est un étrange chemin que celui qui a mené à la sainteté *Jehan le Paulu* (n° XXX). Il avait été si touché du sermon de maître Simon qui n'eût pas mieux prêché s'il était cardinal de Rome », qu'il s'est fait ermite. Mais, pour le tenter, le diable s'est mis à son service, gratuitement, sous les traits d'un valet, quitte à se payer en le poussant de la luxure à l'homicide.

La fille du roi, s'étant égarée à la chasse, vient demander asile à l'ermite qui lui fait partager sa table, et, sur le conseil du valet, son lit. Le diable alors lui apprend qu'il vient d'être le larron d'honneur de la propre fille du roi, et que le seul moyen qu'il ait d'éviter le châtiment, est de la tuer et de jeter son corps dans un puits. L'ermite l'en croit et, après ce double exploit, le maudit se sauve en invectivant sa dupe.

Jean se repent et fait vœu de vivre de racines, de gîter dans le creux d'un arbre, de ne parler ni à femme ni à homme, de marcher à quatre pattes. *Paulu (poilu)* comme il est, le voilà bête devenu et pris comme tel par les gens du roi qui est revenu chasser par là, sept ans après le meurtre, non sans que la vue des lieux lui rappelle tristement la perte de sa fille. Les veneurs du roi emmenaient donc Jean comme une étrange bête,

> Trop malement a petit groing.
> Selon qu'elle a grant le corps,

quand un nouveau-né, qu'on allait baptiser et « que tient la ventrière », se met à « paroler » et à dire à Jean qu'il est pardonné. Le « saint homme penancier (*pénitent*) » se dresse donc sur ses pieds, conte tout au roi, et le mène au puits où « pourrit » le corps de sa fille. Mais Dieu apparaît à Jean, se définit à lui en ces termes :

> Celui sui qui tout de nient (*néant*) fis,
> Qui fille ay vierge et sui son filz,
> Elle est ma mère et j'a li (*moi à elle*) père....

et lui dit de faire une demande. Jean le prie de ressusciter la morte. Aussitôt celle-ci répond à l'appel de son meurtrier du fond du puits d'où on la retire, et où une belle dame n'a cessé de lui faire compagnie. Le roi et ses clercs remercient la Vierge par une *chançon*[1].

La scène de la tentation est intéressante par la résistance du saint :

> En mon lit dormir pas n'yray
> Puis qu'i a femme

> L'ENNEMY.
> Est nature en vous si grant dame (*maitresse*)?
> Si vous couchiez d'elle au plus loing
> Que pourrez, et clinez les yeux....

Pour la naïveté du mélange du réalisme et du merveilleux, nous noterons la peine qu'ont les chevaliers du roi à retirer sa fille du puits, et qui est plus grande que celle de la ressusciter. Tous s'y mettent et le roi aussi, peinant à la margelle :

> LA FILLE.
> Dessoubz moy fait trop lonc demour.
> Uns homs, sachiez, qui me soustient,
> Qui ne peut issir, qu'a moy tient,
> Tant que hors soye....

> LE PREMIER CHEVALIER:
> Mon chier seigneur, je la tien bien :
> Tirez aussi comme je tire.
> Boutez, qui estes dessoubz, sire.
> Ho! nous l'avons.

L'*Empereur Julien* (n° XIII) est étrangement défiguré dans le miracle de ce nom, ainsi que son favori Libanius. Du premier on fait un conquérant, qui n'a à la

---

[1]. Nous avons une version italienne de la même légende, où le saint, qui a nom Schitano, devient velu comme un bélier « peloso a modo d'un montone ».

bouche que rodomontades contre les Persans, et menaces de tortionnaire contre qui ne veut pas croire en Jupiter. Il déprécie la philosophie de Basile en exaltant la sienne, le raille lui et les « convertis à croire un dieu qui fut pendu »; et lui fait donner du foin de ses chevaux, en échange des pains de ses compagnons que le saint lui apportait pour l'armée. Aussi la Vierge invoquée par Basile, appelle-t-elle saint Mercure pour la venger de « Julien cet homme infâme ». Le coup fait, saint Basile en témoigne une joie fanatique :

> Vezci un fer qui a coru
> Parmi le corps, parmy le flanc
> De Julien. Vezci le sanc
> Dont encore est taint et soullié.
> Dont encore est tout chaut moullié.
> N'aions de lui plus de doubtance.

Libanius qui a vu en songe toute la vengeance, en est si ému qu'il se fait chrétien et ermite. Il est si *féru* pour Marie d'une « amoureuse litargie » qu'il se laisse crever un œil pour la voir, puis deux pour la revoir, et offre le poing pour obtenir encore cette vision extatique. La Vierge est alors tellement touchée de la constance de cette adoration, émule de celle du « clerc Theophilus », qu'elle le guérit et l'emmène « en un autre lieu », où il jouira souvent de sa vue,

> La tenray avec toy convent (*réunion*)
> La te visiteray souvent,
> Mon chier ami.

Dans ce miracle assez décousu, et au beau milieu duquel Basile vient faire aux bourgeois un sermon qui commence en prose et finit en vers, il y a un épisode singulier. C'est le dialogue suivant entre deux diables, qui semble bien faire allusion, comme on l'a conjecturé, à quelque farce ou fableau intercalé dans le miracle, et sur un thème fort connu des *fableors* :

LE PREMIER DYABLE.

Et je viens de brasser un fait
Qu'assez tost verras avenir :
C'est d'un moine qui doit venir
Chiez la femme d'un laboureur,
Non pas pour faire a Dieu honneur.
Mais pour briser le mariage...
Et seez tu qu'il en avenra ?...
Que le moine, en lieu de drapiaux
A laver, dedans un cuvier
Sera bouté, mon ami chier.
Et si ara, qui qu'en estrive (*qui qu'en groyne*).
Sur son dos de chaude lessive
Jettée plain un chauderon.
Le tenrai-je bien pour bricon (*fou*) ?
  Dy, je t'en pri.

DEUXIÈME DYABLE.

Hahay ! hahay ! que je me ri
De ce que l'as si bien trouvée !

*Saint Guillaume du Désert* (nº IX) met en scène, selon la légende des saints, les tribulations de Guillaume d'Aquitaine au désert — après qu'il y est allé par remords de sa « fole emprise » pour soutenir l'antipape Pierre Lyon — jusqu' « au destroit de la mort », en passant par les épisodes du haubert bouclé sur sa chair nue, de son refus héroïque à ses sujets et au diable de revenir en sa terre où tout est au pillage et en proie aux plus forts, et des coups dont il est roué par le diable et guéri par le « très doulx oingnement » de Marie.

Le caractère de Guillaume évolue avec une certaine netteté, depuis les accès de sa fierté féodale, quand il fait « vider sa terre tôt » à l'évêque de Poitiers, jusqu'à son humiliation sous le joug de l'Église, qui est ici singulièrement exemplaire.

Le sermon du début de la pièce est du plus pur style allégorique, un tour de force, en l'espèce.

Le miracle de *Saint Sevestre* (n° XX) représente la conversion de Constantin par saint Silvestre, d'après la légende dorée. L'empereur, atteint de la lèpre, apprend d'un clerc qu'il en sera guéri en se baignant dans le sang de « beaucoup d'enfants petits ». Ses chevaliers vont les enlever à leurs mères qui les suivent en se désespérant. L'empereur ému renonce à ce remède et, sur l'avis de saint Pierre et de saint Paul apparus miraculeusement, il fait venir Sevestre qui le guérit avec les eaux du baptême. Hélène, sa mère, qui le blâmait de s'être converti, l'est elle-même, en assistant dans la synagogue de Rome à une longue controverse où Sevestre triomphe des docteurs juifs, avec les textes mêmes de l'Ancien Testament, battant ses contradicteurs « par leurs livres proprement ». C'est un thème que nous avons déjà vu voyager, du Sermon de saint Augustin jusqu'à l'*Adam*.

L'intérêt de la pièce est faible, et nous n'y trouvons à signaler qu'une scène qui a son pendant dans plusieurs Passions, à l'épisode traditionnel du massacre des Innocents. Nous y noterons ce bout de dialogue où les mères, avant qu'on ne leur enlève leurs fils, dialoguent entre elles, sur un ton qui ne rappelle que de loin celui des commères de Théocrite, le réalisme en étant beaucoup moins léger :

BOURGOT.

Liegart, picça n'o soyſ greigneur (*plus grande*)
 Que j'ay ore. Par amour fine
 Te pry que me doingnes chopine.

Et par ma foy je t'en donrray
Du premier argent que j'aray
 Une autre aussi.

### LIEGART.

Bourgot, mouvoir n'ose de cy,
Car mon filz dort, tu le voiz bien
Mais s'aler le veulz querre, tien,
 Vezey l'argent.

### BOURGOT.

Se g'iray? oil, de cuer gent.
 Certes, m'amie.

### GERTRUS.

Gardes que ne la perdes mie
Par deffaute d'aler la querre.
Touz jours aras tu au vin guerre
 Tant con vivras.

Voici encore une conversion (n° XXII), celle d'un étudiant en médecine, *Panthaléon* fils du « sénateur » Eustore, auquel le prêtre Hermolaus apprend qu'il guérira toutes les maladies,

« Ou nom Jhesu », faisant ce signe
De croiz, sans autre medecine
 Ny herbe mettre.

En effet, d'un signe de croix, il fait mourir un grand serpent qui allait étrangler un enfant ; et du coup il se convertit. Puis il accumule les guérisons, celle d'un aveugle, d'un *contrait* (perclus), d'un *courbe* (bossu) que n'avaient pu redresser des prêtres païens, ce dont enrage particulièrement son premier maître, le mire (*médecin*) Morin, qui le dénonce à l'empereur. Les tortures échouent contre lui, Dieu aidant qui, dans ce miracle, prend curieusement l'initiative et prie simplement Marie de l'accompagner. Enfin Panthaléon obtient de

Dieu qu'il le laisse « décoller », car jusque-là l'épée du bourreau le frappait en vain :

> Et au ferir s'est si pliée
> Come se fust de cire gommée.
> Ne plus ne mains.

Suit la décollation de saint Panthaléon, d'Hermolaus et de deux autres compagnons, dont l'ensevelissement est accompagné du rondel chanté par les anges, sur l'ordre de Dieu.

De la légende dorée sont tirés les deux miracles de *saint Ignace* (n° XXIV) et de *saint Valentin* (n° XXV).

Le premier de ces miracles montre Ignace confessant sa foi, parmi les tortures que lui fait infliger et que dirige l'empereur Trajan. Celui-ci a la haine de « ces gens chrétiens » et de « leurs écoles » si dangereuses,

> Qu'en parlant il semble qu'ils oingnent
> Les cuers des gens.

et il l'a au point de n'en pas vouloir laisser un seul vivant. Mais il a beau multiplier les tortures, Ignace, sous les « ongles d'acier », sur les charbons ardents, prêche sa foi aux païens et, en une scène assez pathétique, à ses disciples, par la fenêtre de sa prison où Dieu le fait nourrir par ses anges et où la Vierge lui envoie par un ermite un onguent pour ses plaies. Il catéchise enfin jusque sous la dent des lions qui, après l'avoir tué, se gardent de le dévorer.

Nous y trouvons des traits de ce dilettantisme spécial des tortionnaires, dont s'égayait tant le public des mystères :

> PREMIER SERGENT.
> Regarde : le cuir en apport
> Tout hors du dos.

DEUXIÈME SERGENT.
 Et on li peut veoir les os
   Par devers moy.

L'effet de l'onguent divin sur le martyr fournit ces traits aux chevaliers de la suite de l'empereur :

 Il a trop esté a repos.
 Egar (*regarde*) comme il parle à cheval !
 S'Artus estoit ou Parceval,
   S'a il grant cuer....
 A la male feme ressamble
 Qui s'engressiet d'estre battue....

On amenait des lions vrais ou faux sur la scène[1], et, leur besogne faite, leur gardien, leur « sénac », disait, pour rassurer le public :

 Racoupler me convient arriére
 Mes lions et les ramener ;
 Ne les larray (*laisserai*) pas demener
 A leur voloir, que mal ne facent
 N'y afin qu'entre ces gens tracent
   A leur vouloir.

Saint Valentin est venu de Nervie à Rome, sur l'ordre de Dieu, pour faire des conversions, et aussi, à la requête d'un de ses compatriotes, étudiant chez maître Caton « la fleur de science de Rome », dont un fils est malade que le saint seul peut guérir. Il le guérit en effet et convertit le maître et ses écoliers, parmi lesquels le propre fils de l'empereur que Caton était chargé « d'endoctriner ». Fureur de l'empereur et supplices variés, contés avec les détails coutumiers, et

---

1. Sur les *trucs* de la mise en scène des *Miracles de Notre-Dame*, relativement aux animaux, chasses, etc., Cf. E. Roy, *Études sur le Théâtre français du XIVe et du XVe siècle*, op. cit. Paris, Rousseau, 1901, p. CXXXVIII sqq.

infligés par « Vuidebourse le jolier », à trois des écoliers et au saint qui ne laisse pas dans l'intervalle de convertir « tout le peuple ». L'empereur le fait amener devant lui pour être décapité, pendant un banquet. Mais un os se met en « l'angle de la gorge » du tyran et l'étrangle, ce qui n'empêche pas Videbourse, après une heure accordée pour la prière, de décoller saint Valentin. L'âme du martyr, comme celle des trois écoliers, est emportée par la Vierge et sa suite, dont les chants avaient ravi l'empereur sans le convertir.

Le *saint Lorens* (n° XXXVIII) a pour sujet l'histoire de saint Laurent martyrisé par Darius, qui a fait assassiner, pour lui succéder, l'empereur Philippe « catholique et bon chrétien ». On y voit, assez bien mis en scène, l'épisode légendaire du saint sommé de livrer les « trésors qui sont de l'empire » et dont il est détenteur, et qui, assemblant « de pauvres une grande congrégation », les présente à l'empereur, en ces termes :

> Vezci les tresors pardurables
> Qui touz jours sans amenuiser
> Croissent, ce te dy sans ruser.

La pièce est tronquée, quoiqu'elle ait 2076 vers ; et elle est interrompue au milieu du martyre du saint dont Michel a essuyé les plaies « d'un drap linge », et qui, sur son gril, brave le « tyran cruel et doloreux (*donnant la douleur*) » en ces termes :

> Voiz que de moy une partie
> Est ja toute cuite et rostie,
> Si que tu bien mengier en peuz.
> Retourne l'autre, se tu veulz....

La donnée initiale du *saint Alexis* (n° XL) est, comme dans *l'Enfant donné au diable*, le vœu de chasteté fait par un ménage, mais observé cette fois, car le nouveau marié Alexis est « un bon jeune homme ». Comment il devient un saint par cette mortification initiale, par sa pauvreté, par les dix-sept années qu'il vécut chez ses parents de leurs charités, inconnu d'eux et de sa jeune femme qui se désespère comme « la tourterelle » et jouet de leurs valets, c'est ce que notre miracle nous met en action, d'après la *Légende dorée*, et ce que nous avait conté en partie le curieux poème du xi° siècle sur *saint Alexis*, qui est un des premiers monuments de notre langue.

Dans *Un Prevost que Nostre Dame delivra* (n° XIV), nous voyons une facilité de communication entre le ciel, la terre et le purgatoire, égale à celle que réalise matériellement la scène des Mystères.

Un prévôt est tiré du purgatoire, où il était puni de sa rapacité, au grand émerveillement des sergens et du peuple qui ne savaient où il était passé, et sur l'intercession de la Vierge priée par saint Prist à qui il avait une dévotion particulière : c'est le miracle de Notre-Dame par ricochet. Grâce à la bénédiction du pape auquel il confesse d'où il vient et où il fut « en tels tourments qu'il ne peut dire », ce que vient confirmer Marie ; grâce à la restitution du produit de ses extorsions et à la récitation quotidienne du psaume *Beati immaculati*, il est sauvé, et fait passer par surcroît du Purgatoire en Paradis l'âme de son frère l'archidiacre, qui était punie pour le même péché d'avarice. Cette singulière légende se lit dans la vie de saint Laurent, comme dans Gautier de Coinci.

Les deux *serventois* finaux sont assez bien ciselés, le second surtout. Nous notons dans le premier une allusion à ce débat de Justice, Vérité, Miséricorde et

Paix dont nous avons vu l'importance dans le drame biblique.

Le titre suffit à dire tout ce qu'il y a dans le « *Miracle de Nostre Dame d'un evesque a qui Nostre Dame s'apparut et lui donna un jouel d'or, auquel avoit du lait de ses mamelles* » (x). C'est la simple mise en action de la légende relative à quelque relique locale. Il n'y est question que de la pieuse dévotion de l'évêque à Marie qui l'exauce, par l'intermédiaire d'un ermite, en lui apparaissant deux fois, et la seconde, avec le « vaissiau d'or »[1] orfévré sans doute par saint Éloi qui l'apporte.

> Car ce sont reliques moult beles :
> Plain est du lait de mes mamelles
> Dont le fil Dieu vierge alaitay.

Notons, au passage, cette miniature d'après nature d'un ermite en son ermitage :

> Avis m'est que le voy seoir,
> Le chief hors de sa fenestrelle ;
> Je croy qu'à la vierge pucelle
> Pense forment (*fortement*).

*Un marchant et un larron* (n° XI) se font ermites, parce que le marchand a été coiffé par la Vierge d'un chapeau merveilleux, en reconnaissance des *chapiaux* de fleurs dont il l'honorait chaque samedi ; et parce que le larron ayant vu la céleste apparition, dans le temps qu'il s'attaquait au marchand, en a été ému jusqu'à la conversion. C'est assez plat, sauf ce trait du valet du larron qui ne croit pas au repentir de son maitre, et proclame qu'en tout cas il ne l'imitera pas, et sera de valet maitre, en brigandage s'entend :

---

1. Il est peint dans la miniature qui représente cette scène en tête du miracle, dans le manuscrit Cangé.

> Il a bele queue, le chat,
> Il ne pourra mais de lait boire.
> Vous ferez pis, par Saint Magloire,
> Que n'avez fait.

En quoi il a mal jugé, car le larron s'en va, sous la bure, de conserve avec un ermite et le marchand, au fameux pèlerinage de *Rochemador* (Rocamadour).

Nous plaçons en tête du second groupe le miracle (n° XXVI) de : *Une femme que Nostre Dame garda d'estre arse*. Il est un de ceux qui sollicitent le plus l'attention d'un historien du théâtre, et soutiennent le mieux l'attention du lecteur. Il est même le type du genre où le profane se juxtapose le mieux au sacré pour concourir à un effet mixte.

C'était une légende très répandue que celle de la femme qui, sous différents noms, fut « gardée d'estre arse (*brûlée*) » par Notre-Dame. Le miracle qui le met en scène est un des plus intéressants par la peinture des mœurs, encore plus que par la curieuse progression des scènes lesquelles évoluent du réalisme le plus vivant au mysticisme le plus extatique.

De bon matin, Maître Guillaume, maire de Chivy, accompagné de sa fille, va « aux champs visiter ses gaignages »; et dame Guibour, sa femme, accompagnée de son gendre, Aubin, se rend « au moustier ». Pendant qu'elle fend la presse, pour « avoir lieu près du sermonneur », escortée de son gendre, les voisins jasent dans leur dos :

PREMIER VOISIN.

> Egardez, Gautier : veez vous
> La mairesse aler et son gendre ?
> Pour certains l'en me fait entendre
> Qu'ils sont tout un.

DEUXIÈME VOISIN.

    C'est un proverbe tout commun
    Qu'il en fait comme de sa femme ;
    Et c'est a touz deux grant diffame.
       Ce m'est avis.

Sur ce bel avis, nos gaillards s'en vont philosophiquement boire chopine, pendant que dame Guibour donne congé à son gendre d' « aller s'esbattre en la ville », et « à genoullan » écoute le sermonneur qui lui inspire des élans de piété pour Marie, si utile à ses fidèles,

    Car nul ne fait en mal tant cours
    Que vous ne li faciez secours.

Elle va en faire une rude épreuve. Un compère, après des demi-mots hypocrites pour se faire tirer les vers du nez, lui dit, et très crument, ce que les deux voisins avaient dit tout bas, à l'église. Affolée à l'idée d'être ainsi la fable de la ville, la mairesse prend une résolution atroce. Elle avise sur la place deux moissonneurs qui attendent l'embauchage,

     Deux grans ribaus
    Qui semblent estre fors et baus (*hardis*)
    Pour faire tost un cop cornu (*du diable ?*).

Elle a bien jugé : nos ribauds acceptent de s'embusquer dans le cellier, d'y étrangler proprement le gendre qu'elle y enverra chercher du vin, et de le reporter dans son lit, comme s'il y dormait pour son « deslit » (*plaisir*). Elle joue sa scène, en perfection.

    Je friçonne toute, par foy,
    Et sens bien que d'acès suis prise,
    Et si sui de soif si esprise....

Le coup est fait. Le maire rentre avec sa fille, ayant achevé le tour du propriétaire et trouvant qu'il faut quitter le manteau d'hiver. Il est tout guilleret, tout en appétit, et envoie sa fille Marie querir son gendre pour le bon diner qu'on va faire. Le contraste de cette grosse gaité et du drame atroce qui vient d'avoir lieu et va se découvrir, est saisissant. Il y a ici plus que de l'instinct dramatique : c'est l'effet d'un calcul, qui est déjà de l'art.

GUIBOUR.

Marie! Aubin se gist encore
  Dedans son lit.

GUILLAUME.

Il a bien pris a son delit
Le cras de ceste matinée.
Va l'appeler, va po senée (*petite folle*)
  Di qu'il se lieve.

La fille va réveiller le paresseux, en le plaisantant d'abord, avec une familiarité affectueuse et toute conjugale :

LA FILLE.

Aubin, Aubin, s'il ne vous grieve,
Vueillez me s'est jour ou non dire.
Dormirez-vous hui mais, biau sire ?
Egar ! (*Voyez ça !*) il ne me respont point ;
Approuchier le vueil par tel point
Que je saray, vueille ou ne vueille
  Cy le descuevre.
De certain s'il dort ou s'il veille.
Or sus, sire ! sus, sans séjour !
Dormirez vous cy toute jour ?
Qu'est cecy, Diex ? Ha ! mère, mère !
Vezci nouvelle trop amère....

La scène du désespoir de la famille, avec l'hypocrisie dolente de Guibour et les commentaires plats et les offres de service banales des voisins, est rendue d'après nature.

Mais le drame va se corser. Le bailli s'étonne, avec ses limiers de police, de la mort si prompte de ce « beau jeune homme et fort ». Il ordonne de surseoir à la mise au cercueil qui était déjà prêt, de découvrir le défunt « dès la tête jusqu'à la cuisse », et voit « à la gorge noire » la preuve d'un crime. Il fait « mettre en saisine » et « emmener comme chiens en laisse » maire, mairesse et la fille aussi. Quand Guibour entend donner l'ordre de mettre à la question « vilainement » son mari d'abord, elle avoue son crime. Guillaume va demander du secours à « Notre-Dame de Fineterre » et sa fille à Saint-Liénart de Limoges, cependant que le bailli fait commandement par crieur à tout chef de famille, « chief d'ostel », de venir assister au supplice de Guibour. Mais la condamnée a si ardemment prié la Vierge que celle-ci, sur l'invitation de Dieu, à l'ordinaire, la secourt et vient faire défense directe au feu de la brûler, malgré tous les soins pris par le bourreau et le cousin et le frère de la victime et qu'on nous détaille, pour qu'elle soit « justiciée ». Devant ce miracle, on la délivre, et le bailli prodigue ses excuses à la sainte femme.

Sainte elle l'est devenue en effet, et à tel point que Dieu, la Vierge et les Saints viennent officier à ses yeux dans une messe solennelle où elle n'avait osé se rendre, étant en haillons, après avoir tout donné aux pauvres. Sur son refus obstiné d'apporter à l'offrande le cierge que l'ange Gabriel lui a mis en main, celui-ci le lui enlève de force, mais en laisse à son poing une moitié qui témoignera du miracle. Deux nonnes lui sont enfin envoyées par Dieu pour qu'elle prenne leur religion et leur habit, et elles s'en vont toutes trois, louant la Vierge,

> Qui de la mort nous acquitta,
> Ou Adam touz nous endebta
> Par le mors de la pomme.

Cette fin mystique qui ose faire descendre et jouer tout le paradis sur une scène souillée d'un meurtre, est une des plus étranges preuves de l'intrépidité de la foi du temps. Mais elle est la moindre partie de la pièce, lui est extérieure, et n'en détruit pas plus le très vif intérêt dramatique aux yeux du lecteur qu'elle ne choquait la religion des contemporains.

Voici encore un miracle (n° XV) qui, malgré le merveilleux, est un des plus pathétiques et des plus notables du recueil.

Une mère s'est endormie en baignant son enfant nouveau-né qui s'est noyé. Un sergent, en quête de procès pour son juge nouvellement installé, le maire de *Tortevoye*, se saisit du cas, et la mère est condamnée au feu pour infanticide. Priée par le mari et la condamnée la Vierge ressuscite l'enfant, et la femme graciée part en un lointain pèlerinage avec son mari.

L'action de ce miracle de « *Un enfant que Nostre Dame resucita* », est intéressante par la peinture du milieu bourgeois où elle se développe. On y dine « chez Petillon, à la lymace ». On y est fort désireux d'avoir un héritier, et la peinture de ce désir et des dévotions du mari et de la femme « brehaigne » qui doivent en faire une réalité, et aussi celle de cette réalité, avec ses circonstances détaillées, sont faites d'après nature et forment un vrai tableau de mœurs. Elle est aussi très piquante, et évidemment satirique, la peinture des mœurs de la justice du temps. On y voit le juge avide de causes

« dont bien lui vienne », gourmandant son sergent biberon et musard, avec une verve émule des *fatrasies* du temps :

> Ten vas tout bellement querant
> Un petit homme de corps grant
> Vestu d'un royé en travers
> Fait de pers rouge et de blanc pers.
> C'on appelle Lupin Coquet ;
> Il a deux bons yex, mais borgne est.
> Quant trouvé l'aras, si le peines
> Et fai tant que tu le m'amaines
>     Ou mort ou vif.

La duplicité de l'action qui va et vient de la maison du bourgeois à celle du juge, et dont les deux courants parallèles se rejoignent dans le procès si dramatique, avec des péripéties émouvantes — comme celle de l'avocat qui coupe court à la pitié du comte — ne nuit ni à sa clarté ni à son intérêt. Nous signalerons, pour leur pathétique, les lamentations de la mère qui, allant au supplice, demande à tenir une dernière fois « et baiser pour son appétit rassasier » le corps de l'enfant pour lequel elle meurt :

> E ! doulx enfes, Diex ait mercy
> De t'ame et de la moie ensemble.
> Bien m'est changée, ce me semble,
> La joye que de toy avoie
> Quant en mon ventre te portoye etc....

A défaut de l'éloquence d'Hécube, c'est du moins le cri déchirant de la nature.

Les sentiments du mari trouvent aussi une expression pathétique, en leur simplicité, quand il s'écrie par exemple, après le miracle qui lui rend femme et enfant :

> Ma suer, ma compaigne loyal,
> M'amie chière, acole moy.
> Certes, j'ay moult esté pour toy
> Plain de tristesce.

La facture des vers paraît ici plus soignée, plus poussée au fini, que dans la plupart des autres pièces. Il y a même du style, témoin ces plaintes du mari :

> Mon enfant voy mort par ma femme,
> Qui me met en affliccion,
> Et si voy qu'à destruccion
> Ma femme muert pour son enfant...

ou encore cette description de l'enfant ressuscité :

> Il a couleur aussi vermeille
> Comme belle rose en esté....

La pièce se terminait par un défilé processionnel de tous les personnages, bailli en tête, escortant jusqu'aux portes de la ville les deux époux qui vont en pèlerinage à « Nostre Dame de Fineterre », situé « si loing que la ou fine terre »; et même, à la prière de Marie, Dieu et « trestouz » du Paradis, emboitaient le pas au cortège « sans destry » (retard) en chantant le rondel.

Voici (n° XXVII) une de ces légendes fréquentes de dame calomniée par le galant qu'elle rebuta, condamnée par un mari trop crédule et enfin miraculeusement innocentée. La dame est ici l'impératrice « l'Empereris de Romme »; et le galant qui la trouve plus « fière que léopard », est un beau-frère dont elle punit la galante entreprise, en l'enfermant dans une tour. Quand l'empereur revient de la croisade, où il s'est rendu pour remercier Dieu de l'avoir guéri d'une maladie grave, le cousin fait le Joseph et dit que c'est sa vertu qui fut ainsi punie par la lubricité de la dame. Là-dessus et sans en entendre davantage, la femme de l'empereur ne devant pas être soupçonnée, celui-ci la condamne à « mort honteuse ».

Or les chevaliers exécuteurs de la sentence, se bornent à abandonner la condamnée sur un écueil. Sauvée par des « mariniers » que l'orage y pousse, elle fait des guérisons de la lèpre, grâce à une herbe miraculeuse que Marie lui a indiquée. On la fait venir, afin de soigner le frère de l'empereur atteint de ce mal. Pour guérir, celui-ci doit avouer sa calomnie. Le remords de l'empereur amène l'impératrice à se faire reconnaître. La joie des deux époux est forte :

> *Cy se pasment.*
>
> LE PAPE.
>
> De joie ont perdu la parole
> Touz deux et sont en pasmoisons :
> Alons et si les relevons
> Ysnellement (*vite*).

Le pape les ayant réconfortés,

> On sus, de par Dieu! sus, tous deux !
> C'est assez jeu,

les emmène fêter solennellement leur joie dans son palais.

Le frère de l'empereur nous conte sa passion dans un long monologue où Courtoisie, Douceur, Largesse, Honnêteté et autres abstractions sont invoquées dans le style d'un contemporain du *Roman de la rose*. A noter, comme trait de mœurs, la scène où l'impératrice, « par ébat », pose à un chevalier et à une damoiselle de sa suite, des questions dans ce goût :

> Quelle chose est plus delictable,
> Soit damageuse ou prouffitable...
> ... lequel vault miex faire :
> Parler jusqu'au commander taire,
> Ou taire soy et escouter
> Tant que l'on commande parler?

*La Mère au pape* (nº XVI) nous conte la pénitence dramatique qui fut infligée par le pape lui-même à sa propre mère, en punition de l'orgueil qu'elle avait de se préférer à Marie qui « n'eut onques qu'un fils en sa vie », tandis qu'elle en a eu trois, à savoir le pape et deux cardinaux. Sans doute le fils de Marie « est vrai Dieu », mais son ainé est « fils de Dieu en terre » et les deux autres peuvent le devenir. Un sermon l'amène à se repentir de cet orgueil, et le pape la condamne, malgré ses frères les cardinaux qui trouvent la « penance trop amère ». Cette pénitence consiste à être dix ans pèlerine, sans coucher en une même ville plus d'une nuit, et à demeurer là où la surprendra la nuit « soit en bois, en ville ou en voie ». La mère au pape accomplit sa pénitence, malgré les diables qui la tentent elle et son fils, assez sottement d'ailleurs. Mais voici qu'elle agonise sur le chemin de Galice, surprise par la nuit « le vent, la neige et la froidure », et refusant, pour ne pas enfreindre son vœu, de suivre à la ville un ânier compatissant.

Ici se rencontre un épisode curieux. L'ânier veut en vain amener, pour confesser la pauvre femme, un curé qui trouve la requête fort intempestive :

> Je ne me puis tenir de rire
> Pour la coquardise de toy,
> Et ne voiz tu pas, par la foy
> Comment ensemble il noge et vente?

Cependant le brave ânier est revenu à la bonne femme, et trouve à l'endroit où elle gisait, parmi une clarté miraculeuse, une chapelle qu'à la prière de la mourante la Vierge et les anges ont bâtie. Du coup le curé viendra, mais non sans marquer d'abord une incrédulité et une humeur dont l'accent comique est à souligner :

> Vaz : que Dieu t'envoit male perte !
> N'aray je mais hui paix a toy ?
> Ou as tu beu ? di le moy.
> Va t'en couchier.

Mais, quand il a vu le miracle, le curé s'écrie que sa paresse l'a damné et va tout courant, non sans payer le florin de rigueur aux sergents de la porte, conter la chose au pape. Celui-ci, à ce récit, devine que l'héroïne du miracle est sa mère. Il n'en marque nulle tristesse, mais une joie que partagent aussitôt ses frères, avec lesquels il se rend à la chapelle miraculeuse, en chantant le « *regina celi, lettare* ».

Une abbesse (n° 11) est grosse des œuvres de son clerc. Comme elle est sévère pour ses sœurs, celles-ci la dénoncent à l'évêque qui ordonne une visite de matrone. Mais la Vierge a déjà délivré l'abbesse, non sans la gronder,

> Sote, sote, quel reconfort
> As tu ores de ton pechier ?

et elle porte l'enfant à un ermite.

Cependant, pour empêcher le châtiment des sœurs convaincues de calomnie par les apparences, l'abbesse avoue sa faute et conte tout. L'évêque la nomme « dame de l'ostel de Mons et maistresse », car c'est ici « trop petit estat » pour celle dont la Vierge a bien voulu être la « ventrière ».

Ce miracle de *L'abbesse grosse* offre des traits de mœurs qui semblent pris sur le vif, et aussi de véritables traits de caractère dans le personnage des nonnains dénonciatrices et un tantinet hypocrites, et du brave homme d'évêque tout marri d'avoir à sévir. Il y a un sermon, comme dans la plupart de nos miracles, et auquel assista le couvent dont nous avons l'impression. L'abbesse qui dit :

> Moult m'est bel
> Quand j'oy sermonner de la vierge
> Qui a Dieu fu chambre et concierge,

le loue fort. Ce n'est point tout à fait l'avis de sœur Marie qui risque ceci :

> Certes il a bien preschié, dame,
> Mais il est trop long d'un petit.

Il y a de la passion dans le monologue où l'abbesse se débat contre son amour pour son clerc. La scène de l'aveu qu'elle lui en fait et de la manière dont le galant y répond, dès qu'il est sûr qu'elle joue franc jeu, est haute en couleur, et avec quels accents!

> Faites tout quanqu'il vous plaira,
> Ami, de moy.

Mais que dire de la scène où la matrone procède en scène à son examen professionnel sur la coupable dévêtue, et en détaille les résultats? Il n'est pas croyable qu'elle ait pu être jouée[1], non plus que certaine autre du début du miracle de *l'Enfant donné au diable*, à

---

1. Sur la mise en scène des Miracles de Notre-Dame, sur leur date qui serait le dernier tiers du XIVᵉ siècle, et sur leur provenance qui serait parisienne, cf. les érudites, très ingénieuses, et pour la plupart plausibles conjectures d'E. Roy, dans ses *Études sur le Théâtre français du XIVᵉ et du XVᵉ siècle*, Paris, Rousseau, 1901, pp. CXX-CCXVIII.

laquelle nous ne pouvons même faire allusion. En tout cas, les *custodes* que nous avons signalées ailleurs avaient ici beau jeu. Au reste cet étrange miracle se lit aussi dans Gautier de Coincy.

*L'Evesque que l'arcediacre murtrit* (n° III) était un saint homme, car il craignait, comme Théophile avant ses errements, que sa dignité ne l'empêchât de faire son salut. Son archidiacre l'y aide en disposant une pierre dont la chute le tuera, sur la porte même du monastère où l'évêque va faire ses dévotions. L'archidiacre, nommé évêque, célèbre sa nomination dans un festin, où il y a bonne chère et jongleurs. Cependant la Vierge veut venger la mort de son fidèle adorateur, de son « serjant ». Elle porte le cas au tribunal de Dieu qui ne doute pas de la parole de sa mère, mais veut qu'on juge dans les formes et qu'on appelle partie « qui le fait vous confesse ou nie ».

Par là se trouvait l'âme d'un brave chevalier, lequel dormait au festin de l'évêque avec toute la tablée repue[1]. Elle éveille son maître qui conte tout, et provoque l'aveu de l'archidiacre avec ce cri du coupable : « Hélas ! Hélas ! je suis dampnez ». En effet, sur le jugement de Dieu, les diables le brouettent en enfer. Mais ils n'ont pas été sans inquiétude jusqu'à ce moment, témoin ce bout de dialogue, où l'auteur glisse une remarque spirituelle sur la singularité de ce miracle, dans lequel la Vierge se trouve avoir fait le réquisitoire au lieu de la plaidoirie :

> S'ay ge grand paour que Maroye (*Marie*)
> Ne la debate.
> Que dis tu ? c'est nostre advocate,
> *Au mains en ceste plaidoirie.*

1. C'est la scène miraculeuse choisie dans le manuscrit Cangé, pour la miniature de tête.

Une pièce de vers en l'honneur de la toute-puissante *Maroye* termine le miracle, qu'avait précédé un sermon en prose.

Le caractère de l'archidiacre est assez vivant. Il veut la place de son évêque, parce qu'il est de « meilleur lignage ». Quand il a mis la pierre à la place d'où elle doit tuer le prélat, il l'apostrophe en ces termes avec une naïveté féroce :

> Tien te cy, tien, pierre de pris :
> Par toi puisse venir en pris
> De l'eveschié !

Devant sa victime, il a cet étonnement joué :

> Sire, je suis touz esbahis
> Qui si avoir murdri le peut !

Et il aide les chanoines à emporter le cadavre. Dans le banquet où l'on fête son élection, il a le mot pour rire, même au moment du réveil tragique du chevalier qui va faire se dresser devant lui le spectre de sa victime.

Le *Miracle de Saint Jehan Chrisothomes* (n° VI) est le déroulement d'une légende en tableaux qui sont tout à fait dramatiques, dans leur juxtaposition naïve. D'abord Anthure, mère de Jean, restée veuve et inconsolable, refuse les maris, vit comme « une povre truande », et finit par quitter sa mère, son fils et son pays pour faire son salut. Jean est recueilli par un curé pour être « enfant de la chappelle au roy », car il a toutes les qualités requises,

> Il a voiz gracieuse et bele
> Et scet chanter respons et traiz.

Il devient prêtre, ce qui ne l'empêche pas de plaire à la fille du roi laquelle l'invite crument à en profiter.

Comme il fait la sourde oreille, la belle, piquée, lui dit qu'elle a voulu l'éprouver et va se consoler du même pas avec un chevalier moins scrupuleux. Les custodes, à défaut de la cantonnade, étaient ici fort nécessaires. La suite ordinaire ne se fait pas attendre et, au courant d'une scène de famille assez piquante, la luronne accuse Jean de sa grossesse. Celui-ci est jeté en un désert pour être mangé des bêtes.

Invoquée par lui, la Vierge lui apparaît et lui apprend qu'elle condamne la fille du roi à « travailler sans enfanter », jusqu'à ce qu'elle ait proclamé l'innocence de Jean. Cependant celui-ci veut écrire un livre à la louange de la Vierge : mais le diable s'y oppose et renverse son encre. Jean écrit avec sa salive, et ce sont des lettres d'or qui apparaissent. Entre temps la fille du roi qui, depuis un an, est en gésine, envoie chercher l'exilé qu'elle innocente et que le roi fait évêque de la ville. Elle accouche alors et incontinent son fils demande le baptême à Jean, en désignant son vrai père, avec une précocité que l'année de gésine aide à expliquer.

Mais les tribulations du nouvel évêque ne sont pas finies. Le diable rédige une lettre injurieuse pour le roi, en contrefaisant l'écriture de l'évêque, et fort lestement, comme il nous en avertit, en ces vers où perce, semble-t-il, le sourire de l'auteur :

> C'est fait. Je croy que je n'ay pas
> Trop demouré : vez la ci male !

Furieux, le roi ôte à Jean « le poing et l'évêché », et il le cloître. Nouvelle prière à la Vierge qui intervient derechef, avec ses deux fidèles compagnons Michel et Gabriel, sa « mesnie doulce ». Elle rend à Jean son poing coupé. Le couvent va, tout courant, conter ce miracle au roi, qui restitue au saint homme évêché et joyaux.

Sur ce dernier épisode un autre a chevauché, comme si le dramaturge tenait à suivre l'ordre historique de la légende. La mère de Jean, Anthure, était revenue, sans se faire connaître de sa mère ni de son fils qu'elle appelle pourtant près d'elle à l'article de la mort. Ils ne la reconnaissent que morte. L'aïeule s'écrie :

> Doulce dame, ave Maria!
> Bonne gens, lasse que feray?
> Vez ci celle que je portay
> Neuf mois. E! belle fille Anthure
> Comment as-tu été si dure
> Qu'à moy ne l'es faite cognoistre?

Le retour d'Anthure, puis la reconnaissance offrent des traits réellement pathétiques.

Autre histoire de couvent dans *La Nonne qui laissa son Abbaïe* (n° VII). Elle la laissa pour suivre un chevalier, quoique Notre-Dame lui eût deux fois barré la route. Devenue la femme riche, honorée et heureuse du chevalier, elle est prise de remords, quelque trente ans après, sur une admonestation de Marie. Elle va alors conter le tout à son époux qui, rivalisant de repentir avec elle, se fait moine cloîtré, pendant qu'elle obtient de rentrer dans son couvent. Tous deux ont abandonné d'ailleurs leurs deux enfants endormis et dont le réveil est lamentable, mais que recueillera un oncle-gâteau.

Ce que nous voyons de plus notable, dans ce miracle, ce sont les états d'âme de la nonne qui ne se décide à l'évasion qu'à la troisième fois, au risque

> De passer par my la chapelle
> Sanz dire *ave*, ne kyrielle
> Devant l'image de Marie ;

et qui a cet accent de révolte contre le cloître :

> Trop longtemps en cloistre ay musé
> Et mon corps en penance (*mortifications*) usé :
> Plus n'en feray ; j'en suis a fin.
> Ains qu'il soit demain au matin
> Pense j'estre en autre harnoys.

Le sermon qui parait avoir été de règle, dans ces représentations de notre puy inconnu, — puisque vingt-sept de nos miracles en contiennent un — est encadré dans l'action, comme plusieurs fois d'ailleurs. Il est trouvé digne d' « un cardinal de Rome » par l'abbesse, et long de quatre lieues par le fringant chevalier.

*Un pape qui vendi le basme* (le baume) (n° VIII), dont un dévot avait fait vœu d'alimenter deux lampes de l'oratoire de Saint-Pierre, en fut le mauvais marchand : car ayant reçu deux cents *besans* pour le rachat de ce vœu, il dut débourser mille livres tournois, prix de deux escarboucles qu'il fut obligé d'acheter en remplacement des deux lampes. Voici comment se fit la chose.

Saint Pierre irrité de ce marché vient, avec la permission de Dieu, s'en plaindre à son héritier. Celui-ci, épouvanté, fait pénitence et, conseillé par un ermite, sous la haire dont il n'avait jamais usé, témoin son propre aveu,

> Savoir vueil quel bien ou quel mal
> Fait une haire,

il implore Marie. Selon l'ordre de Dieu, la Vierge, avant de lui obtenir le pardon de saint Pierre, le refuse deux fois, et vertement :

> Vil charoingne ou il n'a qu'ordere (*ordure*)....

A noter un bourgeois bourgeoisant de vile bourgeoisie, tout à fait selon le type des fableaux. C'est celui qui, héritier du dévot auteur du vœu, en négocie le rachat. Il sait qu'on en peut causer avec le pape,

> On dit qu'argent voulentiers hape;

et aussi que besoin est de graisser le marteau; et il faut le voir jouer du pouce, *le poce baler*, à cet effet, avec les sergents de la porte, ou débattre le prix avec le Souverain Pontife. Puis quand celui-ci, pris de remords, veut rendre l'argent, avec tout ce que le marchand voudra par-dessus le marché, quel refus méfiant de notre bourgeois et qui réduit le pape à l'achat des escarboucles! La pièce finit sur l'ordre du Saint Père, par « un motet en lieu d'oroisons ».

L'aventure de *Un marchant et un juif* (n° xxxv) est une variante anodine de la légende qui inspirera le *Shylock* de Shakespeare.

Un bourgeois de Byzance, sire Audry, très pieux envers Notre-Dame, s'est ruiné en aumônes à des pauvres et en prêts à des parents besogneux et quémandeurs dont le défilé est intéressant. Il est réduit à emprunter de l'argent au juif Moussé, sous condition de devenir son serf s'il ne le rembourse au jour de l'échéance. Il va refaire sa fortune dans le commerce d'importation au loin, mais si loin qu'il ne peut venir rembourser le juif au jour dit. Il s'avise alors de confier un écrin bien garni à la mer, en priant la Vierge de le mener à bon port. Le valet du juif, — en une scène qui rappelle de loin, mais curieusement, la première du *Rudens* de Plaute — repêche l'« écrinet », et le remet à son maître qui le cache en son lit. Cependant le bourgeois revient et le juif demande qu'il se rende son serf. Mais Dieu apparait, dévoile la cache, et ce miracle convertit notre juif « combien qu'il soit *caus* (prudent) et sage » plus que Shylock.

Le tout est assez plat. Citons pourtant ces réflexions du bourgeois ruiné par ses prodigalités, mais dont le chagrin ne va pas jusqu'à la misanthropie de Timon d'Athènes, car il prend la décision sage de désormais « mieux entendre à marchander », après s'être refait :

> Or cognoiz je maintenant bien
> Que povre homme est touz jours bas mis,
> Et que nul ne li est amis
> S'il n'est riches et plain d'avoir.
> Des parens peut il bien avoir,
> Mais si tost comme il a deffault
> Et qu'est povre, chascun li fault.

Au contraire de sire Audry, *Pierre le changeur* (n° XXXVI) est un mauvais riche ; et la seule aumône qu'il ait faite est celle d'un pain qu'il jeta, faute de pierre, à un pauvre qui mendiait à sa porte. Nous n'y voyons à signaler que le pittoresque de la première scène où des mendiants se renseignent réciproquement, en la langue verte de la rue de la Grande-Truanderie, sur leurs « chalands » et les bonnes ou les mauvaises maisons de leur quartier d'opération, lequel va de « la pointe Sainte-Eustasse » au « port Nostre-Dame », en passant par les Halles.

En songe Pierre voit la Vierge disputant son âme aux diables par devant Dieu, et l'obtenant, grâce à l'aumône de ce pain. Au réveil, le voilà fort contrit et si « aumônier », qu'il donne tout et force son valet à le vendre lui-même comme esclave à Jérusalem. Là il édifie tellement le Sarrasin Zoïle, son maître, qu'il le convertit ainsi que la fille de Zoïle, une muette, à laquelle, d'un jet de flamme sorti miraculeusement de sa bouche, il avait rendu la parole.

Nous rattacherons enfin au groupe semi-profane de ces miracles du xiv⁰ siècle le « *mystère du chevalier qui donna sa femme au dyable* », quoique nous ne le connaissions que par deux éditions imprimées au xvi⁰ siècle, que la versification en soit plus savante et ingénieusement variée, et que la syntaxe en soit plus récente, comme aussi nombre d'expressions[1]. Mais il est exactement taillé sur le même patron, et procède de la même inspiration que ceux du manuscrit Cangé. Les différences de pure forme qu'il présente nous paraissent témoigner simplement d'un remaniement, et assez adroit de quelque original contemporain des miracles du xiv⁰ siècle.

Un chevalier prodigue ayant achevé de perdre son avoir aux dés, vend sa femme au diable, en échange de la fortune. Quand est venue l'heure de la livrer, c'est la Vierge, que n'a pas voulu renier le chevalier et que sa femme implore, qui la remplace et arrache « le libelle » du pacte au diable, comme dans le *Miracle de Théophile*. Au reste l'intervention de la Vierge a lieu, sur l'invitation de Dieu qui lui signale « la pétition » de son adoratrice, et avec l'escorte de deux anges, comme dans les miracles précédents : il n'y manque que le rondel.

La pièce devait être jouée pour la fête de l'*Immaculée Conception*, dont on sait la popularité croissante,

> Ou nom de la Conception
> De la tres glorieuse dame
> Que l'Église aujourd'hy réclam.

---

[1]. Cf. Ed. Fournier, *Le Théâtre français avant la Renaissance*, p. 184, col. 2, n. 2.

car nous ne comptons pas moins de neuf invocations de la *Conception* dans la pièce.

Le caractère vaniteux du chevalier — qui fait étalage de ses largesses ruineuses, qui rabroue, et haut la main, sa femme et ses conseils, si dolent d'ailleurs auprès d'elle, quand il est ruiné « qu'il a le cœur plus gros qu'une enclume », si fringant et menaçant, dès qu'il est de nouveau en argent — est nettement tracé et même avec des nuances de psychologie tout à fait notables.

Les caractères épisodiques eux-mêmes, y compris celui d'un pipeur qui use de l'argot, ont des traits piquants, grâce aux proverbes et même à l'esprit qui émaillent parfois leurs propos. Il n'est pas jusqu'au diable qui ne s'y prenne comme il faut, pour amener le chevalier à vendre sa femme et pour l'excuser même un peu, en insinuant qu'elle le trompe :

LE DYABLE.

Saches que ton faict ay congneu ;
Ta propre femme t'a deceue ;
Pour tant la doys abandonner.

LE CHEVALIER.

Certes, nul mal ge n'y ay veu ;
De ton dit je suis tout esmeu.

Dans la conduite, comme dans le style, ce miracle nous semble même témoigner d'un tour de main supérieur à celui de l'auteur ou des auteurs du manuscrit Cangé[1].

Le miracle par lequel nous ouvrirons la série de ceux

[1]. Il a paru mériter d'être adapté à la scène moderne, l'a été avec succès, et n'est pas le seul susceptible de l'être, comme suffisent à l'indiquer nos analyses. Cf. *Le chevalier qui donna sa femme au diable*, Miracle de Notre-Dame, en 2 tableaux en vers, par Eugène et Edouard Adenis, musique de scène de M. Théodore Mathieu, Paris, Librairie Théâtrale, 1903.

où l'élément profane domine — au point que le sacré ne tient pas à l'action et apparait comme un pur décor et une concession à la tradition du genre — mérite un examen plus détaillé que les précédents.

Il aura une fortune illustre, car son épisode final se retrouvera dans le *Tancrède* de Voltaire, comme on en peut juger dès le titre : « *Cy commence un miracle de Nostre-Dame de la marquise de la Gaudine, qui par l'accusement de l'oncle de son mari, auquel son mari l'avoit commise a garder, fu condampnée a ardoir, dont Anthenor par le commandement de Nostre-Dame s'en combati a l'oncle et le desconfit en champ* » (n° XII).

Ce sujet venait directement du poème franco-italien de *Macaire*, qui a dû engendrer d'abord l'épisode d'Ariodant et Genèvre dans l'Arioste, puis l'*Histoire du comte d'Eu* dans *la Comtesse de Savoie*[1], roman de Mlle de Givry, une protectrice de Voltaire qui l'y prit, pour le faire sien, et y a si bien réussi dans *Tancrède*.

Le marquis veut aller « mettre aux aventures son corps » en Prusse, et il part, malgré les inquiétudes de sa femme, toute dolente, car

    Pruce est un païs moult lointain.

En partant, après la messe et le sermon — lequel manque, mais « se fenist *in secula seculorum* » — il a chargé son oncle de garder loyalement sa dame qui lui fait des adieux touchants.

Mais le diable enragé contre la dévotion de la marquise à la Vierge, se « boute » dans l'oncle qui fait la cour à sa nièce. La scène est filée, avec une adresse

---

[1]. Cf. Bibliothèque nationale, Inventaire, Y² 42 214.

bien rare, en nos miracles, et offre certains traits qui rappelent la fameuse scène de *Tartufe*:

> Que feray-je,
> Belle nièce? Me serroy je
> Decoste vous?

Et il la serre de près. Elle se défend avec fermeté et finit par déclarer :

> Prenons que je voulsisse (*voulusse*) amer,
> Ne se pourroit mon cuer donner
> A ce que m'amour eussiez
> Ne que ja de moy joissiez;
> Nanil, sans faille.

Le refus est direct, et il parait d'autant plus outrageant à l'oncle. Il en tire une vengeance vraiment endiablée. A son instigation et avec sa garantie contre les suites,

> Je te seray escu et targe,

le nain Galot se glisse dans le lit de la marquise endormie, y est surpris et poignardé par l'oncle qui a amené du monde pour constater ce flagrant délit, et mène grand bruit sur l'infamie de la dame

> Qui si deshonneure et diffame
> Un tel homme que le marquis,
> Et qui ce meschant nain a pris
> Pour acomplir sa lecherie (*tromperie*),
> Afin c'on n'aperçoive mie
> Son grant hontage.

La pauvre femme a beau protester pathétiquement :

> Dieu seet qu'a mon corps n'a touchié
> Au moins pour euvre de nature,
> Ne li ne autre creature,
> Ne fist onques vraiement
> Que mon chier seigneur seulement....

l'oncle affecte de tenir la preuve pour faite. Quand le mari revient, s'enquiert près de lui de la santé de sa femme et, sur les réponses équivoques du scélérat, s'exclame qu'elle est morte, celui-ci réplique que cela vaudrait mieux et finit par s'écrier :

> Je ne sçe, beau niez (neveu), qu'en ferez :
> Mais se cent foiz estoit ma femme
> Je la feroye ardoir, par m'ame,
> Puis qu'elle m'aroit fait tel trait.

Ainsi sera fait, conclut le marquis, après avoir consulté ses chevaliers, la mort et l'amour dans l'âme. La marquise n'a plus qu'à implorer Notre Dame qui vient lui annoncer qu'elle en réchappera.

Cette fois le moyen employé à cet effet n'est pas un miracle et il n'en vaut que mieux. Voici venir d'outremer le chevalier Anthénor qui apprend par son hôtelier le cas et la détresse de la marquise. Justement il lui a une grande obligation car, pour le tirer de l'accusation d'avoir détourné de son devoir la femme du roi, elle se déclara jadis son amie ; et même, pour confirmer cette déclaration et lui sauver la vie, elle eut « ceste courtoisie » de lui donner un baiser publiquement. Il ne peut donc trop croire à tel « meffait » et, malgré quelque doute,

> Car trop muable est cuer de femme,

il se décide à être le champion de cette nouvelle « Suzanne », comme l'appelle la Vierge,

> Soit qu'elle ait ou non ait mespris (méfait).

Averti par l'hôtelier il se porte au-devant du bourreau et de son lugubre cortège, et se proclame champion de la condamnée que l'on menait en charrette au supplice[1]. L'oncle obligé de relever le défi, a beau se récrier :

> Biaux niez, il ment parmy la bouche :

il « fault debatre » à la pointe de l'épée. Le traître est réduit à merci par ce chevaleresque précurseur de Tancrède, et sous la menace de la « dague parmy la gorge », il dit « le mauvais mot » qui est son aveu. Il est condamné à mort par le marquis. Le trop crédule époux demande pardon à sa femme, et prodigue son admiration reconnaissante au chevalier qui, ayant ôté son « bacinet », montre le visage du chevalier de renom Anthenor de Biauchastel. Pour marquer sa joie d'être ainsi mis en liesse, lui

> Et la dame pour qui j'avoie
> Plus dueil que dire ne pourroye,

le marquis fait entonner

> Ce chant plaisant et amoureux :
> « Pour l'amour du temps gracieux »,

ce qui finit encore mieux, étant dans le ton voulu par les circonstances, que n'eût fait la prière coutumière. Toute cette scène finale a un pittoresque et surtout un mouvement bien rares dans nos miracles.

Il y a, on le voit, une véritable liaison dramatique entre les épisodes de ce drame romanesque, et tel rondel débité en l'honneur de la Vierge, selon la coutume, a lui-même directement trait au sujet. Le personnage

---

1. Cette péripétie, toute profane en fait, sinon dans sa cause, est justement la scène choisie par l'enlumineur pour orner l'en-tête de ce miracle. Ce choix même est caractéristique de l'évolution du genre, car chacune des pièces du manuscrit Cangé est illustrée d'une miniature initiale, qui représente soigneusement le moment où se fait le miracle principal. Or ici l'intérêt profane a primé le merveilleux aux yeux même du pieux artiste.

de la marquise, et même celui du marquis, ont, dans l'expression de leur tendresse réciproque, à travers les situations qui les torturent, des accents et des nuances caractéristiques dont on a vu des traits dans nos citations. Le preux Anthénor est bien campé, non sans une teinte de mélancolie qui sied à sa bravoure chevaleresque, avec laquelle fait un contraste dramatique la lâcheté du traître qui cherche à fuir la rencontre, et s'avise d'invoquer son âge trop mûr pour le duel :

> Vueillez de moy mercy avoir,
> Biaux niez, pour Dieu le vous requier :
> Ne puis contre ce chevalier :
> Il est jounes, je suis ja viex....

*La marquise de la Gaudine* est donc tout à fait remarquable par le dessin des caractères, comme par l'intérêt dramatique ; et l'on sent que l'auteur est soutenu par son modèle, le roman de *Macaire*, ou mieux par quelque roman d'aventures français, leur modèle commun.

Le miracle de *la Femme du roy de Portugal* (n° IV) est un des plus dramatiques. Il est la mise en action d'un fabliau qui nous a été conservé.

Le sermon en prose qui ouvre la pièce est notable entre tous par sa subtilité mystique. Comme dans *la Partie de chasse du roi Henri*, le roi de Portugal, qui chassait dans la forêt de Compiègne, s'est égaré et demande l'hospitalité à un petit *chastellain*. Le roi, qui ne garde pas l'incognito, y trouve bon souper et belle fille, si belle qu'il lui déclare la vouloir pour femme. La proposition rencontre de l'étonnement, mais de résistance point, comme bien on pense, dès qu'on voit combien elle est sérieuse. La fille se met à genoux, avec une modestie aimable, en disant au roi :

> Du tout (en tout) vostre voloir feray,
> Sauve m'onnour (mon honneur).

Mais cet honneur va courir des risques, car le roi est si amoureux que la noce lui paraît trop éloignée. La brave fille se défend avec une pudeur fort sage :

> Mon seigneur, foy que je vous doy,
> Vous ne m'ameriés jamais,
> Se vostre vouloir estoit faiz
> Ains que m'eussiez espousée....

Mais le roi mourrait du délai, et comme la belle fille ne veut pas être « omecides », elle cède la clé de sa chambre, avec ce trait :

> La clef de m'onneur emportez
> Et de la vostre....

Tout ce début est fort remarquable. Il forme une pastorale fraîche et vive, d'une touche délicate en son réalisme. Cependant le roi a été retrouvé par sa suite, et son sénéchal le morigène si bien qu'il en obtient la clé de la chambre de la fille, pour la jeter, dit-il, en un lieu où nul ne la pourra trouver. Mais il la garde, et pour mettre à exécution un dessin singulier. Croyant rendre service au roi et le dégoûter de cette fille indigne de lui, le sénéchal s'est fait, à la faveur de la nuit et du silence, le larron de son honneur. Mais il lui en cuit, car sa barbe, puis ses ronflements ayant fini par le trahir, la Judith de village, aidée d'une cousine, tranche le chef de cet Holopherne, quitte à s'en confesser et à en faire « penance ».

Il lui reste maintenant à épouser le roi qui se fait attendre, « ce dont tout le corps lui tremble ». Il vient cependant, et la joie des parents fait un contraste dra-

matique avec les inquiétudes de la fiancée, mise à mal
par le sénéchal. Elle s'avise alors d'un stratagème dont
l'exécution rappelle certain épisode du roman de *Bertha
aux grands pieds*. Sa cousine vierge ira la remplacer,
dans l'ombre du lit nuptial, pendant la première partie
de la nuit de noces; puis sa remplaçante lui rendra la place
jusqu'au réveil et pour toujours. Mais la cousine trouve
que ce qui est bon à prendre est bon à garder, et, à l'heure
dite, elle répond par un : *j'y suis, j'y reste* bien senti. La
reine alors prend la Vierge à témoin, et se résout prati-
quement à ajouter le meurtre au meurtre, selon son droit :

> Mais j'ay oy pour voir retraire (*à redire vrai*)
> Que de deux folies emprendre (*entreprendre*)
> Doit on pour soy la meilleur prendre.
> Un murtre sur mon droit fait ay,
> Et encore un autre en feray.

Elle bâillonnera sa cousine, lui attachera le pied au lit,
mettra le feu à la chambre, puis donnera l'éveil au roi
qui en sortira avec elle. Le coup fait et, quand on s'enquiert du sort de la cousine, après l'incendie, elle se
récrie :

> En nom Dieu, il pourroit bien estre;
> Se Dieu plaist, elle n'est mie arse (*brûlée*);
> Miex ameroie estre en Tarse
> Que ce qu'elle fust morte ainsi.

Puis, saisie de remords, elle fait sa prière à la
« Dame des pechiez medicine », et va tout confesser au
chapelain. Celui-ci veut relater le tout par écrit au roi.
Elle l'y autorise; et son royal époux, après avoir lu, la condamne à mort, non sans quelques accents pathétiques :

> Dame, je vous amoie moult
> Hyer matin, quand de vous parti....
> Plus que rien du monde l'amoie,
> Mais il m'estuet (*me faut*) justice faire....
>     « Dieu, ma suer!

Mais la Vierge veut sauver la reine qui l'avait prise à témoin. Elle apparaît à un ermite, et l'envoie dire de sa part au roi qu'il est le premier coupable en cette affaire.

> Car tout le mal et le diffame
> Qu'elle a fait, ç'a esté par li,

qu'il faut pardonner la reine et brûler le prêtre accusateur. Le roi qui aurait tout aussi bien pu, sans l'intervention de la Vierge, remarquons-le, trouver cette solution qui n'a rien de miraculeux, l'exécute, avec un plaisir manifeste quant à sa femme, et avec une rigueur diligente, quant au chapelain, car

> Demain sera ars en charbon
> Sanz nul respit.

Ce dénoûment n'est pas la moindre immoralité de ce miracle, mais on en a vu et on en verra bien d'autres dans ce genre. D'ailleurs le roi et la reine vont fonder une abbaye, en laissant leur royaume aux « povres pour Dieu ».

Le sujet de « Oton roy d'Espaigne » (n° XXVIII) se trouvait dans le roman en vers de *la Violette*, et dans deux imitations de ce même roman, l'une en vers et médiocre, *le Comte de Poitiers*, l'autre en prose et d'une grâce piquante, *le roi Flore et la belle Jehanne*. Il se retrouvera d'ailleurs, en passant par Boccace, dans le *Cymbeline* de Shakespeare.

Oste, neveu de l'empereur, et, par droit de conquête, époux de Denise, la fille du roi d'Espagne, et maître de son trône, a l'imprudence de parier au seigneur Bérenger, que celui-ci ne détournera pas, comme il s'en vante, la reine sa femme de son devoir. L'occasion de ce pari est ce propos dudit seigneur :

> Roy Ostes, je vous jur par m'ame
> Tel cuide avoir femme teuz seulx
> Qu'a li partissent (*partagent*) plus de deux ;
> Et qui en ce cas a fiance
> En femme, il est plain d'ignorance ;
> Et vous dy bien que je me vant
> Que je ne scay femme vivant
> Mais que (*avant que*) deuz fois a li parlasse
> Que la tierce avoir n'en cuidasse
>      Tout mon delit (*délice*).

Notre homme commence par calomnier le mari, à l'ordinaire, lui contant qu'il ne la prise « pas la queue d'une cerise » et qu'il s'est « d'une garce acointié »[1]. Repoussé vertement, il a recours à une demoiselle suivante qui lui remet le bijou le plus cher de la dame, à savoir « un os d'un des doigts du pied » de son mari, et lui apprend où est exactement situé certain grain de beauté dont le mari l'a défié de lui dire la place. Ce dernier détail — avec une pudeur rare dans nos miracles, et dont n'avait eu cure, tant s'en faut, l'auteur du roman du *roi Flore* — est dit à l'oreille de Bérenger par la suivante, et redit de même par lui au roi. Devant cette double preuve plus de doute : le roi abandonne son royaume à Bérenger, et part pour tuer son infidèle épouse.

Mais, sur le conseil de la Vierge qu'elle a invoquée, celle-ci prend le costume et le harnais d'un écuyer, et fait à travers le monde très bonne figure d'amazone sous ce travesti. Elle rencontre son mari qui, après s'être fait mahométan, s'en était repenti, et avait appris de la Vierge l'innocence de sa femme. Elle lui sert de second, dans son défi au traître Ostes qui, vaincu,

---

[1]. Ce trait, absent des romans français et du *Decameron*, se retrouve dans *Cymbeline*, où Imogène, si elle a plus de grâce, n'a pas plus d'indignation dans sa vertu, que la Denise du miracle.

avoue sa trahison. La reine se fait reconnaître, ce qui réconcilie son père avec l'empereur et la pièce finit par une joie et une paix générales.

La légende d'*Amis et Amille* (n° XXIII), une des plus populaires du moyen âge, qui a été contée en latin, et dans toutes les langues de l'Europe, a fourni un miracle qui ne vaut pas, tant s'en faut, le poème épique son modèle, mais qui en a retenu l'intérêt romanesque et des traits de mœurs à l'avenant.

Amis et Amille qui se cherchaient depuis sept ans, parce que chacun d'eux entendait dire de l'autre :

> Il me resamble de corsage,
> D'aler, de venir, de langage,
> D'estat, de parler, de maintieng,

se sont enfin rencontrés, et ont scellé une amitié qui va être mise à de rudes épreuves. Nos deux chevaliers sans avoir, « n'ayant que l'éperon », vont à Paris se mettre à la solde du roi qui en a bon besoin, ayant sur les bras force ennemis, et tout proche « de ça le bois de Saint-Cloud ». Leur valeur fait des merveilles, et Amis en est récompensé par la main d'une riche héritière, Amille par l'amour secret de la propre fille du roi. Celle-ci, comme nombre de ses pareilles, dans les plus vieilles chansons de gestes — dont ce trait de mœurs, quand il s'y rencontre, sert justement à dater l'ancienneté — court après le galant, et le prend avec une hardiesse tout épique.

Mais un traître vient dire au roi et à la reine : « Votre fille a perdu son prix » et ce avec des détails qui ne permettent aucun doute. Amille ayant trouvé le cas assez mauvais pour être niable, on en appelle au « champ de bataille » judiciaire, et le vaincu sera pendu. Notre galant qui ne se sent pas la conscience tranquille, met Amis à sa place. Celui-ci peut jurer de son innocence et la prouver, en coupant la gorge au traître. Le prix de sa victoire est la main de la fille du roi, et Amis jure de l'accepter, ce qu'Amille fait en effet.

Cependant Dieu a puni Amis de son parjure, en le rendant lépreux. Chassé par sa femme, renié par ses frères, le voilà qui « truande (*vagabonde en mendiant*) aval le pays ». L'archange Michel vient lui annoncer qu'il pourra être guéri, en se baignant dans le sang des deux fils d'Amille, ce qui donne étrangement du réconfort à Amis. Le voici justement qui fait « cliqueter sa tartarie (*cliquette*) » de lépreux, devant le manoir que le roi donna à Amille, et dont il admire la beauté avec son écuyer, lequel fait cette réflexion sur la munificence du roi :

> Ne le feri pas d'une bille
> Ce jour en l'ueil.

La reconnaissance des deux amis est émouvante, et Amille va jusqu'à s'exclamer devant le lépreux tout couvert de « pouacre vilz et ors » :

> De vous baisier ne me tenroye.
> Se j'en devoie estre a mort mis.

Certes de pareils sentiments font violence à notre goût ; mais il les faut comprendre d'abord pour les goûter ensuite. Leur outrance témoigne curieusement de l'exaltation morale qui leur donna naissance. L'amitié d'Amis et d'Amille procède du même idéalisme que la patience de Grisélidis[1]. On en doit accepter la donnée comme un postulat, et ne pas faire des raisonnements pour s'empêcher d'avoir de l'émotion.

Au reste ce trait d'amitié héroïque prépare à l'autre.

---

1. — cf. ci-après p. 292.

celui de l'horrible égorgement des deux fils dont Amis a appris à Amille, non sans hésiter, la nécessité. Car il hésite, quoi qu'on en ait dit : mais il est loin de nous offrir, sur la scène hâtive des Miracles, le pathétique débat que le trouvère épique avait mis dans son âme.

Dans l'horreur tragique qui suit l'égorgement des enfants, il y a un trait comique d'autant plus notable qu'il jaillit du fond de la situation. La femme d'Amille, au retour du monastère où elle était allée faire ses dévotions, se trouvant en présence des deux Ménechmes tragiques, s'écrie, sur le ton de sa commère dans Plaute et dans Regnard :

> Pour Dieu, seigneurs, dites li quiet (lequel)
> Est mon mari d'entre vous deux ?
> De semblant estes si pareulx
> Que n'y scé différence mettre.
> Auquel de vous deux puis femme estre ?
>     Ly quel est ce ?

Amille se fait connaitre et la dame marque une joie que son mari rabat aussitôt, en lui révélant l'horreur de la situation : mais le public avait pu en goûter le plaisant, averti qu'il était de sa prochaine et heureuse issue par l'intervention miraculeuse de la Vierge. Celle-ci en effet, sur l'invitation de Dieu, avait ressuscité, en les touchant de ses mains, les deux enfants saignés par le père qui offre à son église « leur poids de cire ».

L'étrange sujet[1] de « *la fille du roy de Hongrie* » (n° XXIX) est tiré du roman de Philippe de Reimes, intitulé *la Manekine*. C'est encore une histoire d'épouse

1. Sur ce sujet, ses sources, sa fortune, et en particulier sur une comédie latine du XVe siècle qui en est aussi tirée, la *Comédie sans titre*, cf. l'étude de M. E. Roy, *Études sur le théâtre français du XIVe et du XVe siècle*, Paris, Rousseau, 1901, pp. I-CXX.

calomniée, avec ce surcroît de vraisemblance que la calomniatrice est ici la belle-mère. Le roi de Hongrie avait voulu, — et le pape y avait consenti, — épouser sa fille, pour tenir le serment qu'il avait fait à sa femme mourante, de ne se remarier qu'à « femme de sa semblance ». Sa fille, qui remplissait seule ces conditions, s'est coupé le poing plutôt que de consentir à cet inceste. Elle est alors condamnée à mort par son père; puis sauvée par des chevaliers à l'insu de son bourreau; épousée, pour sa beauté, par le roi d'Écosse; haïe, comme aventurière et « dame esmoingnonnée (*manchotte*) » par sa belle-mère; accusée par elle en l'absence de son fils, qui est au tournoi de Senlis, d'avoir mis au monde une « hideuse créature », quoiqu'elle ait accouché, et sous les yeux du public, d'un « trebiau filz »; exposée en mer, sur de faux ordres du roi, avec son enfant; sauvée du naufrage par la Vierge; servante d'un sénateur de Rome, à qui sa haute mine ôte toute envie de « rigoler ni muser », outre qu'il a femme au logis; retrouvée là enfin par les deux rois, son père et son mari, qui la reconnaissent coup sur coup. Il ne manque plus à son bonheur que sa main coupée. Justement — au lieu et place de l'esturgeon qui la rapporta dans la « Manekine » *et qui est annoncé dans le titre de notre miracle*[1] — un clerc, étant allé puiser de l'eau pour les fonts baptismaux, l'a miraculeusement repêchée. Le pape n'a plus qu'à la rapprocher du bras, pour qu'elle s'y adapte à miracle : d'où une « louange belle » du pape et des cardinaux à « la mère Jésus le roi ».

L'action, dans le miracle de *La fille d'un roi* (n° XXXVII) part de la même donnée que dans *La fille du roi de*

---

1. « Comment la fille du roy de Hongrie se copa la main pour ce que son père la vouloit espouser, *et un esturgon la garda set ans en sa mulette* ».

*Hongrie*. C'est encore l'histoire d'un père qui ne veut prendre qu'une femme semblable de tous points à celle qu'il a perdue. Ces points de ressemblance sont exprimés en termes identiques dans les deux pièces. Mais la première commençait au projet de mariage du veuf, tandis que la seconde remonte jusqu'à la conception de l'héroïne, avec un sermon approprié à la circonstance : aussi est-ce le plus long de nos miracles (3324 vers, au lieu des 1500 à 2000 de moyenne).

La fille du roi se travestit en chevalier et court le monde, pour fuir son père, escortée de sa suivante, travestie elle aussi, d'un écuyer et enfin de l'archange Gabriel que Dieu, d'accord avec la Vierge dont la fille a le culte, lui donne pour supplément d'escorte. Grâce à Gabriel qui leur sert de « latinier », et dialogue en effet en un bien mauvais latin avec le maître d'un navire qui va en Grèce, elle et sa suite arrivent en cet « arroi » à Constantinople. Elle en aide l'empereur à triompher de celui de Turquie et de cinq rois, ses alliés; mais elle est obligée de se laisser marier à la fille dudit empereur. Ici s'étalent des épisodes d'un ton plus libre que dans nos autres miracles, et qui s'adressent évidemment à la curiosité des auditeurs de fabliaux, plutôt qu'à celle des lecteurs de la *Légende dorée*.

Sur le conseil de Dieu, notre héroïne conte son histoire à sa femme; mais un religieux auquel l'empereur a donné l'étrange mission d'écouter les propos de la nuit de noces, les rapporte explicitement à son maître. Celui-ci, pour s'assurer du sexe de son gendre, lui enjoint suivant « la guise de ce pays » de se baigner nu devant lui avec sa femme. Grâce au ciel, les yeux de l'empereur lui prouvent que les oreilles du religieux ont mal entendu ou que sa langue a menti. Ce dernier va être mis à mort : pour le sauver le faux gendre dit tout. L'imbroglio se dénoue par une partie carrée, l'empereur épousant la fille du roi qui vient épouser la fille de l'empereur, et l'on va à la double noce, ménétriers en tête, sur cet ordre :

> Alez devant faisant mestier ;
> Il en est saison et mestier (*besoin*).
> De bien jouer ne vous faingniez (*ne faites pas semblant*)
> Cy endroit vos robes gaingniez :
> Marchiez bon pas.

Dans le *Roy Thierry* (n° XXXII), c'est encore une histoire de belle-mère. La femme du roi a mis au monde trois enfants, à la place desquels la belle-mère qui la hait, parce qu'elle n'est « ne de lignage ne d'avoir », substitue trois petits chiens. Devant cette « portée » de sa femme « fausse mauvaise sodomite », le roi la livre à sa mère qui l'emprisonne, la torture par la famine, s'écriant :

> Et range le mur s'elle a faim.

la fait abandonner en une barque sur la mer, puis meurt subitement. Cette mort étrange, le corps tout noir de la morte, indiquent au roi le jugement de Dieu, et que sa femme, dont il se rappelle alors les exemplaires vertus, fut calomniée. Il se met en quête, et retrouve ses trois enfants chez un charbonnier qui les a recueillis, et sa femme à Jérusalem où la Vierge et Dieu l'ont fait aborder, après l'avoir nourrie dans sa prison, en récompense de sa piété.

Ce miracle offre des traits de mœurs et des épisodes intéressants, et qui sont rendus en un style assez souvent agréable et net, « netelet » pour employer un de ses vieux mots. Nous signalerons le tableau des trois nouveau-nés « faisant fête et riant par accort » à la

demoiselle qui les doit abandonner et qui en est tout
émue; surtout les scènes chez le charbonnier, dont le
caractère est d'un naturel achevé, avec les « devis »
d'après nature des trois fils du roi, revenant de vendre
leur charbon; et tous les détails du souper rustique.
On y verra vraiment que cela est peint, comme disait
La Fontaine.

Le *Miracle de Berthe* (n° XXXI) est une dramatisation
assez fidèle du roman de *Berte aus grans piez* du trouvère *Adenez le roi*. Son auteur met en scène — ce que
conte beaucoup mieux Adenez, et parfois avec une
poésie absente de la pièce — les aventures connues de
la pauvre Berthe : comment sa place lui fut volée dans
le lit de Pépin, la première nuit des noces par une
servante; par suite de quelles machinations, elle fut
prise pour la servante et « murdrière fille » par ce
brave roi qui n'avait pas regardé sans doute sa fiancée
d'assez près la veille; puis exilée et perdue dans la forêt
du Mans, où la retrouvera et reconnaîtra non sans
peine son époux, après que sa mère Blancheflleur aura
découvert l'imposture de la servante, en voyant ses
pieds « moins grands de quatre doigts » que ceux si
légendaires de sa fille.

Le souvenir du roman nuit à l'intérêt qu'offriraient
ces aventures. L'auteur du miracle, entraîné sans doute
par son modèle, les a développées jusqu'à 2896 vers, et
la pièce dépasse en étendue, d'un grand quart, la moyenne
des autres, ne le cédant en longueur qu'à *la Fille d'un
roy*. Pourtant, même là, la prolixité des Miracles n'est
pas comparable à celle des mystères du XVe siècle.

Godart (n° XVII), pour ses méfaits, a été excommunié
par son curé, ce dont peu lui chaut, car il le renvoie à
sa messe. Celui-ci va en pèlerinage, y meurt, et son

successeur est rabroué par le mauvais paroissien, de la même manière que ci-devant. Mais sur cette observation que le premier curé est mort sans l'absoudre, et qu'il sera damné, Godart se convertit et le *penancier* du pape l'envoie à un ermite qui le renvoie à un fou.

Celui-ci est le fils de l'empereur d'Alexandrie qui contrefait le fou pour faire son salut. A la prière des deux pénitents, la Vierge apparaît avec le premier curé qui absout son insulteur. L'épisode du fils de l'empereur simulant la folie et celui de Godart courent parallèlement, dans la pièce, pour se rejoindre au dénouement, selon le même procédé que nous avons noté dans *Un enfant que Nostre-Dame resucita*.

Le seul intérêt qu'offre ce miracle d'*Un paroissian escommenié*, est dans les folies, les *trudaines*, à grand renfort de *fatrasies* et coq-à-l'âne, que débite à plusieurs reprises le fils de l'empereur.

En voici un échantillon :

> J'ay trop grant chaut, ne scé pour quoy :
> C'est pour ce que je plour et ry.
> Mon parrin avait non Ferry.
> Guillaume, Huart et Gautier :
> En un jour m'aprist le sautier (*psautier*)
> En mangant feves au brouet.
> Ceste cote fu a Drouet
> C'om m'a mis en si bel atour.
> Aler m'en vueil de cy entour
>    A mes trudaines.

Le miracle de *Théodore* (n° XVIII) est tiré de la légende de *Sainte Théodore*. La dame, pendant que guerroie son mari, a cédé à un amant, sur la foi d'une entremetteuse — cousine de *la Vieille Auberée* des fabliaux et aïeule de la *Macette* de Régnier — qui lui a persuadé que Dieu ne voyait pas ce qu'on fait la nuit.

Mais, sur l'invitation d'un *Quereur de sermon*, elle est venue entendre un « vaillant clerc, maitre en décrets » Guillaume Rousée, qui prêchait sur les vertus de Marie. Elle fait aussitôt un retour sur son péché et, sans l'avouer à son mari, elle s'en punit en coupant ses cheveux, prenant un costume masculin, et se rendant moine en un couvent d'hommes, en vue de mieux « tricher l'ennemi » et de faire que le diable n'y voie goutte. Au cours d'un voyage fait pour le couvent, elle inspire à la fille de l'hôtelier une passion que celle-ci assouvit avec un valet : d'où un fils qu'on fait endosser à Théodore, tout comme dans l'aventure de saint Jean Chrysostome. Là-dessus scandale au couvent, silence héroïque du faux moine qui s'en va mendiant pour l'enfant, pardon de l'abbé sept ans après, enfin mort édifiante de Théodore dont Marie recueille l'âme, et que son mari prévenu par l'archange Michel vient reconnaître. Cette scène de la reconnaissance — analogue au dénouement de l'histoire et du drame de *Comminges* qui arracheront tant de larmes à la sensiblerie du xviii$^e$ siècle — est bien conduite : elle offre d'ailleurs des traits de pathétique et même d'éloquence, mais qu'on a surfaits en en faussant la citation.

Voici le meilleur textuellement : c'est ce bout de dialogue entre le mari qui se lamente éperdument, et l'abbé qui lui conseille, après avoir acquitté son deuil envers la nature, de se réjouir, par raison, car l'âme de sa femme est « en gloire certainement » :

LE MARI.

E ! pour Dieu, dites moy comment
Elle a vescu.

L'ABBÉ.

> Comment ? Certes elle a vaincu [1]
> Tout orgueil par humilité.

*Un chanoine qui se maria* (n° XIX), s'en repentit aussitôt sur le reproche que lui fait la Vierge de l'avoir « laissée pour une autre femme » malgré ses dévots engagements. Il se résout donc à tenir sa promesse à Marie, quoi qu'il lui en coûte, et il lui en coûte ! témoin ce monologue dans le lit nuptial :

> Mère Dieu que me secourez !
> En moy sens un trop dur assault.
> La char me bout, tressue et sault....
> Et pour ce dy qu'il avient peu
> Qu'estoupes n'ardent près de feu :
> Estoupes est homs et feu femme....

Au jour, il se va faire ermite, en laissant une lettre dont la lecture renseigne la maisonnée, et amène sa femme à se faire nonne.

Il y a du piquant dans les épisodes de la noce, avec ses commentaires traditionnels parmi les invités, qu'aiguise ici la situation. Nous noterons, à titre documentaire, la scène de la rencontre de deux ménestrels, qui sont venus se faire de fête et échangent leurs impressions de voyage, depuis qu'ils ne s'étaient vus. L'un, Poïet, nous apprend ainsi qu'il est une des victimes de la guerre (celle de *Cent ans*) :

> Ma gaaingne n'a riens valu
> Car les Anglois m'ont tout tolu.

L'autre, Volant, fut plus heureux car, dit-il, m'étant « mu de Paris »,

---

1. On avait voulu lire :
> Comment certes elle a vaincu !

ce qui formait un trait subtil et fort, tout à fait cornélien. Il y faut renoncer.

> Touz dis ay je le brout (*de quoi brouter*) eu
> Pour moy et pour Santelinete,
> Qui est assez belle garcette
>     A mon devis.

Mais à la besogne! pour eux et pour *Santelinete*, car voici « gens a planté (*à foison*) ».

### VOLANT.

> Vecy: tu seras diligens
> De biaus diz recorder assez,
> Et je ne suis pas si lassez,
> Que ne face d'esparteté (*tours de passe-passe?*)
> Et des faiz de ligierté
> Plus que ne fist onques Safret;
> Et si diray, se mestier (*besoin*) est,
> De grans falourdes.

### POLET.

> C'est bien dit. Or alons de bourdes
> Servir tant la feste et de lobes (*plaisanteries*)
> Qu'avoir puissons l'une des robes
>     A l'espousé.

Il est regrettable que le miracle ne nous montre pas les deux compères à l'œuvre, et se borne à nous faire venir l'eau à la bouche exactement comme le diable qui, plus haut, nous annonçait une farce intercalaire dans *Julien*.

Le miracle de *Barlaam et Josaphat* (n° XXI) est tiré d'une légende très populaire, qui se retrouve au siècle suivant, dans le drame hagiographique du *Roi Advenir*. On y voit comment Josaphat fils du roi Avenir se fit chrétien et le resta obstinément, malgré les précautions que son père avait prises pour qu'il ne le devînt pas, et les tentations dont il le harcela pour qu'il cessât de l'être.

En vain on l'a enfermé dans une tour, où ses maitres

lui ont fait voir la vie en rose, pour lui éviter de réfléchir sur sa fin ; la rencontre d'un lépreux, puis d'un vieil homme courbé sur son bâton, faite un jour qu'il a obtenu d'aller voir son père, lui donnent à penser sur la souffrance et la mort. Il est ainsi amené à une conversion qu'opère Barlaam, maître d'hôtel du roi, qu'un sermon bien approprié à la circonstance avait converti au début de la pièce. En vain on lui oppose les arguments d'un faux Barlaam, en vain on le livre aux séductions d'une fille de roi : il réfute les uns et résiste aux autres, la Vierge aidant en personne, ce qui amène une conversion générale du roi et de sa cour.

La scène des rencontres des lépreux et du vieillard a de la naïveté ; celle de la dispute a de le vivacité ; et le caractère roué de la fille du roi est fort bien esquissé, car voici ce que la mâtine a trouvé pour faire renoncer Josaphat à son vœu de virginité, en le prenant par son faible qui est le prosélytisme :

> Or, soit, ami si com tu vaulz ;
> Mais se mon ame veulz sauver,
> Un petit don te vueil rouver (*demander*) :
> S'il te plaist, tu le me feras ;
> C'est qu'avec moy mez hui gerras,
> Et je te promet de ma main
> Crestienne seray demain.

La légende si populaire, et si longtemps vivante, de Robert le Diable, qui avait fait le sujet d'un roman d'aventures au XIIIe siècle, fait aussi celui d'un de nos miracles (n° XXXIII).

Dans une première partie, Robert fait le diable et exerce particulièrement ses brigandages contre les prêtres, moines et ermites, de Mantes au Mont Saint-Michel, sans négliger à l'occasion les économies des paysans liardeurs, et non sans « vider les nonnains » par passetemps. Banni par son père, il brave ses menaces et marche, l'épée nue, à la tête des gredins de sa bande contre le château d'Arques, où doit dîner sa mère à qui il veut parler. En voyant que tous, et sa mère elle-même, prennent la fuite à son approche, et bien qu'il ait dit par deux fois :

> S'ay fait mal, encor feray pis.

il se sent saisi de remords et répond à sa mère qui lui tend sa tête à trancher, car d'elle vint le péché :

> Mauvais sui trop, mais je seroye
> Pires encor se vous feroye (*frappais*).

La duchesse alors lui conte le mystère de sa naissance et comment, par dépit de n'avoir pas de fils, elle s'écria, après avoir fait le nécessaire avec le duc :

> Puis que Dieu mettre
> Ne veult enfant dedans mon corps
> Sy l'i mette le diable....

Dans la seconde partie du miracle, Robert fait pénitence des diableries qui ont rempli la première partie, non sans avoir, pour marquer la transition, occis toute la « merdaille » de ses mauvais compagnons Brise-Godet, Rigolet, etc., qui veulent « en mal persévérer » et dont l'un, Boute-en-courroye, s'écrie assez drôlement :

> Avez oy, seigneurs, haro !
> Renart, je croy, devient hermittes.

Sur l'ordre de Dieu et de la Vierge, Robert fera le muet et le fou, ne vivant que de ce qu'il disputera aux chiens. Entre temps — toujours sur l'ordre de Dieu, avec l'aide de la Vierge et d'un ermite — il fera si bien, par deux fois et incognito, que l'empereur déconfira les Sarrasins. Cependant il a été blessé à la cuisse, d'un coup de lance, par un chevalier curieux de savoir quel est ce sauveur mystérieux. Mais, quittant le champ de bataille, avec le fer de la lance resté dans la plaie, il a repris sa place sur la paille près du chien Louvet, dans la cage de l'escalier de l'empereur. Celui-ci promet sa fille à qui rapportera le fer de la lance, et montrera la plaie qu'il lui a faite. La fille de l'empereur, qui était muette, recouvre miraculeusement la parole pour révéler le secret de Robert, et l'empereur donna sa fille à celui qui, même dans sa folie, le faisait s'exclamer : « Entre mil est biau bachelier ». Robert est reconnu comme fils du duc de Normandie grâce à un ermite, agent de Dieu et de la Vierge; et il est marié par le pape.

Les scènes où Robert joue la folie sont parfois drôles, notamment lorsqu'il s'obstine à garder l'incognito, malgré le récit de la fille de l'empereur, et qu'il « fait au pape la figue et le seigne (*désigne*) d'un os », ou qu'il « joue de l'escremie d'un festu a l'empericre (*s'escrime d'une paille contre l'empereur*)[1] ».

Le miracle de *Sainte Bautheuch* (n° XXXIV) met en scène la légende des *Enervés* de Jumièges. Clovis, en une épisode qui est le plus intéressant de la pièce, laquelle ne l'est guère, a préféré pour épouse aux filles de rois et d'empereurs la pieuse Bautheuch, achetée et éle-

---

[1]. Joué à la Gaité, en 1879, avec une adaptation insuffisante de M. Ed. Pournier, *Robert le Diable* n'y eut pas le succès qu'a obtenu à l'Odéon, en 1902, l'adaptation par M. Adenis du *Chevalier qui donne sa femme au diable*, et qui attend certainement d'autres adaptations à faire adroitement de plusieurs de ces *Miracles de Notre-Dame*.

vée par son maréchal, « prise en Saxe par delà Frise ». Il en a eu deux fils dont l'aîné est fait régent du royaume, pendant que le roi est allé en Terre Sainte. Le régent entraîne son frère dans l'abus du pouvoir jusqu'à la révolte, quand le roi revient. Vainqueur de ses fils, et d'accord avec sa femme — qui est d'accord avec Dieu et la Vierge, garants de leur repentir ultérieur et de leur salut final, — il leur fait « cuire les jarrets ». Puis — toujours sur le conseil de Dieu et de la Vierge — leur mère les fait mettre, non sans leur avoir expliqué que c'est pour leur salut, sur un bateau abandonné au fil de la Seine, avec des vivres et un seul valet, sans « gouvernail ni avirons », qui aborde à Jumièges, « en Normandie, en un lieu sauvage et désert » où il y a « une chapelle moult belle », où ils font leur salut en grande contrition, et où leurs parents les viennent visiter.

Le miracle de *Clovis* (n° XXXIX) a une couleur plus historique que les autres, à défaut de l'intérêt dramatique. Tout l'épisode romanesque de la recherche de la main de Clotilde, faite au nom de Clovis par son envoyé Aurélien déguisé en pauvre, a une grâce chevaleresque. L'histoire du second enfant de Clovis, sauvé après la mort du premier, par l'intercession de la Vierge, est dramatique, et aide à l'évolution du caractère de Clovis vers le dénouement.

L'appel au Dieu de Clotilde, sur le champ de bataille de Tolbiac, est assez pathétiquement amené. A son retour, son salut à la reine, où, dès les premiers mots qui sortent de sa bouche habituée à jurer par *Mahom*, se voit sa conversion, est d'un joli effet scénique :

CLOVIS.
Dame royne, *Dieu* vous tiengne
En s'amitié !

CLOTILDE.
Chier sire, pour la Dieu pitié,
Qui vous a ce salut apris....

CLOVIS.
Ç'a fait Jhesus Crist, nostre sire,
M'amie qu'a vray Dieu je tieng.

Enfin, le tableau final de Clovis instruit et oint par l'archevêque Rémi, avec l'huile de la Sainte ampoule. — « Ici vient un coulon (*colombe*) atout (*avec*) une fiole » — devait parler haut à l'imagination du public et unir, de quel élan! les voix dans le *Te Deum* final.

Nous terminerons cet examen des *Miracles de Notre-Dame*, par celui d' « *Ung beau mystère de Notre-Dame à la louenge de sa très digne nativité d'une jeune fille laquelle se voulut habandonner a peché pour nourrir son pere et sa mere en leur extrême povreté*[1] ». Il nous parait se rattacher au groupe de ces pièces où le miracle ne fait pas partie essentielle des ressorts de l'action, et pourrait en être séparée, sans qu'ils cessassent de jouer en la conduisant jusqu'au dénouement. Nous n'en avons que l'édition du XVIe siècle; et le style en est rajeuni. La pièce est du groupe des miracles de *Notre-Dame de Liesse*, pour la confrérie parisienne de laquelle Jean Louvet écrira ses douze petits miracles.

Il est très intéressant. La donnée qu'énonce le titre, est la même que celle du drame liturgique des *Filles dotées*[2]. Après une série de lamentations du père, de la mère et de la fille sur leur détresse, vient une sorte de revue préliminaire de tous les personnages futurs du drame, dont chacun dit sans doute sa tirade *en son lieu*, à savoir : Satan chassant aux âmes; un larron

---

1. Cf. Bibliothèque Nationale, *Inventaire Réserve* Y e 3235.
2. Cf. Coussemaker, *Drames liturgiques*, op. c., p. 93 sqq.

guettant quelque bon marchand ; *Tost Versée* giboyant aux passants, comme fera la Nycette du *Saint Christophe de Chevalet*, avec une chanson sur les lèvres ; un seigneur et son serviteur faisant le tour du propriétaire ; enfin le bon marchand qui va à ses affaires, sans se douter de celle qui l'attend en chemin. Entre temps la fille est tentée par le diable, qui lui conseille de faire de son corps métier et marchandise. La scène a de la couleur :

SATHAN.

Nécessité la loy reprenne.

LA FILLE.

Larronnesse ne feray pas.

SATHAN.

Tu es jeune....

LA FILLE.

Commettray je tel vitupere
User ma vie en tel misere.
Estre a jamais deshonnoree
Rien n'en feray.

SATHAN.

Tous jours grant chere
Et de grans gens tres honnoree.

LA FILLE.

Pour une petite durée
M'abandonneray, c'est le mieulx.

SATHAN.

Comme de plumer un poussin
C'est la vie la plus joyeuse...
Logée seras en bons lieulx...

LA FILLE.

Ha! vierge, je te requiers grace,
... Je suis en fleur de jeunesse...

SATHAN.

Maintenue comme princesse...
Trouver ne te fault que ung gros moyne,

> Quelque prélat, quelque chanoyne,
> Tu seras la très bien venue.

### LA FILLE.

> Ce mot ci est de retenue
> Avoir pourray grant revenue.

### SATHAN.

> Trouver pourras quelque miliour (*milord*)
> De ces enchesnez de la court
> Qui te maintiendront bien en point.

Sur une dernière suggestion du diable, qu'appuie une voisine, elle part sous prétexte de se mettre « en un bon service » :

> Faut trouver moyen opportun
> D'habandonner son pauvre corps,

dit-elle à part soi. Elle s'en va donc escortée des conseils et bénédictions de ses parents, — tout comme dans le mélodrame de *la Grâce de Dieu* — :

> Chère fille, note ce point :
> Sur tout honneur vault mieux qu'argent...

La voilà dans la rue : elle y rencontre *Tost Versée* qui lui prodigue les conseils de son emploi :

### TOSTVERSÉE.

> Jeune fille, fleur de plaisance,
> Vous avez en vous quelque ennuy,
> Pour oster celle desplaisance
> N'est que d'avoir ung bel amy.
> Il en faut avoir quatre, seize,
> Pour mieux choisir, pour mieux s'esbattre...

### LA FILLE.

> Suffit-il pas d'en avoir un ?...

TOSTVERSÉE.

Qui ne leur fait cryer hélas
Soulz ombre d'amoureuse aysance,
Et qu'ils soient fort matz et las
Jamais n'attraperez chevance...

LA FILLE.

L'ung ou l'autre y est : quel metier!
Quel puant et abominable!
Ha! brief, j'ayme mieux mendier
Que d'estre en ce point detestable...

Sans aller jusqu'à la grossièreté de Marragonde dans le *Saint-Christophe*, *Tost Versée* en dit assez pour dégoûter la pauvre fille qui fuit au bois, où l'attendent les pires aventures.

Elle y rencontre d'abord le bon marchand qui se hâte vers la foire :

A la foire seray bien tard
Trop long temps ay esté fetard...

Il trouve d'abord à la fille « le museau friant ». Elle s'offre alors à lui, avec une gaucherie qui l'émeut et, coupant court à ses propos de vert-galant, le fait triompher de cette suggestion du diable :

Hee couart ung coup en ce jeu
De toy apres ce mocquera :
D'espargner chair qui pourrira
Ce n'est pas monstre qu'on soit homme.

Le brave homme donne à la pauvre fille des conseils de sagesse, un signet d'or et reprend sa route. C'est ici que le drame se corse.

Un bandit qui a suivi et gauloisement commenté, de sa cache, toute la scène, assaille la fille, en larron d'honneur comme d'argent. Elle crie à l'aide; est délivrée par le seigneur qui visitait son bois; accusée par le voleur d'être la voleuse du signet d'or; enfin condamnée à être pendue, et va l'être, quand Notre-Dame sur cette prière :

> Ha doulce dame !
> Ayez pitié de ma povre ame
> Quant de mon povre corps ystra (*sortira*).

intercède en ramenant à propos le marchand, pour la sauver par sa déposition. On pend le larron, avec cette oraison funèbre du seigneur :

> En son temps a eu maint butin
> C'estoit un garnement bien fin...
> Dont la delivrance en (*sic*) est tres bonne.

Le prévôt fait à la pauvre fille un cadeau qui lui permettra de trouver un mari, selon le procédé des filles de Gétron dans le drame liturgique visé plus haut; et elle retourne chez ses parents, tirant de ses aventures cette morale triste :

> Tous maux sourdent en pouvreté
> En avez veu l'expérience,
> Suppliant a la noble assistance
> De cette présente compaignie
> Assemblée pour la confrarie
> De la Vierge mere de Dieu
> Qui est establye en ce lieu.

Cette « expérience » avait sûrement diverti la pieuse confrérie, en l'instruisant; il se peut même qu'elle l'ait édifiée. Autre temps, autre piété.

Il importe d'observer que l'intervention de Notre-Dame s'est produite ici, sans qu'elle quittât le ciel à l'ordinaire, ce qui est bien notable et accentue le caractère foncièrement profane de ce miracle. Quoi de plus facile en effet que d'y remplacer les diverses suggestions du diable par celles de la faim mauvaise conseillère, ou du libertinage qui ne l'est pas moins? Quant à ramener le sauveur de l'innocente juste à point sans l'intervention de la Vierge, rien de plus aisé, et c'est un coup de théâtre que pratiquent tous les jours, pour assurer l'optimisme de leurs dénouements, nos faiseurs de mélodrames, héritiers directs de nos faiseurs de miracles providentiels.

# CHAPITRE V

### LE DRAME HAGIOGRAPHIQUE.
### MYSTÈRES TIRÉS DES VIES ET MIRACLES DES SAINTS

*Le jeu de Saint Nicolas* de Jean Bodel. — Caractéristique des *Vies et Miracles des Saints*. — *Vies de Sainte Barbe*, de *Sainte Marguerite*. — Le *Saint Christophe* de Chevalet. — Le *Saint Louis* de Gringore.

Comme la plupart des miracles de la Vierge, la vie d'un saint offrait en général un thème singulièrement favorable à la sécularisation du drame chrétien. Le héros avait été mêlé au monde et parfois aux pires aventures, avant sa conversion, ou bien il s'y mêlait pour faire certains de ses miracles posthumes; de là pour le poète dramatique la tentation de peindre la vie commune et la passion. Les dramaturges espagnols céderont abondamment à cette tentation, ce qui nous vaudra certains épisodes bien curieux et bien humains, parmi le fatras de leurs *Comedias de Santos*. Nos Français auront beaucoup plus de réserves en l'espèce, et se garderont trop de ces enluminures autour de leurs saints héros. Mais ce ne sera pas la faute de Jean Bodel[1]

---

[1]. On ne sait sur sa vie que ce qu'il nous en apprend dans son *Congé* à ses compatriotes d'Arras où il rimait, vers le milieu du XIIIe siècle. Cf. *Le Théâtre français au moyen âge*, par L. Monmerqué et F. Michel, Paris, Didot, 1842, p. 157 sqq.

qui leur avait montré la voie avec une hardiesse bien remarquable, comme va nous le prouver l'analyse de son *Saint Nicolas.*

C'est le premier en date et le plus intéressant des mystères tirés des miracles et vies des saints. Il a pour titre : *le Jeu de Saint Nicolas.* « *Li Jus de Saint Nicholai* ». Son sujet avait déjà fourni deux jeux scolaires : l'un assez insignifiant, qui fait partie d'une sorte de tétralogie sur la légende fameuse du saint, appartenant au répertoire de l'abbaye de Saint-Benoît à Fleuri-sur-Loire ; et l'autre qui est l'œuvre d'Hilaire dont nous avons parlé plus haut, si remarquable par sa rédaction bilingue et l'accent comique qui y pointe.

Cette même légende du saint, patron de la jeunesse des écoles — qui voyagera, à travers les *Légendaires* et même les rituels, depuis sa vie par Methodius, patriarche de Constantinople (IX<sup>e</sup> siècle), jusqu'à la *Légende dorée* de Jacques de Voragine (XIII<sup>e</sup> siècle) — a inspiré heureusement Jean Bodel, le trouvère lyrique et épique d'Arras, le chantre probable de la *Chanson des Saisnes* (Saxons) et de leur héros *Guiteclin de Sassoigne.* Nous avons là, à n'en pas douter, une de ces pièces que commandaient et montaient les confréries pieuses et plus ou moins ouvertes aux corps de métier, dont nous avons déjà signalé l'influence sur le développement des jeux scolaires.

Elle est précédée d'un prologue qui, comme ceux de Plaute, expose d'avance au public le sujet de la pièce : à savoir un trésor volé que saint Nicolas fait restituer à son propriétaire, un roi païen, voisin et vainqueur des chrétiens, lequel est si émerveillé de ce miracle qu'il se convertit lui et les siens, le tout grâce à l'intercession d'un dévot du saint. Nous y relevons un curieux avis à bon entendeur de ne pas s'étonner « s'il y voit aucune affaire », car le tout sera conforme à cette annonce et à la vie du saint. L'assertion n'est pas tout à fait exacte, mais la précaution n'était pas inutile.

On le voit bien, dès les premiers mots, à la grossièreté plus que païenne de certaines expressions dont est émaillé le dialogue du roi et de son courrier Aubéron, qui est venu lui apprendre l'invasion des chrétiens. Après une consultation plaisante de son idole Tervagan, qui a pleuré et ri, le roi païen fait convoquer par son courrier le ban de ses vassaux pour combattre l'invasion. Ici s'intercale une première scène à la taverne.

Aubéron y est entré pour boire un coup de vin, au pied levé, mais non sans jouer un coup de dé. Il marchande l'un à l'hôte et perd l'autre contre un pipeur, assez plaisamment. Puis il a tôt fait d'aller, sous nos yeux, porter son message aux divers émirs, lesquels sont aussitôt réunis et, devant leur suzerain, font assaut de gasconnades épiques à son service et contre les chrétiens. Le tout a duré le temps d'aller à la *mansion* et d'en revenir avec eux, quitte à nous faire mesurer en imagination l'espace parcouru, par des propos de ce genre :

> AUBERONS.
> Certes, sire, tant ai coitié
> Par Arrabe et par païenime,...
>     LI AMIRAUS DEL COINE.
> Venus sui a cauchiers ferrés,
> XXX journées par mi glache....[1]

Puis, après ces trivialités et gasconnades où il s'est

---

1. AUBÉRON : Sire, j'ai tant piqué des deux à travers l'Arabie et le *paganisme*... — L'ÉMIR D'ICONIUM : Je suis venu avec des souliers ferrés pendant trente journées parmi la glace.

complu, Bodel s'élève brusquement à une scène vraiment belle, et qui dut faire frémir d'admiration un auditoire dont la naïveté dispensait l'auteur de l'art des préparations.

Nous sommes dans le camp des chrétiens dont le cœur tressaille, en voyant reluire les armes des païens qui viennent à eux, dans la proportion de cent contre un. Le dialogue est pathétique. On sent vraiment passer, dans les paroles de ceux qui vont mourir pour leur dieu, le souffle héroïque des croisades. C'est l'accent de certains passages de Villehardouin dont les compagnons, à la vue des flots de barbares qui vont les *noyer* tous, regardent virilement leurs armes, tandis qu' « il n'i ot (eut) si hardi cui (à qui) la chars ne fremist ». Et puis, dans cette exaltation mystique, n'y a-t-il pas aussi l'accent personnel du poète lui-même, du pauvre lépreux, qui nous a dit, dans son *Congé*, son regret amer de n'avoir pu suivre la dernière croisade de saint Louis?

### LI CRESTIEN PAROLENT.

Sains Sepulcres, aïe! Segneur, or du bien faire!
Sarrasin et païen vienent pour nous fourfaire.
Vés les armes reluire : tous li cuers m'en esclaire.
Or le faisons si bien que no prouche i paire.
Contre chascun des nos sont bien C par devise.

### UNS CRESTIENS.

Segneur, n'en doutés ja, vés chi vostre juise :
Bien sai tout i morrons el dame-Dieu serviche;
Mais mout bien m'i vendrai, se m'espée ne brise.
Ja n'en garira I ne coiffe ne haubers.
Segneur, el Dieu serviche soit hui chascuns offers!
Paradys sera nostres, et eus sera ynfers.
Gardés, al assanler, qu'il encontreut no fers.

### UNS CRESTIENS, NOUVIAUS CHEVALIERS.

Segneur, se je suis jones, ne m'aiés en despit;
On a véu souvent grant cuer en cors petit.

Je ferrai cel sorcheur, je l'ai piecha eslit;
Sachiés je l'ochirai, s'il anchois ne m'ochist.

LI ANGELES.

Segneur, soiés tout asséur,
N'aiés doutanche ne péur.
Messagiers sui Nostre-Segneur,
Qui vous metra fors de doleur.
Aiés vos cuers fers et creans
En Dieu. Ja pour ches mescreans,
Qui chi vous vienent à bandon,
N'aiés les cuers se seurs non.
Metés hardiement vos cors
Pour Dieu, car chou est chi li mors
Dont tout li pules morir doit
Qui Dieu aime de cuer et croit.

LI CRESTIENS.

Qui estes-vous, biau sire, qui si nous confortés,
Et si haute parole de Dieu nous aportés ?
Sachiés, se chou est voirs que chi nous recordés,
Asseur recheverons nos anemis mortés.

LI ANGELES.

Angles sui a Dieu, biaus amis;
Pour vo confort m'a chi tramis.
Soiés seur, car ens es chiex
Vous a Diex fait sages esliex.
Alés, bien avés commenchié;
Pour Dieu serés tout detrenchié;
Mais le haute couronne arés.
Je m'en vois ; à Dieu demourés [1].

[1]. LES CHRÉTIENS PARLENT : Saint-Sépulcre, à l'aide ! Seigneur, or il faut bien faire ! Sarrasins et païens viennent pour nous defaire. Voyez les armes reluire ! Tout le cœur m'en tressaille. Or faisons si bien que notre prouesse y paraisse. Contre chacun des nôtres ils sont bien cent, à les compter. — UN CHRÉTIEN : Seigneur, n'en doutez pas, voici votre jugement ! Bien sais-je que tous ici nous mourrons pour le service de Seigneur-Dieu ; mais je m'y vendrai bien cher, si mon épée ne casse. Il n'est coiffe ni haubert qui en garantira personne. Seigneurs, qu'aujourd'hui chacun soit offert au service de Dieu ! Paradis sera nôtre, et leur sera l'Enfer. Prenez garde, dans la mêlée, qu'ils rencontrent nos fers. — UN CHRÉTIEN, NOUVEAU CHEVALIER : Seigneur, si je suis jeune, ne me prenez pas en dédain ; on a vu souvent grand cœur en petit corps. J'irai férir ce bandit-là, je l'ai déjà choisi ; sachez que je le tuerai, s'il ne me tue avant. — L'ANGE : Seigneur, ayez belle assurance, n'ayez doute ni peur. Je suis un messager de Notre-Seigneur

Il faut citer aussi la tirade de l'ange qui vient planer, après la défaite, sur le champ de carnage où gisent les preux. Telle est ici la conformité de l'inspiration avec la réalité, que ce couplet lyrique est un fidèle commentaire du mot héroïque de Villehardouin, dans la tragique retraite d'Andrinople : « Qui pour Dieu mourra en cette besogne, son âme en ira toute fleurie en Paradis. (*Ki por Diu morra en ceste besoigne, s'ame en ira toute florie en Paradis*). »

LI ANGELES.

A! chevalier qui chi gisiés,
Com par estes bon éuré!
Comme or ches œuvres despisiés
Le mont où tant avés duré¹
Mais pour le mal k'éu avés,
Mien ensiant très bien savés
Quels biens chou est de paradys,
Où Diex met tous les siens amis.
A vous bien prendre garde doit
Tous li mons et ensi morir,
Car Dieus mout douchement rechoit
Chiaus qui o lui vœlent venir.
Qui de bon cuer le servira
Ja se paine ne perdera,
Ains sera ès chieus couronnés
De tel couronne comme avés¹.

qui vous mettre hors de douleur. Ayez vos cœurs fiers et croyant en Dieu. Quant à ces mécréants qui vous viennent sus à foison, n'ayez en vos cœurs qu'assurance. Mettez hardiment vos corps en avant pour Dieu, car c'est ici la mort dont doit mourir tout le peuple de ceux qui aiment Dieu de tout cœur et croient en lui. — LE CHRÉTIEN : Qui êtes-vous, beau sire, qui ainsi nous réconfortez, et nous apportez si haute parole de Dieu? Sachez, si c'est vérité ce que vous nous rappelez, que nous recevrons, pleins d'assurance, nos ennemis mortels. — L'ANGE : Je suis ange de Dieu, bel ami; il m'a envoyé ici pour votre réconfort. Soyez fermes, car aux cieux Dieu vous a faits ses sages élus. Allez, vous avez bien commencé; pour Dieu vous serez tous taillés en pièces; mais la haute couronne, vous l'aurez. Je m'en vais; à Dieu demeurez fidèles.

1. Ah! chevaliers qui ci gisez, comme vous êtes bienheureux! Comme à cette heure vous dédaignez ces œuvres du monde où vous avez tant duré! Mais pour le mal que vous avez eu, à mon escient, vous savez très bien quel est le bien de para-

Cet épisode est non seulement le meilleur de la pièce, mais il égale les plus hautes inspirations de l'esprit chevaleresque et chrétien, dans nos épopées nationales. Il est, en sa brièveté, un des plus purs joyaux du trésor si mêlé de notre littérature médiévale.

Cependant tout jusqu'ici n'a été que hors-d'œuvre: et nous allons enfin entrer dans le sujet commandé au poëte, le miracle de saint Nicolas. Nous y perdrons en beauté, mais non en intérêt.

Les païens vainqueurs ont épargné un vieillard qui était en prière devant « son cornu Mahomet », lequel n'était autre que Saint Nicolas. Amené devant le roi, le *prud'homme* lui explique les miracles dont le saint est coutumier, parmi lesquels est celui de ne jamais laisser perdre ce qu'on lui a donné en garde, fût-ce le palais royal plein d'or. Le roi en veut faire aussitôt l'épreuve. Il commence par faire mettre le prud'homme dans un cul-de-basse-fosse; puis il donne l'ordre que tous ses coffres soient ouverts et ses trésors exposés à tout venant, sous la seule garde de la statue de saint Nicolas que l'on couche dessus. Gare au prud'homme si le roi perd seulement « un estrelin » (*sterling*) !

L'invraisemblance de cet ordre ne devait choquer personne, auteurs et auditeurs étant naïvement entraînés par la nécessité de la démonstration. On en voit bien d'autres dans la geste héroï-comique du *Pélerinage de Charlemagne* (xi° s.), où l'empereur de Constantinople, Hugon, risque jusqu'à sa fille, dans l'intérêt d'une démonstration beaucoup moins édifiante, quoique le ciel s'en mêle aussi.

dis où Dieu met tous les siens amis. Tout le monde doit bien prendre garde à vous et mourir de même, car Dieu reçoit très doucement ceux qui veulent venir à lui. Qui de bon cœur le servira jamais ne perdra sa peine, mais sera aux cieux couronné d'une couronne telle que vous l'avez.

Le roi fait alors publier par le crieur que son trésor est à la merci du premier venu. Tout comme le courrier Aubéron, le crieur Connart a besoin de se rafraîchir le gosier, et il nous ramène à la taverne. Nous y resterons longtemps ; la scène occupe en effet près de la moitié de l'étendue totale de la pièce. Une disproportion pareille donne la mesure du goût de ceux auxquels elle s'adressait. Elle donnerait même à penser que c'était une confrérie de taverniers ou de francs buveurs, qui en avaient fait la commande.

On y voit le trio d'aigrefins Pincedé, Rasoir et Cliquet, jouant aux dés et se querellant, en attendant l'heure des maraudes dont l'hôtelier recélera les produits. Or il y en a un qui est tout indiqué par le crieur Connart : c'est le trésor du roi, qui est si bon à prendre, et d'autant plus aisé que son maître dort ainsi que ses barons. Ainsi dit, ainsi fait, et, ayant rapporté un bon coffre plein de besans, nos trois larrons se remettent à boire et à jouer de plus belle, non sans disputes nouvelles.

Ces scènes de taverne paraissaient certainement moins traînantes au public de Bodel qu'à nous. Elles offrent cependant tout l'intérêt documentaire dont le genre est susceptible, y compris celui de l'argot dont elles sont émaillées — et dont on retrouvera l'énigme philologique dans le *jargon jobelin*[1] (pour tromper les *jobards*?) des *chevaliers de la pince et du croc*, chez leur poète Villon.—. Il y a aussi de la vivacité et même de l'esprit dans le dialogue, un tohu-bohu assez divertissant et des traits de mœurs amusants dans les scènes de jeu et de dispute, enfin une verve qui va jusqu'au lyrisme et commande la citation, dans le boniment du crieur de vin Raoulet :

1. — cf. ci-après *Marragonde*, p. 262.

RAOULÈS.

Le vin aforé de nouvel,
A plain lot et à plain tonnel,
Sage, bevant, et plain et gros,
Rampant comme escuirens en bos,
Sans nul mors de pourri ne d'aigre ;
Seur lie court et sec et maigre,
Cler con larme de pecheour,
Croupant seur langue a lecheour :
Autre gent n'en doivent gouster!...
Vois con il mengue s'escume,
Et saut et estinchele et frit :
Tien-le seur le langue 1 petit,
Si sentiras jà outre-vin [1].

Après cette scène de taverne, si démesurée, nous revenons chez le roi. Le vol a été découvert ; et le prud'homme est menacé d'une mort dont le geôlier Durand lui donne un avant-goût, avec cette gaîté macabre qui caractérisera le *cruellisme* des bourreaux, des *tyrans*, dans les *Passions*. Cependant il a obtenu un sursis d'un jour. Saint Nicolas en profite, à sa prière, pour aller relancer les voleurs dans leur taverne. Il les tance d'importance, et en une langue aussi verte que la leur, les sommant de rapporter le coffre où ils l'ont pris. Les gaillards s'exécutent, mais sans en devenir plus honnêtes, car ils se consolent du coup manqué en devisant de plusieurs autres qu'ils ont en vue, tandis que pour toute morale, Rasoir conclut :

Pinchedé, or du bien pinchier [2] !

---

[1]. Le vin nouvellement mis en perce, à plein lot et à plein tonneau, sage, buvant, et plein et gros, grimpant comme écureuil au bois, sans nulle morsure de pourri ni d'aigre, sur lie court sec et maigre, clair comme larme de pêcheur, siégeant sur la langue du gourmet : autres gens n'en doivent goûter !... Vois comme il mange son écume, et saute et étincelle et grille : tiens-le sur la langue un tantinet et tu sentiras de l'*outre-vin* !

[2]. Pincedé ! ores s'agit de bien pincer !

Nous voici de nouveau chez le roi qui constate que le coffre a fait retour au trésor. Mais avant de pardonner au prud'homme qui ignore encore le miracle accompli à sa prière, il lui pose une question subtile, qui est comme un supplément de preuve, et le fait évoluer lui-même vers la conversion finale :

LI ROIS.

Or me di, crestiens amis,
Crois-tu dont qu'il le peust faire?
Crois-tu qu'i me puist desloier?
Crois-tu qu'il me puist renvoier
Mon tresor? En ies-tu si fers?

LI PREUDHOM.

O! rois, pour coi ne seroit kicles?
Il consilla les III pucheles,
Si resuscita les III clercs[1]...

Voilà enfin un de ces traits de psychologie dramatique qui font évoluer un caractère. Mais c'est à peu près le seul que nous puissions relever dans le *Jeu de saint Nicolas*. Certes nous en avons vu plus d'un de ce genre dans l'*Adam*, mais comme ils sont rares ensuite!

Le roi se convertit avec tous ses émirs, sauf un, *Li Amiraus d'outre l'Arbre sec*, qui, contraint par la force d'adorer saint Nicolas, s'écrie en symbolisant le paganisme irréductible :

De moi n'arés-vous fors l'escorche :
Par parole devieng vostre hom;
Mais li creanche est en Mahom[2].

[1]. LE ROI : Or dis-moi, ami chrétien, crois-tu donc qu'il le pût faire? Crois-tu qu'il me puisse rendre déloyal (*envers ma loi*)? Crois-tu qu'il me puisse renvoyer mon trésor? Es-tu si fier là-dessus? — LE PRUD'HOMME : Ah! roi, pourquoi ne serait-ce pas? Il conseilla les trois pucelles, il ressuscita les trois clercs....

[2]. De moi vous n'aurez rien fors l'écorce : en parole je deviens votre homme; mais la croyance est en Mahomet!

L'idole Tervagan est jetée bas; on entonne en chœur le *Te Deum* et : *chi fine li Jeus de S. Nicolai que Jehans Bodiaus[1] fist, amen.*

On voit par cette analyse que l'œuvre de Jean Bodel est un document précieux pour l'histoire de notre théâtre, qu'elle n'est pas dépourvue d'intérêt dramatique, qu'elle offre des mérites appréciables dans la coupe du dialogue, dans la verve du style, dans la souplesse et la variété des rythmes de sa versification, et qu'une fois il y brille une beauté mémorable.

Mais il ne faut rien exagérer : c'est un jeu d'esprit sans portée que de prononcer, comme on l'a fait, à propos de cette œuvre si inégale, le nom de Shakespeare, et de se livrer à un parallèle entre sa construction et celle du drame romantique. La mobilité de l'action, qui s'y disperse en trente-huit scènes, est déterminée — là comme partout ailleurs dans le drame médiéval et jusqu'à l'aurore même du théâtre classique — par la construction de la scène où l'action, nomade parmi les décors fixes, va trouver les personnages à leur poste. La bigarrure des tons n'y est pas le résultat d'un calcul, et le réalisme ordinaire des scènes n'y sert pas de repoussoir prémédité à l'idéalisme de certaines d'entre elles. Cette bigarrure est simplement l'effet d'une insouciance complète de l'unité d'impression chez notre trouvère; et si la disparate tourne parfois à un effet de contraste intéressant, il ne l'a pas fait exprès.

La longue série des *Vies* et *Miracles* des Saints et des Saintes, constitue un genre vivace entre tous. Mais si elle commence par une sorte de chef-d'œuvre, elle ne continue pas de même, du moins jusqu'au *Saint-Louis* de

---

1. *Bodiaus* est le cas sujet.

Gringoire. Aussi n'y insisterons-nous guère. Une histoire générale n'est pas un répertoire. Ce qu'il y a de plus intéressant pour elle, de plus caractéristique de l'évolution du drame hagiographique vers le drame profane, nous venons de le trouver et de l'examiner par le menu dans les *Miracles de Notre-Dame*.

Le thème ordinaire des *Vies* et *Miracles des Saints* — qui nous sont parvenus, au nombre de trente-neuf, datant tous du XVᵉ siècle, sauf quatre (*Les Trois Doms* (1509), le *Saint-Louis* de Gringoire (1513?), le *Saint-Christophe* de Chevalet (1527?), le *Saint-Étienne* de Nicolas Louvet (1548) — c'est le martyre du héros. Sans doute l'imagination spéciale des auteurs orne ce thème fondamental de détails abondants et variés, qui répondaient évidemment à un goût particulier de leur public : mais ils rebutent vite le nôtre.

On en fera l'expérience, en parcourant, par exemple, les supplices infligés à sainte Barbe, à qui ses bourreaux arrachent les mamelles avec des crocs, les jetant aux chiens, tandis qu'elle les invective comme suit : « Faux chien cruel et sans pitié! », et qu'ils lui répliquent sur ce ton :

> Vous chanterez la haulte game
> Avant que partez de nos mains...
> Vous avez couleur vermeillette
> Et estes rouge comme un oignon...
> Comment tu tires le c.. arriere!
> Tu ne nous eschapperas mie...[1]

Mais il faut croire que ces horreurs n'ont pas cessé, aux grossièretés près, d'exciter à la dévotion, puisque nous en voyons la représentation se perpétuer, depuis

---

1. Cf. Bibliothèque Nationale, *Inventaire Reserve* Y f 4690.

les miniatures réalistes de Jean Fouquet et les peintures de Memmling, jusqu'aux sculptures religieuses de notre temps. C'est ainsi qu'un marbre moderne qui décore l'entrée d'une église de Paris placée sous le vocable de sainte Marguerite, et nous la représente torturée par le bourreau, pourrait prendre pour légende ce passage du mystère dont elle est l'héroïne :

> Voy comment icy je besongne.
> Je lui ay ja frotté la trongne,
> Tant que l'herbe qui estoit verte,
> Est de son sang toute couverte...
> Son sang voy courir a ruisseau
> Tant je lui ay frotté la peau...

Et quels soins de mise en scène pour ces tortures et les miracles dont elles sont émaillées ! « Adonc la transgloutit (*le dragon*) en sa gueulle et jette le feu bien fort et forte tempeste est en enfer ». Mais la sainte est difficile à digérer et notre dragon s'écrie :

> Au cœur me point plus qu'une flesche !

« Adonc se part (*le dragon se déchire*) par la moytié et s'escrie fort, et Marguerite est a genoulx au milieu, les yeux regardant vers paradis[1] ».

Mais les auteurs de ces mystères des Saints, ne se mettent guère en frais d'imagination que pour les scènes de torture. La physionomie de la plupart des personnages est d'une monotonie extrême. Persécuteurs et persécutés, convertisseurs et convertis, ont des attitudes et des propos pour ainsi dire hiératiques, tant ils sont réglés d'avance et copiés d'un mystère à l'autre. La

---

1. Cf. Bibliothèque Nationale, *Inventaire Réserve* Y f 4688.

cruauté des uns est, en principe, aussi invariable que l'*héroïcité* des autres. Ce sont des marionnettes terrifiantes ou extatiques.

Ce qu'il y a de plus vivant dans les drames hagiographiques de cette espèce, comme dans les drames bibliques d'ailleurs, ce sont les petites gens, sans oublier les fous. Les uns et les autres y forment une galerie assez animée, s'encadrant dans des mœurs qui ont parfois de la saveur locale, par suite de l'adaptation du mystère à la ville, au pèlerinage ou à la confrérie dont le saint est le patron. On en pourra glaner des traits intéressants dans la plupart d'entre eux, notamment dans les mystères du *roi Avenir*, de *Saint Bernard*, de *Saint Clément*, de *Saint Crespin et Saint Crespinien*, de *Sainte Geneviève*, de *Saint Quentin*, de *Saint Vincent*, d'un *Saint Louis* qu'il ne faut pas confondre avec celui de Gringoire, etc.

Néanmoins le cycle de ces mystères des Saints, est de tous le plus pauvre en intérêt, y compris celui des *Trois Doms*, récemment retrouvé[1].

Il passait pour perdu et on n'avait que le procès-verbal de sa représentation, lequel reste plus précieux que le texte, tout compte fait. En lisant les *Trois Doms* (Trois *seigneurs* saints) on comprend très bien que « maistre Chevalet » ait renoncé à le corriger, et « ne volit pas besoigner avec le chanoine Pra », son premier auteur, malgré l'officielle sollicitation des consuls de Romans dont il avait été l'objet à cet effet, et que nous avons contée plus haut. Mais si notre « grand fatiste » (*faiseur, auteur*), comme l'appelle le procès-verbal, refusa d'être ce qu'on nomme, entre gens de théâtre, le *teintu-*

---

1. Cf. l'édition E. Giraud et Ulysse Chevalier, Lyon, Brun. 1887.

*rier* du chanoine, — sauf pour quelques retouches dans les rôles des « tyrans » (*bourreaux*) à la dernière heure, — il ne faut pas en accuser les grossièretés dont celui-ci avait égayé son œuvre. C'est en effet dans le chef-d'œuvre de ce même Chevalet, qui avait d'ailleurs de l'esprit, dans ce *Saint Christophe* dont l'édition de 1527 le qualifie de « jadis souverain maistre en cette composition »[1], que nous rencontrons la plus monstrueuse de ces excroissances du drame sacré, dont on a déjà vu maint échantillon, au cours de nos analyses.

Il nous suffira d'en dire que la scène se passe au mauvais lieu, et contient un échange cynique d'impressions et de remarques pornographiques, entre la maîtresse de céans qui a nom Marragonde, comme la *févresse* de la Passion de sainte Geneviève, et deux de ses élèves Nycette et Aqueline. La leçon débute ainsi :

MARRAGONDE.

Faites de votre corps belle monstre
Pour amener l'eau au moulin
Car qui n'entend le *jobelin* (*l'argot, la finesse*)
N'a garde de prendre la caille....

AQUELINE.

Il n'y a si méchant briffault
En la ville, c'est la manière,
Qui n'ait maistresse ou chambrière
Ou toutes deux à ung besoin :
Si ne leur fault pas aller loing
Pour estre fourny de femelles....

Le reste défie la citation; mais quand on l'a lu, par devoir, pour avoir tout lu, on comprend que la Mon-

---

1. Gentilhomme du Viennois qui se qualifie en 1509 de « fatiste de Vienne », devait être mort en 1527, d'après ce « jadis » de l'édition de son *Saint Christophe*, et auquel il est vraisemblable d'attribuer aussi un mystère des *Saints Phocas et Zacharie*, joué à Vienne, en 1506.

noye lui-même, qui est pourtant de la famille de ces écrivains que Sainte-Beuve appelle les *Gaulois*, en ait été révolté. Du moins l'ignoble scène de *la Vengeance* de 1491, où Néron fait ouvrir le ventre de sa mère, avait-elle un semblant d'excuse dans le dessein de porter à son comble l'horreur pour le monstre. Mais ici l'auteur n'a aucune excuse, car celle de faire servir ces *truanderies* de repoussoir à *l'héroïcité* du saint, est inadmissible, en face du texte. Le dessein de charmer la canaille est ici tout nu.

Le fait de mêler de pareils ingrédients au drame chrétien montre combien il était temps que cela finît. Il n'y avait plus qu'un palliatif pour l'impertinence de ce réalisme ordurier : c'était qu'il cessât de se greffer sur le drame sacré, et que le drame profane, dont la sève montante et contrainte produisait ses excroissances, osât être lui-même et s'épanouir à ses risques et périls.

Au reste le drame hagiographique était déjà prêt, dans les *Vies et Miracles des saints*, presque autant que dans les *Miracles de Notre-Dame*, à admettre les éléments profanes, dans telle proportion qu'il plairait à l'auteur.

Quand Pierre Gringore[1], vers l'époque où Chevalet écrivait son *Saint Christophe*, reçut des maçons et charpentiers de Paris, *Confrères de Saint Loys*, la commande d'un mystère sur leur patron, il en chercha les principaux éléments dans l'histoire, presque à l'exclusion de la légende. Il compila les *Grandes Chroniques*

---

1. Pierre Gringore, ou Gringoire, est le plus connu de nous, parmi nos faiseurs de mystères, grâce au bohème que Victor Hugo eut la fantaisie de baptiser de ce nom, dans son roman de *Notre-Dame de Paris*. Nous le retrouverons dans l'histoire de la comédie. Il naquit en Normandie, on ne sait quand ; vécut surtout à Paris, où entre *Le Chasteau de Labour*, sa première œuvre (1499) et *Les Notables enseignements*, sa dernière (1527), il écrivit, sur commande, outre sa fameuse *sottie*, divers mystères mimés ou parlés dont le *Saint Louis* (vers 1513?); et mourut en Lorraine, héraut d'armes du duc, sous le nom de Vaudemont.

*de France* qui venaient d'être imprimées, pour reproduire de son mieux la physionomie historique de son héros, lui donnant ses vertus de roi et de croisé pour unique auréole, et rejetant dans un neuvième et dernier livre la série des miracles amenés par le culte de sa sainteté. Il ne crut pas rendre ainsi sa pièce moins intéressante pour son public. Elle le reste même pour nous et grandement, en dépit de la prolixité et de la platitude ordinaire du style, et de la froideur de certains personnages allégoriques, grâce à la vivante humanité de la figure centrale, grâce surtout à certains épisodes fort dramatiques et où le merveilleux n'est pour rien.

Il montre d'abord le roi adolescent, naissant à la sainteté, pour ainsi dire, en vertu d'une éducation qui n'est pas du goût de tout le monde :

LE DUC DE BRETAIGNE.
Vous le faictes entretenir
A un tas de frères Prescheurs
Bigotz, ses maistres et recteurs.
Certes cela ne nous peult plaire.

LE CONTE DE LA MARCHE.
En voullez vous un moyne faire
Qui presche d'esglise en esglise ?
Quelque chose qu'on en devise,
Cela nous déplaist, somme toute.

LE CONTE DE CHAMPAGNE.
Un prince doit aimer la jouste,
Estre large et habandonné.
Pour ce cas est roy ordonné
Et en triumphal estat mis.

LA ROYNE.
Il fault craindre Dieu, mes amys !

La reine ajoute à cette pieuse éducation la chaleur d'un

amour maternel dont l'accent rappelle celui d'Andromaque :

LA ROYNE.

> Je ne saroys estre a mon aise
> La journée que ne voy Loys,
> Mon filz. A le voir m'esjouys
> Trop plus qu'on ne pense....

L'effet de ces soins se marque par la fierté du jeune roi, en face des barons révoltés :

> Dieu m'en saura bien delivrer...
> Hommes font guerre, il est notoire,
> Mais Dieu seul donne la victoire :
> Ses servans au besoing ne laisse.

Sa confiance dans le ciel, est d'ailleurs fortifiée sur la terre par un personnage allégorique qui doit trouver grâce devant le goût moderne, tant il y a de vie et de sens historique dans les paroles et les actes que lui prête l'auteur, lequel était d'ailleurs rompu à ce jeu d'esprit par son rôle de Mère Sotte et ses *Sotties* : c'est *Populaire*, ce même Jacques Bonhomme dans lequel Michelet montrera le véritable protagoniste de tout le drame de notre histoire nationale. L'allégorie du poëte est, pour le xiii<sup>e</sup> siècle, un vivant commentaire de l'éloquente vision de l'historien. Voici comme *Populaire* parle à son roi et s'offre à le soutenir contre les féodaux, voire contre l'empereur :

POPULLAIRE.

> Ne soyé de rien estonné.
> Je suis armé, embastonné ;
> Pour combattre vos ennemys....
> Se quelqu'un vous veult faire guerre,
> Je suis tout prest de le combattre.
> Venez vous hardiment esbattre

> A Paris : c'est vostre cité,
> Qui a tousjours d'antiquité
> Entretenuz les roys de France....
> Il (l'empereur Frédéric) n'est pas humain
> Et le puis reputer villain ;
> Car, affin que je le vous die,
> Villain est qui fait villenye,
> Et noble qui fait la noblesse.

*Populaire* a d'ailleurs dans *Chevalerie* une émule de son loyalisme :

> DON CONSEIL (à l'Empereur).
> Le royaulme de France n'est
> Si foible, je vous certiffie,
> Que sa noble Chevallerie
> Se lesse avec ses bons barons,
> Defouller a voz esperons.
> Je vueil bien que vous le saichez.

Il y a aussi de la vie, mais elle est plus factice, dans *Oultraige*, le traître de la pièce, celui qui s'emploie à faire échec au roi, en Orient comme en Occident, se faisant renégat au besoin pour aider et conseiller l'émir de Tunis « l'admiral de Thunes », après l'empereur Frédéric, et qui se définit en ces termes :

> Ma pensée est prompte et active
> Pour nuyre à toutes gens de bien ;
> Je n'ay pitié, non plus qu'ung chien,
> De respandre le sang humain...
> Je ne crains Dieu, Dyable, ne homme,
> Je combas, murtris et assomme
> Foibles, fors, larrons, innocens ;
> A tout mal faire me conscens.

Ainsi attaqué et défendu, Louis fait éclater tour à tour sa grandeur d'âme et sa piété. Il sait ce qu'on lui doit, et il dresse ainsi le droit divin en face de la félonie des princes :

> Pensent ilz point qu'il soit ung Dieu
> Qui a povoir sur tous les hommes,
> Et que par lui esleuz nous sommes,
> Princes et seigneurs, pour regner?
> Comment veullent ilz domyner
> Sur moy qui suis sacré en oinct?

Mais il n'oublie pas ce qu'il doit lui-même à *Populaire* :

> Le Popullaire me conforte,
> Car il m'ayme de tout son cueur,
> Par quoy prie a nostre Seigneur
> Qu'en paix il les vueille tenir.

Il a surtout conscience de ce qu'il doit au ciel, et par suite à l'Église :

> Mes predecesseurs ont voullu
> Les papes en toute saison
> Soutenir, et selon raison
> Les vueil entretenir aussi

Sa royauté ne l'éblouit pas d'ailleurs. A *Chevalerie* qui s'étonne de le voir repartir pour la croisade — où ne le suivra pas *Bon Conseil*, digne en cela de son nom — sous l'humble titre de *Loys de Poissi*, et qui lui dit :

> C'est trop vostre estat rabesser;
> Veu qu'estes en honneur haulcé,
> Que ne vous appellez vous roy?

il réplique, avec cette prud'homie enjouée que Joinville trouvait « si grans chose et si bone chose que, neis au *(rien qu'au)* nommer, emplist-il la bouche » :

> Mon amy, je suis par ma foy
> Ainsi comme ung roy de la febve,
> A qui sa seigneurie est brefve;
> De son royaulme au soir faict feste;
> Lendemain il vous admoneste

> Que de son regne n'est plus rien ;
> Le royaulme aussi que je tien,
> Comme luy, puys perdre soudain ;
> Car nous n'avons point de demain....

Voici le preux, dans l'élan de la guerre sainte :

> Mes enfans, au nom de Jesus,
> Que chascun se face valoir
> En monstrant que de bon vouloir
> Aymez Jesucrist vostre maistre.
> En la bataille je vueil estre
> Le premier ; nully n'en estrive (*dispute*),
> Et qui m'aymera, sy me suyve !

Enfin, si l'adresse de Gringore est trop mince pour rendre l'éloquence des conseils du saint roi, à l'heure suprême, du moins a-t-elle suffi à encadrer, comme il faut, l'héroïque agonie sur le lit de cendres :

> ÉGLISE.
> Il a rendu sa devote ame
> Entre les bras du doulx Jhesus.
> Si tost qu'il a esté dessus
> Ce lit de cendre...
>
> POPULLAIRE.
> Ha, le bon roy !
> Il supportoit bourgoys, marchans,
> Mesmes les laboureurs des champs,
> Pugnissant gens pleins de desroy (*désordre*).
> Pillars, larrons.
>
> BON CONSEIL.
> Ha, le bon roy !
> Simples, ygnorans supportoit,
> Povres, mendians conffortoit,
> Observant de Jhesus la foy
> Redoublant Dieu.

Parmi les épisodes dont Gringore a orné son sujet, il en est de miraculeux, comme des guérisons, voire une résurrection, un éboulement dont deux charpentiers et deux maçons sont retirés sains et saufs, grâce à saint Louis qui est venu du ciel soutenir la terre au-dessus d'eux. Mais ils sont accumulés — nous allions dire rejetés — à la fin, sauf celui de la croix souillée par un ours qui est aussitôt frappé de mort subite, ainsi que ses imitateurs parmi les païens. D'ailleurs l'anecdote est plaisante autant qu'édifiante, comme on en jugera par ce boniment du bateleur qui présente l'ours, aussi incontinent que savant, aux badauds de Coyne (Iconium) :

> Ça, maistre, ça, ça, venez ça.
> Tournez-vous ung petit, tournez.
> Petis enfans, mouchez vos nez,
> Vous verrez mon esbatement.
> Un petit sault pyeusement,
> Pour l'amour de la compagnie.
> Vous verrez, je vous certiffie,
> Mon ours que voyez ci voler
> Ainsi comme ung oiseau en l'air,
> Présupposé qu'il n'ait point d'elles,
> Et puys monstrera ceux et celles
> Qui dorment grasse matinée, etc.

Il est d'autres épisodes plus intéressants et tout profanes, dont les plus remarquables sont ceux où est mise en action, au sixième livre, « la justice » de saint Louis, jointe à celle d'Estienne Boyleau, l'intègre légiste, qu'il a choisi pour prévôt de Paris, aux gages de 300 francs. Ils valent qu'on s'y arrête, car ils sont fort dramatiques.

Une femme a un mauvais fils qu'elle ne peut empêcher de courir les brelans et les *Nycettes*. Voici sur quel ton le drôle le prend avec sa mère :

LE FILS.

> Paix ! Paix ! Vous n'y entendez rien.
> Voullez-vous que bigot je soye

Et que le monde point ne voye ?
Pour Dieu ! Vous me la baillez belle.....

LA MÈRE.

Je t'ai racheté de prison
Plusieurs foys.

LE FILS.

Le dyable y ait part.
Toujours me tensez fort et tart,
Ainssy qu'on feroit d'un novice.

LA MÈRE.

Si tu es reprins de justice,
Je mourray de dueil par mon âme.

LE FILS.

Maugré en ait bien de la femme...

LA MÈRE.

Si tu faisoies, avec les bendes
Que hantes, quelque tour villain.

LE FILS.

Et le Prévost est mon parrain.

LA MÈRE.

C'est ton parrin, il est ainssy,
Mais tu ne faiz pas comme luy.

LE FILS.

Comment? Vous ne cessastes huy
De me rompre l'entendement...
Taisez-vous; je suis assez grant
Pour sçavoir ce que j'ay affaire....
Il me fault de l'argent, ma mère,
Et bien tost, car j'en ay affaire...

Mis à sec par « les ribaudes et le hazart », le beau fils va donc au prévôt son parrain, sur le conseil de sa mère affolée, pour lui emprunter la forte somme. La scène tourne au tragique :

ESTIENNE.

Mon filleul, gardez la maison,
Et besongnez; vous ferez bien,
Car vous ne povez gaigner rien
A hanter ung tas de paillars,
D'ont il ne peult nul bien venir....

LE FILS.

Je ne m'en sçauroie tenir....

LE PRÉVOT.

Vous ne sauriez ? Hé ! non, non,
Je vous prometz que sy ferez.
Par ma foi, vous les lesserez,
Vueillez ou non; et vous promectz
Qu'avec eulx vous n'yrez jamais,
Et sy ne despendrez les biens
Vostre mère, puys que je vous tiens
Pour le jour d'uy dessoubz ma main....
Bourreau, prenez ce mignon tost.

Aussitôt fait que dit. A la mère qui est toujours mère, et était venue demander grâce, le justicier répond, inflexible :

Doresnavant vous mengerez
Vostre pain en paix....

Et *Populaire* d'applaudir :

Je suis esbahy de cecy.
Le Prévost n'excuse personne;
Aussy tost sa sentence donne
Sur ses parents, amys, compères,
Voisins, enfans de ses commères,
Comme il fait sur les estrangiers.

Il applaudit moins quand le roi fait marquer au fer rouge les lèvres d'un bourgeois blasphémateur :

Je grumelle de veoir cecy.
Je sçay bien que grant tort avoit

> De jurer; mais le roy devoit
> Le pugnir en aultre façon,
> Veu qu'il est homme de façon :
> Le jugement est rigoureux.

Mais voici tout un petit drame. Un précepteur, l'abbé de Saint Nicolas, interroge les trois jeunes garçons, de noble famille flamande, auxquels il enseigne le français :

> L'ABBÉ DE SAINT NICOLAS.
>
> Or ça, mes gentilz escuiers,
> Aprenez vous bien le langaige
> De France ?
>
> LE PREMIER ENFANT.
>
> De très bon couraige,
> Pere Abbé, tachons de l'aprendre....

Sur quoi il leur donne congé d'aller giboyer, avec leur arc, dans la forêt voisine. Les écoliers s'émerveillent de la beauté des arbres et de la douceur du chant des oiseaux. Hélas! l'idylle va finir en drame. Ils ont poursuivi trop loin un lapin et lui ont décoché une flèche, étant dans une partie du bois qui a pour propriétaire féroce le noble sire Enguerran de Coucy. Saisis par les gardes, ils sont condamnés à être pendus sur place par le sire de Coucy accouru à l'appel du cor. La scène devient atroce, par l'étonnement poignant des pauvres petits, leur douceur résignée, leur chagrin à l'idée de la douleur de leurs parents. Les bourreaux eux-mêmes en seront émus un moment, au beau milieu de leurs plaisanteries traditionnelles.

> PRINCES.
>
> .....Qu esse-cy,
> Jhesus, et d'ont vient cet oultraige ?
> Nous n'avons fait aucun dommaige
> En vostre forest.

ÉPISODE DES TROIS ÉCOLIERS PENDUS.

LE BOURREAU.

Il vous fault,
Pour passer temps, monter là hault,
Et puys devaller emmy voye.

SECUNDUS.

Hélas! et faut-il que je voye
Mourir sy gracieulx enfant!

LE VARLET DU BOURREAU.

Vous en aurez tantost autant,
Et sy estez bel et mignon.

LE BOURREAU.

Aussy aura son compaignon,
Car il m'est commandé.

TERTIUS.

Hélas!
On nous vend bien cher le soulas
Qu'en ce boys avons voulu prendre!

LE PREMIER.

Mes compagnons, il fault entendre
Que vécy la fin de nos jours;
Nul ne nous peult faire secours;
Mourir fault, sans nulz contreditz;
Je pry Dieu qu'en son Paradis
Aujourduy le voyons tous troys.
Adieu, mes amys.

(*Ici le gette le bourreau*).

LE BOURREAU.

Hault le boys!
En velà jà ung despesché

LE VARLET.

Il n'a guères longtemps presché....

SECUNDUS.

Helas, que diront
Noz nobles parens quand sçauront
Nostre mort très dure et amère!

TERTIUS.

Je plains mon père.

SECUNDUS.

  Et moy, ma mère...

MESSIRE ENGUERRAN.

Meshuy; despesche lay paillart.

LE BOURREAU.

Respondez si je suys fêtart;
Le velà despesché soubdain.
L'autre ?

LE VARLET.

  Je le tiens par la main
*Tout ainssy comme une espousée.*
Il est tendre comme rosée
Le jeune enfant.

LE BOURREAU.

  *Tay-toy, tay-toy,*
Mon ami, montez après moi
Et pensez à Dieu.
  (Cy l'atache).

TERTIUS.

  A grand tort
Nous faictes endurer la mort...
Tous troys sommes à la mort mis
Par ung homme plain de malice.
Las, où est droit, où est justice,
Où est amour, fraternité,
Où est pitié et charité ?
Il ne les fault plus ycy querre.

LE BOURREAU *le gette.*

Despesché est, sans plus enquerre;
Il nous faisoit trop long sermon.

MESSIRE ENGUERRAN.

Vela le vin du compagnon...

LE PREMIER FORESTIER.

Ils estoent les plus gracieux
Que je véisse onc en ma vie.

LE DEUXIÈME FORESTIER.

Je vous promets et certiffie
Que l'abbé ne s'en téra pas.

L'abbé est survenu, en effet, cherchant les enfants. Il a vu leurs cadavres branchés et ayant tout appris des forestiers, le va conter au roi qui n'en peut croire ses oreilles et se fait répéter cette horreur :

LE ROY.

C'est assez pour estre estonnez
D'avoir ouy ung tel rapport.

L'ABBÉ.

Il est; a faict livrer à mort
Tous troys; le plus vieil des enffans
N'avoit qu'environ XIII ans.

Pourtant la justice royale ne pourra être assouvie par le sang du coupable. Celui-ci est trop haut placé, et l'exécution ferait des mutins parmi ses pairs, comme le remarque *Bon conseil*. La commutation de peine — que le coupable implore, avec l'appui de *chevalerie* — en une amende de dix mille livres pour fonder un hôpital, et un pèlerinage de trois ans en Terre Sainte, marqueront le terme de la justice royale. Le trait a, on le voit, sa couleur locale, comme beaucoup d'autres de ce poëme dramatique : toujours dure aux petits et aux bourgeois, le cas échéant, l'ordonnance, même de Saint Louis, est encore indulgente aux grands.

Cette analyse du *saint Louis* de Gringore, nous montre nettement quelle place occupe la pièce dans la longue série des *Vies des Saints*, et dans l'évolution de cette variété du drame sacré vers la sécularisation. Cette place marque le terme de cette évolution, et est analogue à celle des pièces de notre troisième groupe dans la série des *Miracles de Notre-Dame*. Dans ceux-ci, comme dans le *saint Louis*, nous avons constaté que les éléments profanes de l'action occupent réellement le devant de la scène; et que le merveilleux chrétien s'y réduit à l'état de décor conventionnel et accessoire, de prétexte à représentation, tout au plus de machine à dénoûment.

Ainsi nous venons de voir, dans ces deux variétés du drame hagiographique, surtout dans la première, le drame profane déjà tout formé au sein du drame sacré. Il ne nous reste plus qu'à l'étudier, quand il s'essaie à vivre d'une vie séparée. Nous serons alors au terme de notre étude sur le théâtre sérieux du moyen âge, puisqu'il nous aura dit toute la genèse du drame moderne.

# CHAPITRE VI

## LE DRAME PROFANE

*Le premier des drames profanes : Grisélidis. — Deux « mystères profanes » : le Siège d'Orléans; la Destruction de Troie. — Six moralités profanes, du genre pathétique : Ung Empereur qui tua son nepveu qui avoit prins une fille a force; l'Enfant prodigue; l'Enfant de perdition qui pendit son père et tua sa mère, et comment il se desespera; Histoire rommaine d'une femme qui avoit voulu trahir la cité de Romme; l'Inquisiteur; Une pauvre fille villageoise laquelle ayma mieux avoir la teste couppée par son pere que d'estre violée par son seigneur.*

Dès la fin du XIV<sup>e</sup> siècle, s'offre à nous un drame purement profane : c'est « l'Estoire de Griseldis la marquise de Saluce et de sa merveilleuse constance et est appelle le miroir des dames mariées »[1]. Une pièce qui sera si longtemps unique, en un genre destiné à une si haute fortune, commande beaucoup plus d'attention qu'on ne lui en a accordé jusqu'ici.

Son auteur inconnu l'a rimée pour que la vie soit prise en patience par les dames[2] à qui elle est rude, et

---

1. Sur la tradition, sans preuves, qui veut qu'une représentation de *Griselidis* ait eu lieu, en 1395, par les clercs de la basoche, devant Charles VI, auquel en aurait été offert le manuscrit (actuellement à la Bibliothèque Nationale, sous le n° 2203 f<sup>ds</sup> f<sup>s</sup>), cf. Petit de Julleville, *les Mystères*, op. c., t. II, p. 6 et t. I, p. 186, note.

2. Elles étaient devenues très friandes de spectacles, à en croire le *Miroir du mariage* d'Eustache Deschamps, qui nous expose leurs exigences sur ce point.

>     Elles désirent les cités,
>     Les douls mos à culs récités,
>     Festes, marchiés *et le theatre,*
>     Lieux de delis (*délices*) pour culs esbatre....

qu'elles trouvent là un exemple

> Dont on puet par raison monter
> En l'estat de perfection.

Il insiste sur l'efficacité du théâtre, où les exemples vivants sont d'un autre pouvoir que dans le livre,

> Et pour ce que plus est meu
> Le cuer de l'ome par veoir
> Que par lire sans plus savoir
> Et mieux se mettent les coraiges.
> Sera ci fait par personnaiges
> Se dieux nous en donne puissance
> D'icelle hystoire la semblance.

Après ce dessein de moraliser, si explicite, l'auteur annonce son sujet qui est la patience inouïe de Grisélidis laquelle

> Vint ainsi comme ce fu drois
> En l'estat de perfection.

Il trace enfin un portrait préliminaire du futur mari de l'héroïne, « le marquis de Saluce, nommé Gautier », grand ami de la chasse et grand ennemi du mariage. Au reste le caractère de cette sorte d'Hippolyte féodal qui vivait

> Droit es confines de picumont (*Piémont*)

va être mis aussitôt en action, et « déclos » avec bien d'autres choses. Que si le tout n'a pas le suffrage des dames, ce ne sera pas la faute de l'auteur, car il a fait de son mieux et s'en explique ainsi :

> Si com tout ce et autres choses
> Vous seront orendroit (*tout de suite*) descloses
> (*De*) la merveilleuse constance
> Griseldis et de son enfance

> A l'onneur des dames de pris
> Pour qui j'ay le dicter empris
> Et se moins bien est ordonné
> Qu'estre ne deust, pardonne
> Nous soit, car mieulx le feissons
> Se mieulx faire le sceussons.

L'action s'engage par une chasse au vol, avec propos y relatifs et vantardises de fauconniers, laquelle est prise sur le vif et vivement menée. Pendant que le marquis est allé quérir au bord de la rivière le héron lié par son faucon, les barons et chevaliers devisent sur le cas de leur sire, si rebelle au mariage qu'il risque fort de n'avoir jamais un successeur de sa lignée, ce qui serait vraiment dommage,

> Car preudons (*prud'homme*) est et de grand pris
> Et de toutes meurs bien appris :
> En lui n'a que bien et honneur.

On décide de lui dépêcher un « ancien », un chevalier, bon catholique,

> Et qui aime le bien publique,
> Saige de droit naturel senz...,
> Si est soubtilz et beau parlier
> Si que Ulixes le conseillier...

Survient le vieux chevalier que l'on honorait, en son absence, d'une comparaison si classique avec Ulysse. On le presse d'accepter cette mission, ce qu'il fait avec une modestie bien notable :

> Messeigneurs, en la moye foy,
> Simple homs suis et petit say,
> Et en moy petit d'avis ay,
> Pour ce devant vous proposer
> Ne le deveroye oser

> Faire, se par commandement
> Ne le faisoie seulement,
> Qu'assez mieulx faire le feriez...

Voilà de ces nuances de caractère qui sont bien rares dans le drame médiéval. Elles contribuent, avec les détails familiers que nous allons voir se multiplier et que nous soulignerons, au charme réel et spécial de ce premier en date des drames profanes.

Le marquis étant revenu de la rivière, le vieux chevalier lui explique la requête des vassaux, en le haranguant dans les formes. Il essuie d'abord une rebuffade. Le marquis se récrie qu'on a moins d'amour pour lui qu'on ne dit :

> Me voulez vous donc martirer
> En moy liant en mariage !

Les raisons pour et contre le mariage ayant été débattues, et à fond —

> Car souvent avient, chose est clere,
> Que l'enfant ne ressemble au pere,

— entre le vieux chevalier et le marquis, celui-ci cède dans l'intérêt de ses sujets. Mais il demande à choisir librement une femme

> Avec qui vivre puisse en paix,

et que l'objet de son choix doive être respecté de tous. Barons et chevaliers acceptent ces conditions dans un transport de « grant joie », que va partager « le commun ». Là-dessus, le marquis déclare que le mariage est fixé à quinzaine, et il donne l'ordre de le « semondre (d'en aviser) a grant noblesce », pour convoquer parents et amis.

Mais ici, de même que dans les *Miracles de Notre-Dame* contemporains, rien de l'action ne se passe à la cantonade, tous les détails étant mis en scène. C'est ainsi que nous assistons à l'envoi du messager *Tropjoliet*, qui vante sa vitesse et aime à lever le coude, comme tous ses pareils dans les mystères; à l'arrivée du secrétaire, qu'il est allé quérir; et à la confection de la lettre de faire-part, dont le marquis approuve le brouillon, et qui sera rendue circulaire, avec les différences voulues,

> A chascun selon sa personne.

Après quoi Gautier retourne à ses chiens, pour chasser la grosse bête, un cerf tel que

> Onques Acthéon ne chassa,

nous dit un veneur qui a des lettres. On en a d'ailleurs, dans les chenils d'alors, comme dans les écuries d'aujourd'hui, témoin ces noms de la meute du marquis où les chansons de geste, et aussi les *bergeries (Rifflart)*, sont mises à contribution, concurremment avec la mythologie[1] :

> Gauvain, Tristran, Yseut, Sanglier,
> Maucourant, Tirant, Melampus,
> Et le cruel Esicropus,
> Clabaut, Tirati et Rifflart,
> Houstin, Noiseux et Agrapart,
> Genievre et le fier Fernagus...

[1]. A propos de la meute du marquis, et à défaut de cette énumération parachée, Charles Perrault a, dans son conte de *Griselidis*, une bien jolie description :

> Des chiens courant l'aboyante famille,
> De ça, de là, parmi le chaume brille;
> Et les limiers à l'œil ardent,
> Qui, du fort de la bête, à leur poste reviennent,
> Entraînent en les regardant,
> Les forts valets qui les retiennent.

Que n'a-t-il aussi bien peint les sentiments de son héroïne !

Agrapart — qui a un nom de bourreau, de « tirant » des mystères — a pris la bête à qui le marquis a décoché sa « saiette au large barbel », non sans vanter un coup tel

>Que je croy puis le temps Abel
>Ne vistes plus beau cop ferir.

On corne *la prise* et on prend la voie « de se mettre en retour ».

C'est ici que va se nouer la destinée du marquis. Chemin faisant, son attention est attirée par le dialogue suivant :

GRISELDIS.

>Avez vous bien dormi anuit (*cette nuit*)
>Pere comment vous a esté?

JANICOLA.

>Par foy, fille, pou de santé
>Puis avoir, dont moult me desplait.
>(*Le marquis regardant la contenance*).

GRISELDIS.

>Vous l'arez bonne se Dieu plaist.
>Pere, ne vous courrouciez mie
>Je vous feray si bonne aye (*aide*)....

JANICOLA PERE, GRISELDIS.

>Mon tres doulz enfant debonnaire,
>Car je t'ay tres bonne trouvée,
>De Dieu soies tu honnourée,
>Qu'onques ne fu meilleur ce cuit (*je le crois*).

GRISELDIS.

>Je m'en voiz faire vostre lit
>Et baloier nostre maison
>Affin que nettement soyon
>Doulz pere en nostre poureté (*pauvreté*);
>Que se bonne vous ay esté
>Se Dieu plaist meilleur vous seray.

Or le marquis a déjà vu cette bergère aux champs, et

elle avait commencé d'attirer son attention. Son veneur lui dit alors combien elle la mérite, et lui fait un tableau de sa piété filiale telle que la renommée la publie, et qu'elle vient d'être vue par lui à l'œuvre. Le sort en est jeté; c'est cette bergère qui sera la marquise. Cependant ce choix reste secret, et ordre est seulement donné au sage doyen des vassaux de préparer vêtements et ceinture « pour en atourner l'espousée ». Mais

> Sire la robe façonnée
> Ne pourroit estre proprement
> Se la mesure justement
> N'estoit prise du cousturier.

Qu'à cela ne tienne :

> Faites hardiement taillier
> La robe sur une meschine (*servante*)
> De la court qui a nom Blanchine :
> L'espeuse est comme de son grant (*de sa grandeur*).

Le vieux chevalier et les barons s'émerveillent à bon droit de la précision et du secret avec lesquels leur seigneur mène ses affaires, et « son fait du tout appareille ». Nous revenons alors à la chaumière de Janicola. De quoi causer sous le chaume, sinon du grand mariage qui se prépare et dont le bruit court les champs? Grisélidis demande à aller voir, avec « les pucelles », passer la belle épousée, dès qu'elle aura fait le ménage,

> Maiz que j'aye fait mon devoir
> Et mes escuelles lavées
> Et deswidies mes fusées,
> Et mise no maison a point.

On pense si le bon vieillard accorde la permission :

> Si ne pues (*peux*) pas tousjours en paine
> Vivre sanz aucune lyece (*liesse*).

Mais voici le marquis : il demande à Grisélidis, toute rouge d'émotion, « vergoigneuse de la présence de son seigneur », d'aller lui chercher son père. Il fait alors sa demande au vieux paysan, puis à sa fille, mais en formulant ses conditions : Grisélidis devra faire tout ce qui plaira à son mari « sans répugnance ou contredit ». La jeune fille en fait la promesse formelle, et que la femme tiendra, ce qui est bien digne de mémoire, comme disait le prologue.

> E tant que mémoire en sera
> Tant com li mondes durera.

Voici d'ailleurs les termes de sa réponse qui ajoutent à la beauté du trait, en même temps qu'à son invraisemblance :

GRISELDIS.

> Sire d'estre t'espeuse chiere
> Non mie ta poure meschine (*servante*)
> Tant seulement ne sui pas digne :
> Maiz puisque ta bonté le vuelt
> Et fortune ne le desvuelt,
> Ains (*mais*) doucement le me presente.
> Jamaiz, pour dolour que je sente,
> Ne diray, ne demanderay.
> Ne feray ne ne penseray
> Chose que je puisse savoir
> Qui soit encontre ton vouloir;
> Ne jamais rien ne me feroies
> Non pas se (*non même si*) morir me faisoies
> Que je ne souffre voulontiers;
> Et telz est mes (*mon*) vouloirs entiers
> Ja par moy n'en sera menti.

Le marquis prend alors Grisélidis par la main, et la présente à ses chevaliers,

> Il souffist : mes amis entiers
> Et bien amez, vez (*voyez*) cy ma femme
> Vez ci m'espeuse et votre dame...

Puis la première dame faisant service de chambrière à la nouvelle marquise, la fait dévêtir et parer richement.

Cependant les bonnes camarades, « les poures (pauvres) pucelles compagnes Griseldiz », devisent entre elles de l'aventure, non sans une pointe de jalousie, mais en somme, en rendant hommage à ses goûts de « simplesce et humilité » qui ont trouvé leur récompense. Suit la bénédiction nuptiale donnée par l'évêque, avec un sermon de circonstance qui a le mérite exemplaire d'être court autant que courtois.

Grisélidis d'ailleurs gagne si bien tous les cœurs, qu'elle trouve grâce même devant les dames de la cour, comme devant les filles du village.

LA PREMIERE DAME.

Je m'esbahis comment ainsi
Puet or ma dame estre enseignie :
Ne semble pas que feust nourrie
En l'ostel d'un poure pastour...

LA SECONDE DAME.

Moult est plaine de bonnes meurs
Et de bonnes condicions.
Pas au premier (*tout d'abord*) ne cuidissions
Qu'en lui (*elle*) eust tant de savoir...

On en cause au village, bien entendu, et voici deux bergers qui commentent tout haut l'événement. La fortune de Grisélidis est même montée à la tête de l'un d'eux, Rifflart, qui en fait son château en Espagne se voyant en arroi d'homme d'armes et s'avançant en noblesse par maintes prouesses. Son camarade lui rabat finement le caquet

PREMIER BERGIER.

J'aimme mieux amer Marotele
Et la faire au fresteau (*flûte*) danser

> Que moy faire fol ressembler
> Paur contrefaire l'omme d'armes...
> Je suis d'aussi bonne lignie
> De *bergerie* com vous estes...

Après un débat qui est gai sans grossièreté, ce qui est vraiment bien notable en une *bergerie*, le second berger tombe d'accord que le premier a raison et qu'il n'est suivant la tradition, bonheur tel que de *pastourie*.

Mais, après cet intermède et avec la seconde partie[1], les épreuves de Grisélidis vont commencer et suivre une progression qui est vraiment dramatique : elle tient sans doute au sujet, mais elle est conduite par l'auteur avec une naïveté heureuse.

Grisélidis a eu une belle fille, à la venue au monde et à la mise en nourrice de laquelle nous avons naturellement assisté, tout devant se passer sous nos yeux, suivant la poétique du théâtre médiéval. Le marquis, voulant « esprouver sa femme », lui demande de se séparer de sa fille, pour apaiser les vassaux et sujets qui murmurent, dit-il,

> D'avoir dame de si petit
> Estrasse (*extraction*) et si basse lignie.

Elle y consent, et laisse emporter sa fille, sans savoir où et sans faire une plainte. Quatre ans se sont écoulés dans cette résignation stoïque de la pauvre femme. Elle met alors au monde un fils et, comme pour la fille, nous sommes témoins de l'accouchement, de la joie du père,

---

1. La fin de la première partie est indiquée par ce fait que les deux dernières rimes de l'intermède (v. 1234-5) terminent le couplet du même personnage, au lieu de se partager entre le dernier vers de l'un des interlocuteurs et le premier de l'autre. Or ce partage, dans le corps du dialogue, est une règle constante de la poétique du théâtre médiéval, depuis le *Saint Nicolas* de Bodel, sauf quelques exceptions dans le *Théophile* de Rutebeuf; et il constituait, au prix de quelques chevilles, un excellent moyen mnémotechnique pour les joueurs guettant leur réplique.

sans mélange cette fois puisqu'il voulait un garçon, et aux propos d'une nourrice experte à tailler des bavettes. Nouveau sujet d'épreuve, et sous un prétexte analogue, à savoir les murmures et machinations du peuple.

> Si dient, je les ay oyz,
> En ramponant (*en moquant*), nostre marquis
> Gautier trespasser laisserons
> Et puis a seigneur averons
> Le beau filz de Janicola...

Grisélidis se soumet de nouveau, comme elle l'a promis, s'étant *dénuée* de sa volonté comme de ses habits de bergère, en entrant au palais de son maître :

> Car quant premierement entray
> Ou palais ou tant d'onnour ay,
> Mes poures robes desvesti
> Et des tiennes me revesti,
> Et aussi je me desnuay
> De ma voulenté et laissay
> Du tout ma propre affeccion...

Mais il serait invraisemblable que deux actes si étranges se passassent sans commentaires dans le public, qui n'a pas lui la résignation muette de la marquise. Aussi l'auteur n'a-t-il garde de nous laisser ignorer ces commentaires. Dans l'entourage du marquis, on murmure des horreurs.

LE SECOND CHEVALIER.

> Q'aucuns dient que ce a esté
> Pour la honte que il avoit
> De ce qu'a femme prise loit
> Pour ce qu'elle ert (*était*) de bas lignage
> Et qu'il les a, comme non saige,
> Fait destruire et a mort livrer....

En revanche, l'attitude stoïque de Grisélidis, constamment sereine, sous l'œil soupçonneux de son mari, provoque une admiration étonnée :

LE TIERS CHEVALIER.

Maintesfois voy que viz a viz
La (Grisélidis) regarde moult longuement.
Mais jamaiz un seul mouvement
Ne un seul semblant de tristece
Il n'y trouvast, maiz que (*rien que*) lyece
Et vraye amour continuelle.
Et s'il l'a huy trouve tele
Encor l'a' meilleur lendemain....

Mais une épreuve suprême attend Grisélidis. Nous voyons l'évêque qui l'a mariée obtenir du Saint-Père, pour le marquis, par une prière

Qui n'est pas de droit torcornniere[1] (*donnant entorse*)

le divorce et le droit de contracter

Nouvel mariage et plus hault,

ce qui vaut au secrétaire, au *grossaire* papal, outre le vin, « vint florins de Florence ».

Une dame de la cour apprend cette affreuse nouvelle à la marquise, qui répond que son époux s'est caché d'elle, mais que

Ne ja mon cuer ne desdira
Chose que sa bouche dira.

La chose fait du bruit jusqu'au village : on en jase sous le chaume et aux champs, comme nous l'apprenons par un nouveau et bref dialogue de bergers. Ces

---

1. Elle ne paraitra telle ni à Boccace, ni à Pétrarque qui disent les lettres de divorce fausses, « simulatas litteras ». Quant à Perrault, qui en prend à son aise avec son modèle, son « papier bleu » (le texte de Lemasson dans la *Bibliothèque Bleue*), il escamote la difficulté par le silence.

braves gens n'y trouvent pas de quoi rire, mais bien
plutôt de quoi plaindre la pauvre fille, qui jadis si honnêtement, « en charité » leur « a tenue compaignie »,
et qui va revenir au village, bergère comme devant,
avec l'âge en plus pour elle et pour son pauvre vieux
père :

> Aviz m'est que le marquis fist
> Trop mal d'espouser Griseldis
> La bonne vierge qui toudis (*tous les jours*)
> Avoit paix en sa poureté (*pauvreté*)....

Nous voici au point culminant de l'action, à la crise
suprême. Le marquis, mettant toujours en avant la raison d'état, dit à Grisélidis, et avec quelle ironie cruelle!
qu'il lui faut revenir chez son père :

> Preng dont fort cuer et je t'en pry
> Et en appaise ton corage.
> *Le douaire qu'a mariage*
> *Apportas preng, c'est bien raison;*
> Et va en la vieille maison
> Car nul sol n'est perpetuel
> A homme n'a femme s'est bel
> De s'en deporter (*s'y complaire*) bonnement.

La réponse de la plus qu'idéale épouse est admirable : en voici des traits :

> Dieu preng a tesmoing sur mon ame
> Que tousjours me suis reputée
> Ta poure ancelle (*pauvre servante*) et demourée,
> Et de tant que j'ay demouré
> Avec toy en grant dignité
> Et honneur dont digne n'estoye
> Long temps en honneur et en joye,
> Dieu et toy sire regracie....
> Et quant est a ma poure part
> De douaire dont conforter
> Me vuels que le doye emporter,

> Quelle elle est assez je le voy :
> Tu sçez bien quand je vins a toy
> Et tu me preiz a l'issue
> De la maison mon pere nue,
> Me feiz du tout desvestir
> Et de tes robes revestir
> Aveucques lesquelles j'entray
> Et vins o (avec) toi, et n'apportay
> Douaire autre ne cheté (avoir)
> Fors révérence et poureté.
> Voy ci la robe desvestue....
> Sauf ce que ce me sembleroit
> Chose indigne et non afferable
> Que cestui ventre miserable
> Duquel furent les enfans nez
> Que de ton sanc as engendrez,
> Deust au peuple apparoir tous nuz.
> Pour quoi je te suppli sanz plus,
> S'il te plaist et non autrement,
> Qu'en récompense seulement
> La virginité qu'apportay
> O toi quant ou palais entray,
> *Laquelle ne puis remporter,*
> Il te plaise a commander
> Que l'en me laisse une chemise,
> A l'issue de ton servise,
> De laquelle je couverray
> Jusqu'à tant qu'a l'ostel (*sa chaumière*) venray.
> *Le ventre ta* (de la) *femme jadis....*

C'en est trop! le marquis a laissé tomber le masque, mais pour le public seulement, comme nous en avise cette rubrique : « Comment a la requeste de la marquise larmoiant et tornant sa face de pitié[1], commande q'on lui laissast une chemise ».

Il y a aussi une vérité et une émotion extraordinaires dans le retour de Grisélidis au village, où elle reçoit un

---

[1]. « *Abundabant viro lacrimæ ut contineri amplius jans non possent. Itaque faciem avertens...* » Pétrarque, en la lettre dont nous parlons plus loin.

accueil affectueux et résigné de son vieux père : il n'avait jamais cru, lui, à la solidité de cette union, prévoyant bien les effets de la satiété et de la morgue seigneuriales [1] :

> Car onques asseur ne fuy
> Puis les noces jusqu'au jour d'uy
> Que point demeurer y deust....
> Trop est chose muable et vaine
> Que de cuer de jeunes seigneurs....
> Ha ma fille, je te retieng.
> Estre puisse tu bien venue.
> Onques si piteuse venue
> Ne fu, ce croy, d'enfant au pere....
> Mon tres doulz enfant debonnaire
> Qui tant de bien m'as voulu faire.
> Et de plaisir, en ta jeunesce....
> Quant ta belle et bonne jouvent
> As usee ou noble servise
> Du marquis qui a sa devise (*avis*)
> Prent autre pour toy delaissier....
> Quant je n'ay dont te recevoir
> Si saiches tu bien tout de voir (*vrai*)
> Que tout le mieux que je pourray
> Ma vie durant je te feray....

Cependant la nouvelle et jolie fiancée du seigneur, et le beau monde, vont arriver au château : il y faut une maîtresse de maison sachant « les conditions et meurs » du maître de céans, pour mettre la dernière main à tout. Le marquis fait donc mander à cet effet Grisélidis, qui vient et, « en petit habit...., tenant un balay en sa main et enortant (*exhortant*) les autres à bien faire », veille à l'ordonnance des lieux et des « chambres », y compris celle de noce sans doute, comme dans le *lai du*

---

1. Ce trait de vérité est, dans le modèle de notre auteur, une simple indication « Senex qui has nuptias *semper suspectas* habuerat », dit Pétrarque.

*Frêne*[1]. Alors le marquis présente la nouvelle marquise à Grisélidis et lui demande son sentiment : c'est le comble. La pauvre femme loue d'abord l'honnêteté et la beauté de celle qui va prendre sa place, et risque enfin ceci qui est plus qu'un conseil, moins qu'une plainte, un trait d'amour sans jalousie :

> Maiz une chose te vueil dire
> Te prier et amonnester,
> Que des aguillons molester
> Tu ne vueilles ceste espousée;
> Dont tu as l'autre aguillonnée;
> Car ceste est, je n'en doubte mie,
> Delicieusement (*délicatement*) nourrye
> Et plus jeune assez et plus tendre,
> Si ne pourroit souffrir n'attendre,
> Au moins si comme je le pense,
> A son cuer si grief pestillence
> Com j'ay souffert sans contredit.

Dans la donnée du sujet, et si l'on accepte l'idéalisme romanesque de la patience de Grisélidis, comme celui de l'amitié d'Amis et d'Amille[2], conformes l'un et l'autre à l'exaltation chevaleresque des mœurs du temps, sinon à la nature, on doit convenir que le sublime du genre est ici atteint.

Le dénouement se précipite. Le marquis, enfin rassuré et qui n'a pu l'être à moins, laisse parler son cœur. Il apprend à Grisélidis que sa fausse rivale est sa propre fille qu'accompagne son fils. Il fait venir Janicola pour lequel il fut rude, et s'abandonne enfin avec tous les siens à un bonheur dont il s'est si longtemps défié.

La pièce se termine par une courte scène entre les deux bergers, qui viennent commenter les événements pour la troisième fois, et ont ainsi formé une sorte de

---

1. Cf. ci-après, p. 294, n. 1.
2. Cf. ci-dessus, p. 228.

# MÉRITES DE GRISÉLIDIS ET LEUR SOURCE. 293

chœur, discret comme le reste de la pièce. La gaîté qui est maintenant de mise, ainsi qu'au début et même davantage, s'y donne carrière en conséquence, mais sans aller jusqu'à la grossièreté. Elle s'en tient au calembour; et même en voici un de passable :

PREMIER BERGIER.

Tu te moques de moy ce cuit (*je le crois*) :
Au moins vieng de prez si *morras* (*m'entendras*).

SECONT BERGIER.

M'ociras tu donc ? Non feras,
Beau sire, je ne *morray* (*mourrai*) mie.

PREMIER BERGIER.

Hé deable ! je ne parle mie
De ta mort : je crois que tu rêves.

Nous avons tenu à montrer par le menu les mérites de la pièce. On a pu apprécier ainsi son pathétique doux et croissant, le naturel et la vérité des mœurs, les nuances de la touche comme la sûreté du trait dans l'esquisse des caractères, enfin l'harmonie générale du ton et la netteté du style. Ce mystère — ou plutôt cette véritable *moralité* — est un petit chef-d'œuvre, tout à fait digne d'apparaître en tête de la série, dont la suite est encore lointaine, des drames purement profanes.

Mais ces mérites sont-ils originaux? S'ils étaient tels, ils seraient inexplicables — même après ceux que nous avons relevés, pour la même époque, dans certains *Miracles de Notre-Dame* — sans que le mot de génie vînt à la bouche. Il y doit venir d'ailleurs : le génie avait en effet passé par là.

L'auteur inconnu de *Grisélidis*, un lettré, comme on l'a vu de reste, a pris l'idée de sa pièce dans une lettre latine, adressée par Pétrarque à Boccace à la date du 8 juin 1373 (*VI idus junii MCCCLXXIII*). L'idéaliste amant de Laure y conte que, parcourant *le Décaméron*, l'œuvre de jeunesse de son ami, il a été charmé de la nouvelle de *Grisélidis*, au point d'avoir eu l'idée de la développer en latin, pour délecter d' « une si douce histoire » ceux qui ignorent l'italien[1].

L'auteur du mystère doit son pathétique et nombre de détails à son modèle[2]. Mais ceux-ci n'y sont pour la plupart indiqués que d'un trait, délicat mais court; tandis que souvent notre auteur appuie sur le trait, surtout dans le dessein des caractères et avec bonheur : par exemple dans le passage où le marquis se cabre contre les propositions de mariage (v. 340 sqq.). Mais il faudrait un parallèle détaillé, pour faire ressortir l'art réel avec lequel sont mises en action, dans la pièce française, les indications de la narration latine.

Outre ces mérites d'adaptation à la scène, il y a de

---

1. « Historiam tuam, meis verbis explicui.... Cogitatio supervenit fieri posse ut nostri etiam sermonis ignaros tam dulci historia delectaret. » Cf. *Petrarchi epistola de historia Grisélidis*, Bibliothèque Nationale. *Inventaire Réserve* Y² 525 ; et Décaméron, Dixième journée, Nouvelle X, *Grisélidis ou la femme éprouvée*. — Cette légende venait de loin : elle était arrivée à Boccace à travers un original français (Cf. Legrand d'Aussy, *Fabliaux et contes*, Paris, Renouard, 1829, t. II, p. 297 sqq.); et on en peut voir le premier trait connu dans cet épisode du *Lai du Frêne*, de Marie de France, où la belle Frêne fait, avec une résignation inouïe, le lit de son amant pour l'épousée de l'infidèle (Cf. *Poésies de Marie de France*, éd. de Roquefort, Paris, Chasseriau, 1820, t. I, p. 138 sqq).

2. Aux preuves de cette imitation directe, accumulées par le dernier éditeur de ce drame (Cf. Hinderk Græneveld, *Die älteste Bearbeitung der Griseldissage in Frankreich*, Marbourg, Elwert, 1888), nous en joindrons une qui n'est pas la moins importante. A une première et ancienne lecture de la pièce, nous avions admiré entre tous le trait si pathétique, que nous avons cité plus haut tout au long, de la pauvre femme disant au mari qui la chasse :

    Que l'en me laisse une chemise...
    De laquelle je couverray...
    Le ventre ta femme jadis.

Or ce trait vraiment admirable, où la pudeur blessée de la femme s'amalgame avec l'amour navré de l'épouse et qui fut la mère, à peine indiqué dans Boccace où elle demande simplement, par respect pour sa virginité, à couvrir « ce corps qui a porté deux de vos enfants », se trouve textuellement dans le latin de Pétrarque, où la même demande est faite au brutal « pour couvrir le ventre de *ta femme de jadis* (qua ventrem tuæ quondam uxoris operiam ».

l'invention, chez notre auteur. Ainsi les *bergeries* dont on a pu goûter plus haut la verve, et les deux épisodes de chasse qui ne manquent ni de couleur ni d'allure, sont de son cru. Enfin la scène du retour de Grisélidis chez son vieux père, qui ne le cède à aucune autre en vérité et en naturel, est presque entièrement de lui.

Quiconque aura lu la lettre de Pétrarque, son seul modèle, verra combien il serait injuste d'en croire les frères Parfait, infidèles pour cette fois à leur exactitude ordinaire, quand ils écrivent : « Ce Mystère, qui n'a de recommandable que son antiquité, est une *servile imitation, en très mauvais vers*, et en action, du Roman (?) qui porte ce titre »[1]. En fait, et toutes distances gardées, l'auteur de notre *Grisélidis*, ne doit pas plus à Pétrarque que celui de *Britannicus* à Tacite dont il dit : « Il n'y a presque pas un trait éclatant dans ma tragédie dont il ne m'ait donné l'idée ». On doit saluer en lui un précurseur direct de la Chaussée et de Sedaine, à la naïveté heureuse duquel n'ajouteront rien, pour l'émotion, ni les gentillesses de Perrault, ni les *diableries*, les rouerics d'intrigue et la pourpre du style des adroits adaptateurs de *Grisélidis* à la scène moderne[2]. Il mérita toute l'attention du roi Charles VI, s'il est vrai, comme le prétend le chevalier de Mouy, qu'on ait joué la pièce devant lui. Il méritait aussi davantage celle de la postérité.

Mais de ce que *Grisélidis* date — et devrait dater avec plus d'éclat dans les histoires — l'avènement du drame purement profane sur la scène française, il ne faudrait pas conclure que nous touchons au terme de l'évolution

---

1. Cf. *Histoire du Théâtre français*, t. II, p. 296.
2. Cf. *Grisélidis, mystère en 3 actes, un prologue et un épilogue, en vers libres*, par Armand Silvestre et Eugène Morand, Paris, Kolb, 1891.

de notre théâtre sacré vers le profane. Dans l'état actuel des documents, on peut seulement observer qu'il y eut là un fait qui, à cette date, reste exceptionnel, étant principalement dû à l'influence grande de Pétrarque. Mais il ne se serait pas produit, s'il n'avait pas été dans l'air, comme on dit. Il fallait sentir le public avec soi, pour oser concevoir une pièce, une « histoire », destinée à la représentation, et qui se présentât en dehors des formules du théâtre sacré ou du théâtre comique, sans le prétexte de la piété ou l'immunité du rire.

Cette vogue de la forme dramatique inspira, un demi-siècle plus tard, et peut-être à un même auteur, Jacques Millet[1], deux de ces « mystères profanes, honnestes et licites » qui trouvent grâce devant l'arrêt du Parlement de 1548. L'un avait pour sujet la délivrance d'Orléans, l'autre la prise de Troie.

La première de ces compositions, *Le mistère du siège d'Orléans*, n'est peut-être qu'une compilation de chroniques; et la seconde *La Destruction de Troye*, n'est certainement qu'une *translation*, comme disent ses titres manuscrits ou imprimés. Elles n'ont l'une et l'autre avec le théâtre qu'un rapport éloigné. Cent ans plus tôt *le Siège d'Orléans* eût affecté la forme d'une *geste*, comme la *Chanson de du Guesclin*; et il y avait trois cents ans (dernier tiers du XIIe siècle), que l'épopée homérique avait fait le sujet du fameux *Roman de Troie* par Benoit de Sainte-More. Mais dialoguer des

---

1. Né vers 1425, à Paris, probablement, où il mourut en 1466. Maître ès arts de la Faculté de Paris, il étudia « ès lois » à Orléans, où il commença sa *Destruction de Troie*, le 2 septembre 1450, qu'il écrivit en deux ans. Sa précocité, son talent et sa mort prématurée valurent à sa mémoire de l'estime et des regrets, comme en témoignent les citations et épitaphes que lui consacrèrent les principaux poètes de l'école des *rhétoriqueurs*.

chroniques modernes ou pseudo-antiques et les baptiser *mystères* ou *histoires,* cela ne suffit pas pour faire œuvre de théâtre. Aussi ne mesurerons-nous pas à leurs dimensions la place que nous devons accorder ici à ces œuvres.

Les mérites historiques de la première sont réels[1]. Le souci de l'exactitude y est à toutes les pages, et celle-ci a sa contre-épreuve dans le *Journal du siège,* postérieur de quarante ans à l'événement et, selon toute vraisemblance, à ce mystère même. La part faite au merveilleux n'est guère que celle qui s'impose à l'histoire profane elle-même, quand elle parle de Jeanne d'Arc, à savoir ses visions et ses inspirations. Les intercessions de la Vierge et des Saints, et les décrets de Dieu dans le ciel pour sauver la France, sont un acte de foi de l'auteur, et deviennent un ornement du spectacle, non un ressort réel de l'action qui reste tout historique. Le merveilleux y est en fait aussi postiche que dans *la Henriade* de Voltaire ou dans *la Machine épique* du P. le Bossu. Quant à l'héroïne dont les prouesses occupent le premier plan dans la seconde moitié de cette chronique dramatisée, elle y garde une physionomie qui, à défaut d'un relief suffisant, reste conforme à la vérité historique. Ce n'est pas là un mince mérite, si l'on songe d'une part combien cette physionomie sera altérée par d'autres poètes plus illustres, tels que Shakespeare et Schiller; et d'autre part que l'auteur écrivait, au lendemain même des calomnies qui la défiguraient si passionnément. Qu'il ait écrit ou non avant la revision du procès de la Pucelle,

---

1. Cf. notamment la thèse de H. Tivier, *Étude sur le Mystère du siège d'Orléans et sur Jacques Millet auteur présumé de ce mystère,* Paris, Thorin, 1868. Bibliothèque de l'Université II F u f 81 (98,1); et aussi la préface de MM. Guessard et de Certain, éditeurs de ce mystère, Paris, Imprimerie Nationale, 1862 (collection des Documents historiques).

il est certain qu'il a peint d'après nature *l'héroïcité* de ses vertus, sans souci de la louer autrement que par les faits.

Mais Jeanne n'est pas la figure centrale du poème. N'y apparaissant que vers le milieu, elle ne peut pas faire converger vers elle l'intérêt, comme fait Saint-Louis dans le mystère de Gringore. Aussi cet intérêt ne devient-il pas dramatique, le personnage sympathique étant une collectivité, la ville d'Orléans, et le conflit nécessaire à tout drame restant du domaine de l'histoire plus que du sentiment. Le danger que court Orléans, sous les assauts des deux chefs anglais qui se succèdent sous ses murs, fait pourtant de-ci de-là, et à quelque confusion près, un lien sensible entre les cinq épisodes autour desquels gravite l'intérêt. Chacun d'eux est d'ailleurs fort intéressant en soi, par les faits comme par leurs auteurs, et la couleur locale, qui est saisissante, sent son témoin oculaire. Ces cinq épisodes sont le blocus de la ville par Salisbury et sa mort émouvante; le désastre de Rouvray et le désespoir qui le suit; la première intervention de Jeanne d'Arc qui ranime les courages émus; la reprise des Tourelles qui force les fiers Anglais à lever le siège; la victoire de Patay et la capture de Talbot qui sont le signal du relèvement de la France. Mais une pareille unité, malgré l'espèce de concentration qu'opère mécaniquement, pour ainsi dire, l'emploi de la forme dramatique, reste essentiellement épique. L'intérêt théâtral, pris en soi, ne dépasse pas celui des compilations bibliques, et demeure fort inférieur à celui de certains *Miracles de Notre-Dame,* ou même du *Saint-Louis* de Gringore, pour rester dans le même genre de poème dramatique.

On pourrait d'ailleurs extraire des vingt mille vers de

Jacques Millet, nombre de tableaux et de traits qui trouvent facilement le chemin de l'imagination et du cœur d'un public français, sans que son style y contribue beaucoup : car s'il est honnête, comme ses intentions, il est d'une platitude toute bourgeoise. Mais ces citations seraient mieux à leur place dans une histoire de la France que dans celle de son théâtre.

Pour nous l'intérêt de ce poème, « composé et compilé », comme dit le manuscrit, en la manière indiquée ci-dessus, réside donc surtout dans le fait que son auteur a choisi pour lui la forme dramatique, laquelle n'est ici qu'un costume à la mode.

Tel est aussi le principal intérêt de cette longue « histoire », comme la qualifient ses manuscrits et éditions « de la destruction de Troie la grant, translatée du latin en françoys, mise par personnages, composée par maistre Jacques Millet ». Mais le titre ne dit pas tout, et au latin du faux Darès et du faux Dictys, Millet a certainement joint la compilation du poème où l'érudit et naïf Benoit de Sainte-More avait, avant lui, mis en œuvre le prétendu journal du siège par l'assiégeant et l'assiégé susdits, « l'estoire Daire et Dithis ». Ce *Roman de Troie* avait été en effet aussi populaire que les romans des cycles français et bretons[1] : il était la mine où les conteurs et dramaturges puiseront pour la connaissance de l'antiquité grecque jusqu'à Shakespeare, témoin *Troylus et Cressida*.

Mais ce n'était pas seulement en vue de rajeunir un vieux roman, en lui donnant la coupe dramatique pour l'habiller à la mode, que Jacques Millet a écrit ses trente

---

1. Cf. A. Joly, *Benoit de Sainte-More et le roman de Troie ou Les métamorphoses d'Homère et de l'épopée gréco-latine au moyen âge*. Paris, A. Franck, 1870 (suivi du texte).

mille vers. Il a fait aussi un autre calcul. On sait de reste, par *la Franciade* de Ronsard, que le sujet passait pour national, les Français descendant en droite ligne de Francus fils d'Hector. Millet s'en explique d'ailleurs dans le prologue de son poëme dramatique, où il raconte comment, au cours d'une fouille mystérieuse, il trouva

> Les armes des Troyans
> Dont les françoys sont descendus,
> Passé a pres de cincq mille ans.
> Lors je me prins à pourpenser
> De faire l'histoire de Troye,
> Et a mon pouuoir composer
> Tant au mieulx que je pourroye :
> Et par ce que bien je sçavoye
> Que aultres foys a esté escripte
> En latin, et en prose laye
> Si ay voulu eviter redicte.

Le calcul de notre étudiant *ès-lois* fut juste d'ailleurs, car il semble ressortir des rubriques minutieuses de mise en scène et du nombre des éditions, fort probant à cette époque, que la pièce fut jouée en ses quatre journées, et qu'elle le fut avec succès. Cette conception nationale du sujet explique aussi, si elle ne les excuse pas, les étranges déformations que subit le caractère homérique des héros grecs [1].

Achille, par exemple, qui va tuer Hector, en l'approchant cauteleusement par derrière et lui plantant sa lance dans le dos, s'exprime ainsi :

> Si je puis frapper sans demeure,
> Tandis qu'il ne s'en aperçoit,
> Or seroi vengé en son endroit.

---

1. Cf. pour une intéressante analyse H. Tivier, *Histoire de la littérature dramatique en France, depuis ses origines jusqu'au Cid*, Paris, Thorin, 1873, p. 387-431 ; et, pour le texte, Bibliothèque Nationale. *Inventaire Réserve* Y f 35-36. Lyon MDXLIIII, d'une lecture plus commode que l'édition princeps, *ibid.* Y f 128.

Après avoir mutilé Troïlus avec barbarie, il se laisse battre et bâtonner avec couardise, et, délivré, s'écrie :

> Car il m'a baillé de tels coups
> Qu'il m'a navré bien durement.

Ses compagnons d'armes ne brillent pas par la loyauté. Le roi des rois ouvre l'avis

> Qu'on doit indifféremment
> User contre son ennemi
> De tout, soit droit, soit autrement,
> Puisqu'il est de guerre averti

Diomède appuie :

> Sire, sire, vous dites bien :
> Cautèle n'est pas trahison.

Il veut que l'on attire Hector, sous prétexte de faire trêve, et qu'on se mette à cent pour le massacrer. Ajax va même jusqu'à proposer de soudoyer un assassin qui se chargerait d'en délivrer les Grecs,

> Pour quelque argent qu'on lui donroit.

Ce n'est pas dans Jacques Millet que l'on pouvait, comme dit Hector,

> Congnoistre la courtoisie
> Des Grecs et leur bénin parler.

En revanche, les Troyens ont le beau rôle, et l'auteur est inspiré heureusement par son patriotisme rétrospectif. Il y a de la justesse dans la majesté initiale et la mélancolie finale de Priam; du relief dans l'héroïsme sage d'Hector; du pathétique et peut-être de l'originalité, dans le caractère d'Hécube qui, parmi d'ardentes plaintes et d'éloquentes invectives, fait tête à ses bourreaux, et aussi dans la physionomie nuancée de Paris, qui est son enfant gâté, ce qui s'excuse par le courage et l'esprit dont l'a doté Jacques Millet.

Il y a aussi des Grecs qui ne sont pas calomniés : Ajax et Pyrrhus, par exemple, restent braves. Enfin nombre de figures secondaires, surtout celles de femmes, la sombre Cassandre, la mélancolique et clémente Hélène, l'aimante et fière Andromaque, la coquette Briséis — déjà toute prête pour figurer dans les gasconnades tragicomiques de *Troylus et Cressida* — forment une galerie dont l'intérêt triomphe souvent de la monotonie inhérente à ce genre d'*histoire-batailles* et à son délayage.

Au total, cette *histoire* dramatisée se lit sans trop d'effort. Les quatre journées sont bien coupées : la première va du rapt d'Hélène, revanche troyenne de celui d'Hésione par les Grecs, à l'investissement de Troie par ceux-ci ; la seconde est remplie par le fracas des mêlées sous Troie, et les deuils des trépas de Patrocle, d'Hector et autres héros ; la troisième voit les étranges amours d'Achille et de Polyxène, qui neutralisent quelque temps le héros, puis sa mort, ainsi que celle de Paris son vainqueur ; la quatrième va de l'épisode de Penthésilée, vaincue par Pyrrhus, à la prise de Troie qui succombe par le stratagème du cheval de bois, aux supplices de Polyxène et d'Hécube, et à la dislocation de l'armée grecque, cependant que fuit le héros de l'*Énéide* à laquelle l'auteur, soit dit en passant, a fait de copieux emprunts.

Le style a de l'aisance et même du tour, dans sa prolixité. Millet rime d'ailleurs avec une virtuosité qui est l'émule de celle d'Arnoul Gréban. Il emprunte à la versification de l'époque toutes ses ressources, y compris l'alexandrin, dont il se croit sans doute autorisé par la nature de son sujet à usurper la majesté jusquelà épique.

Mais nous en avons assez dit sur ces deux poèmes dramatiques; et c'est parmi les pièces vraiment faites pour la scène, qu'il nous faut chercher maintenant la suite de l'évolution finale du théâtre sérieux vers le drame profane.

Nous avons montré plus haut que si la pièce de *Grisélidis* est, en l'état actuel des documents, l'indice le plus significatif de l'évolution générale du drame médiéval vers le genre profane, elle n'en est pas le terme. Mais nous trouvons ce terme, à n'en pas douter, environ trois quarts de siècle plus tard, dans les moralités du genre pathétique, d'où l'allégorie plus ou moins édifiante ou moralisante est absente, et où nul élément miraculeux ne se mêle à l'action.

Ce sont les seules que nous ayons à considérer ici. Nous avons rattaché au drame sacré, dans notre classification initiale du répertoire du théâtre sérieux, les moralités édifiantes telles que *Moralité et figure sur la Passion; Lazare, Marthe, Jacob, Marie-Madeleine; l'Assumption Nostre-Dame; les Blasphémateurs du nom de Dieu; le Maulvais riche et le Ladre,* ou encore *le Mirouer et Exemple moralle des enfants ingrats* — vu le miracle du crapaud détaché par le pape du visage de l'enfant ingrat —. D'autre part, les moralités purement moralisantes, avec personnages allégoriques plus ou moins mêlés à l'action, dont le type est *Bien Advisé et Mal Advisé,* ne doivent pas être séparées de l'histoire du genre comique en France, non plus que les moralités satiriques ou *farcies,* car elles y annoncent la future comédie de caractère ou de mœurs. C'est à propos des origines de la comédie que nous aurons à examiner celles de la *moralité*; que nous montrerons la dramatisation progressive de cette forme allégorique et dialectique — si chère à la littérature du moyen âge, dès ses plus lointaines origines et persistant à travers toutes ses évolutions — qui s'était imposée tour à tour à l'épopée et à la poésie lyrique, et dont le théâtre devait subir à son tour l'invasion.

Ce départ des moralités étant ainsi fait, il en reste six, du genre pathétique, datant de la première moitié du xvi<sup>e</sup> siècle, où nous voyons le terme de l'évolution du théâtre sérieux du moyen âge vers le théâtre profane des modernes.

La *moralité nouvelle d'ung Empereur qui tua son nepveu qui avoit prins une fille a force, et comment le dict empereur estant au lict de la mort, la saincte hostie lui fut apportée miraculeusement*[1] se présente d'abord comme formant la transition dernière entre le drame sacré et le profane. Le merveilleux, en effet, n'y apparaît qu'au dénoûment, en dehors de l'action proprement dite, comme dans les *Miracles de Notre-Dame* de notre troisième série.

L'auteur commence par nous faire, à l'ordinaire, un résumé de la pièce, qui est très concis. L'empereur qui se sent malade songe à résigner l'empire à son neveu, n'ayant que lui de sa lignée. Le chapelain qu'il consulte d'abord, en homme pieux, se défend de donner un avis en l'espèce, car

>   Le gouvernement et pollice
>   Doit aux nobles appartenir;

---

[1]. Éditée en 1543. Cf. *Le Théâtre français avant la Renaissance*, recueil Ed. Fournier, Paris, Laplace, p. 354-369.

et il presse l'empereur d'assembler son conseil. Il en est ainsi ordonné, et la délibération commence. Ce n'est pas le style de *Cinna*, mais c'en est le ton :

> J'ay ung pesant faict qui aussi
> Est digne de moult grant conseil.
> Messeigneurs, à vous me conseil
> D'une chose que moult désire....
> Se seroit bon, ce m'est advis,
> Tant qu'à moy nature domine,
> Que l'empire brief (*vite*) je resigne
> A personne qui soit habile....

Sur l'avis du duc et du comte, le neveu est mandé. Nous l'entendons exhaler l'amour qui le tient, en des strophes curieusement contournées :

> L'ardeur qui me tire
> Me vient tire à tire
> Par quoy je m'entire (*tourment*)
> En angoesse dure.
> Sy ne sçay que dire
> D'une que desire;
> Car son escondire (*le fait de m'éconduire*)
> Si fault que l'endure
> Me seroit poincture (*chose poignante*)
> Et aspre morsure
> Plus dure que rage, etc....

Il reçoit l'offre de l'empereur avec cette modestie, de la sincérité de laquelle la suite nous permettra de douter :

> Ce nonobstant qu'en moy n'a sens,
> Science ne instruction,
> Mais, soubz vostre correction,
> Je suis prest à vous obéir.

L'empereur croit devoir lui hausser l'esprit et le cœur en ces termes, où il y a une dignité et une justesse de ton remarquables, comme dans toute cette scène d'ailleurs :

>     Jeune cueur ne doibt point hayr
>     D'entreprendre belle entreprinse,
>     Car, puis qu'elles sont entreprinses
>     Par engin (*esprit*) vif et très parfaict,
>     On apprent bien en excersant....
>     Duc de Guerbant, vostre advis
>     Veuillés dire sur ceste chose;
>     Estre ne povons toujours vifz,
>     Il fault penser à la parclose (*fin finale*).

Puis, après le duc et le comte, il trace à son successeur, tout au long et non sans éloquence, les devoirs d'un parfait empereur. Il insiste sur la continence :

>         Et ayez
>     Vostre temps en chasteté.
>         Devez vérité
>         Et virginité,
>         A sa purité;

et il fait cette menace qui prépare la fin :

>     Saichez, mon nepveu, de certain,
>     Se ne le faictes, de ma main
>     Vous pugniray, n'en doubtez mye.
>     J'ay faict justice soir et main (*matin*),
>     Et au gentil et au villain,
>     Tant comme j'ay peu en ma vie.

Il a grand air, le vieil empereur! Les premiers mots du neveu donnent une secousse dramatique à l'action, en montrant, avec l'ivresse immédiate du pouvoir, la violence de son désir, et combien pèsent peu les conseils de vertu qu'on vient de lui prodiguer :

>     Or ça doncques, Dieu soit loué,
>     Puis que suis dessus ma besongne,

> J'accompliray, qui que en grongne,
> Mon plaisir, vouloir et pensée.
> J'ay une fille fort aymée
> Et de qui jouyr je ne puis.
> Mais, puisque me sens où je suis,
> Mon plaisir en accompliray.
> Je suis empereur ; sçay de vray
> Qu'on ne m'osera contredire.
> Là, Bertaut !

Le nouvel empereur s'acoquine aussitôt avec deux de ces spadassins sans scrupules, sinon sans esprit, dont nous retrouverons la lignée dans le drame romantique, notamment dans *Le Roi s'amuse*. Voici de leurs propos :

> GUILLOT.
>
> A tous il y aura hutain (*grabuge*).
> Se je puis, avant qu'il soit nuyt.
>
> BERTAULT.
>
> Aussi esse tout mon deduyt (*plaisir*)
> De frapper l'un et bouter (*heurter*) l'aultre....
>
> GUILLOT.
>
> Te souvient-il point
> D'un qui tira sa grande espée ?
> Charbieu ! (*chair de Dieu*) la teste m'eust coupée,
> Se je ne m'en feusse aperçu....
> Voire, mès, se on nous attrappe,
> Par le ventre bieu, nous perdrons
> Le molle (*moule*) de noz chapperons (*c.-à-d. notre tête*)....
>
> BERTAULT.
>
> Crains-tu la mort ?
>
> GUILLOT.
>
> Sambieu, ouy.
> Je n'ay que ma vie en ce monde.

Ils ont reçu mission d'enlever la belle. La scène de l'enlèvement est vivement menée. La pauvre fille est montrée d'abord en oraison devant Notre-Dame :

> Royne de bonté,
> Dame de beauté,
> Fontaine bénigne,
> En ma chasteté
> Et virginité....
> Vueillez moy garder,
> Par ta grace digne
> Que mon temps se fine
> En pureté fine
> Sans moy violler.

Elle est, malgré ses cris, saisie, bâillonnée, portée enfin dans une chambre, où elle est à la merci du larron d'honneur :

> LE NEPVEU.
>
> Vous m'avez esté rúde et fière ;
> Toutefois je vous tiens icy.
>
> LA FILLE.
>
> A ! monseigneur, pour Dieu, mercy !...

Son crime accompli, le scélérat rentre en scène, en s'écriant :

> Or, ay-je acompli ma pensée....

C'est déjà la situation du troisième acte, jadis fameux, du *Scédase* de Hardy, et le ton même du cynique Charilas :

> Mienne ! tu ne peux plus t'en dédire, ma belle !...

La fille est allée conter son déshonneur à sa mère, qui vient invectiver le coupable. Celui-ci conseille cyniquement aux deux femmes de ne pas mener tant de bruit :

> C'est mal dit
> De dire que je l'ay efforcée.
> Se plus le dis, vieille damnée,
> Tu pourras bien avoir la torche (*la râclée*)....
> Taisez-vous ! que vous estes bestes !
> Ne vous chault : qui est fait est fait.

La mère suivrait bien ce parti :

> Taisez-vous mon enfant, m'amye.
> Vous avez perdu vostre rose,
> Mais on ne peult faire aultre chose.
> Il a la domination....

Mais la fille se récrie:

> Me doit-il pourtant violler
> S'il est le seigneur du pays?...
> Demourra donc mon corps perdu
> Par force, sans amende (*réparation*) avoir?

La mère alors se ressaisit, et prend la résolution de venger sa fille, dût-elle *en perdre son corps*. Toutes deux vont dénoncer le coupable au vieil empereur, non sans mêler au pathétique de leurs plaintes des stances qui n'y ajoutent pas, du moins pour notre goût qui n'est pas celui du temps.

L'empereur mande son neveu. Celui-ci, dès qu'il en est informé s'écrie :

> Bien sçay qu'il me fera mourir.

C'est un peu brusque, malgré les menaces expresses qu'avait faites plus haut l'empereur : mais la suite ménage mieux la vraisemblance. Nous y avons le spectacle de la terreur du coupable détaillée par les va-et-vient du duc et du comte, qui d'ailleurs implorent pathétiquement son pardon. Mais nous avons vu, en leur absence le vieil empereur prendre les couteaux de son écuyer et les cacher sous son oreiller! Le neveu se présente alors. Il essaie de nier qu'il y ait eu viol, crie merci avec le duc et le comte, et s'entend fermer la bouche par cette énergique réplique du vieil empereur :

> Tés-toy !
> Je ne puis ouyr ta personne.
> Donné t'avoye la couronne
> De l'empire, et tu fis serment
> De régir bien et justement.
> Garder devoys eglises belles,
> Veuves, orphelins et pucelles ;
> Et, qui veult ton fait regarder,
> Celle que tu deusses garder,
> Tu l'as toy mesme violée,
> Et par force tant ravallée
> Qu'elle vient à moy à refuge.
> Et tu es digne d'estre juge ?
> Certe, nenny, jour de ta vie !
> Quel deshonneur m'as tu bastie
> Pour avoir commis tel horreur !
> J'ay esté trente ans empereur.
> Onc tel deshonneur ne me vint....

Le justicier a donné à ses conseillers l'ordre « de vuyder hors de l'huys », pour interroger seul le coupable :

> Je sçauray son vouloir, et puis
> Sur sa response auray advis....

Le chapelain a deviné ce qui va suivre, car il sort avec ces mots :

> Il est en très grant blasme mis ;
> Je ne sçay s'il a droit ou tort,
> Se par droit en doit prendre mort ;
> Nul ne le scet, si ce n'est Dieu.

Le scène qui suit est conduite avec une vigueur des plus dramatiques : on y remarquera l'obstiné : *J'ay fait justice, mon ami !* du vieil empereur, parmi les plaintes éperdues des témoins de son acte. En voici la marche :

L'EMPEREUR.
> Or ça, vien près de moy, pour mieulx
> Entendre ce que vouldras dire....

Par ma foy, je feray justice;
De ce couteau seras occis :
J'ay fait justice jusque icy,
Au plaisir de mon Dieu ! saint George !
Il en a tout parmy la gorge;
Jamais femme n'esforcera....

LE DUC.

Ha, cher sire, qu'avez-vous faict ?
Nostre-Dame ! amy, amy !

L'EMPEREUR.

J'ay faict justice, mon amy,
Et vous ne l'eussiez osé faire.

LE COMTE.

Il a detrenché tout parmy (*au milieu*).

L'EMPEREUR.

J'ay faict justice, mon amy.

LE CHAPELAIN.

En moy je n'ay sens ne demy
Quant je me trouve en tel affaire.

L'EMPEREUR.

J'ay faict justice, mon amy,
Et vous ne l'eusiez osé faire....

Pour détendre les nerfs des spectateurs, les deux complices du neveu reviennent en scène. Ils sont traqués par la police : mais Guillot a éventé le danger, en se mêlant au rassemblement qui s'est formé devant la maison de la fille violée; et puis, comme dit Bertault, ils en ont « bien eschappez de plus terrible ». C'est un rude coquin que ce Bertault : il tiendra tête aux « bons sergens » au besoin, et il raille la couardise et le caquet de Guillot qui contrastent plaisamment avec son cynisme sans peur et sans phrases :

BERTAULT.

Mais que crains-tu ?

GUILLOT.

Les horions
Et le danger qu'après s'en suyt.
Celui est saige qui s'enfuyt
Pour mieulx le danger éviter.

BERTAULT.

Me vouldroy-tu donc(ques) planter
Quant se venroit (*on en viendrait*) à un besoing ?

GUILLOT.

Et nenny dia; mès ayes soing
Que nul ne te fera vilnie,
Si je puis en ma compaignie;
On me congnoit par trop rebelle.

Ils échapperont donc : une expiation a suffi à l'auteur. D'ailleurs la fille, apprenant de la mère qu'elle est vengée, pardonne avec elle, et demande à la Trinité le repos du mort.

Cependant l'empereur va mourir. Il s'est confessé et demande le *corpus domini*. Son chapelain le lui refuse, à cause du meurtre qu'il a commis sur son neveu. Toujours fort de son droit, le moribond réplique :

J'ay faict et accomply justice....
Mais se confesse-on de bien faire ?....
Il me seroit bien fort mescheu (*mal échu*)
Se me monstroye repentans
D'avoir faict justice en mon temps.
Jamais ne m'en confesseray.

C'est lui qui finit par avoir raison car, ayant prié que l'hostie lui soit au moins montrée, celle-ci, à la suite d'une ardente prière où il a demandé à Dieu de juger son manque de miséricorde, fait le miracle dont il la remercie en ces termes :

Yssir as voulu de ta place
Pour jusque en ma bouche venir;

> Ainsi ne povez maintenir
> Que justice tenir et fere
> N'est pas chose qui à Dieu plaise....
> Je requiers Dieu que m'ame mette
> En son paradis, s'il luy plaist.
> De recepvoir la mort suis prest
> Quant plaira à mon créateur.

Moralité :

> LE DUC.
>
> Ainsi conclus que tout seigneur
> Qui a grant règne et grand police,
> Doit, sans avoir à nul faveur,
> Exercer et faire justice....

On voit la ténuité du fil qui rattache cette moralité au drame sacré. Le merveilleux y est encore plus postiche que dans ceux des *Miracles de Notre-Dame*, où il l'est le plus. Aussi convenait-il de la ranger franchement parmi les drames profanes.

En voici une autre où ce fil devient si ténu qu'il est presque invisible.

*L'Enfant prodigue par personnaiges, nouvellement translaté en françoys selon le texte de l'Évangile, et lui bailla son pere, sa part, laquelle il despendit meschamment avec folles femmes,* (1535)[1] n'a retenu du caractère sacré que quelques rares leçons tirées du texte biblique. Elles sont débitées en français, de-ci de-là, par l'acteur, avant les scènes y relatives, et n'y ont pas plus d'importance que les renvois aux sources qui se lisent en marge d'autres mystères.

Au reste le drame est tout profane et des plus profanes. La plus grande partie de l'action se passe en effet au mauvais lieu, où l'enfant prodigue fait bombance et pis, avec deux compagnons de son acabit et

---

1. Cf. Bibliothèque Nationale *Inventaire Réserve* Y f 2930.

deux demoiselles du lieu, *Fin Cœur doux* et *la Gorrière*
(*la fille à la mode*), deux émules de Nycette et Aqueline
du *Saint Christophe* de Chevalet.

Le jeu de cette paire de gaillardes est même assez
drôle, à l'ordure près. L'une feint la passion, l'autre le
sentiment, pour mieux engluer notre coquebin qui est
expulsé magistralement quand, après être allé se ravitailler plusieurs fois à la maison paternelle, il est finalement à sec. Voici le ton, à titre de document sur les
audaces réalistes de nos faiseurs de moralités. Notre
théâtre libre n'a pas poussé plus loin le goût des
« tranches de vie » :

LA GORRIÈRE.

Dea, il faut que m'embrassiez
Mon mignon, mon sade (*joli*) gronet (*petit groin ?*)

FIN CŒUR DOUX.

Mon dorelot (*refrain de chanson, dorloter*), mon sadi-
Serez-vous mon amoureux ?           [net (*petit joli*).

LE PRODIGUE.

Ouy par bieu à toutes deux,
Entretenez moy hardiment.

L'ENFANT.

Voyla dict d'homme vertueux
Et qui a bon entendement !

LA GORRIÈRE.

Coquin, coquin, vous estes gras,
Baiser vous veux : mais qu'il vous plaise.

LE PRODIGUE.

Ventre saint-gris, que je suis ayse !...
  LA MAQ... (*matrone*)
Mais qu'il revienne, entendez-vous,
Pensez de luy faire beau, beau !

LA GORRIÈRE.

Je luy lecheray le museau
Plus souvent et plus sadement
Qu'une vache ne faict son veau...

Sur le même thème des *enfants gâtés*, comme il est dit dans l'*Enfant prodigue*, sont écrits d'abord : l'*Enfant ingrat*, (1540). « le mirouer et exemple moralle des enfants ingratz pour lesquelz les pères et mères se destruisent pour les augmenter, qui en la fin les descongnoissent »[1]. — avec ses longues leçons intercalaires, moralisant sans fin sur chaque épisode, ses estampes non moins instructives, et le crapaud qui, lui ayant sauté au visage, pour le punir de son ingratitude, y reste attaché jusqu'à ce que, l'ingrat ayant fait pénitence aux pieds du pape, « le crapaud chet », miracle qui nous a fait ranger cette moralité parmi les drames hagiographiques —; puis l'*Enfant de perdition* (1540)[2].

Dans cette dernière moralité, nous voyons l'enfant gâté en la compagnie de brigands auxquels il propose d'aller tuer son père, qui lui fait trop attendre son bien, et est assez vieux pour que son heure soit venue. Mais, son crime accompli, ses complices lui en enlèvent le fruit : d'où la *Desperacion du fils* et sa damnation finale avec ce blasphème suprême :

A tous les diables me command !

Mais l'action est gauche, heurtée, toute en tableaux qui se succèdent comme à la lanterne magique.

Très rudimentaire aussi est la « Moralité ou Histoire rommaine d'une femme qui avait voulu trahir la cité

---

1. Cf. Bibliothèque Nationale *Inventaire Réserve* Y f 454:.
2. Cf. Bibliothèque Nationale *Inventaire Réserve* Y e 3234.

de Romme et comment sa fille la nourrist six sepmaines de son lait en prison »[1]. Mais il y a de l'intérêt, du pathétique même dans cette petite anecdote dramatique. La femme est allaitée par sa fille, à travers le grillage de la prison, dont on a condamné la porte. Cet acte de dévoûment amène la pitié des magistrats qui le découvrent. Assez rudaniers au début de la pièce, ils s'humanisent alors et font grâce à la traîtresse, en vue du « bon gouvernement ».

Le lettré bel esprit qui a puisé cette histoire dans Valère Maxime, avait plus de sensibilité que de goût, témoin les allitérations à la mode, les belles *rimes couronnées*, dont il croit devoir émailler la douleur de la condamnée à mort :

> LA MÈRE.
>
> Que feras-tu, povre et infame femme?
> Tu souffriras huy grant laidure dure ;
> Plus ne sera nommée d'âme dame.
> Mort tient sur moy trop sa morsure sûre.
> Ton corps ira à corrompure pure ;
> A ce jour d'huy toute lyesse lesse.
> Nul n'est vivant qui me procure cure
> Car aujourd'huy trop ma noblesse blesse.

Nous citerons pour mémoire, parmi les moralités purement profanes, *l'Inquisiteur* de Marguerite de Navarre. La pièce est imaginée et conduite avec une puérilité et un bel esprit un tantinet ridicules, et qui ne répondent guère à la curiosité dramatique qu'éveille le titre. Cet inquisiteur efféminé renonce à ses terribles fonctions, sans que nous l'y ayons vu à l'œuvre, en entendant des enfants qu'il tançait, chanter les psaumes de David.

---

1. Cf. *Le Théâtre français avant la Renaissance*, recueil Ed. Fournier, Paris, Laplace, p. 386 sqq (XVIe siècle, règne de François Ier?).

Mais nous voici, pour finir, en présence d'un vrai drame et fort remarquable. C'est la « Nouvelle moralité d'une pauvre fille villageoise, laquelle ayma mieux avoir la teste couppee par son pere que d'estre violee par son seigneur, faicte à la louenge et honneur des chastes et honnestes filles »[1].

Le drame débute par un tableau de mœurs rustiques, qui a tout à fait la couleur et le ton de celui de Janicola et de sa fille dans *Grisélidis*. C'est un pauvre homme qui se lamente sur la maison où sa femme morte a laissé un grand vide. Heureusement sa fille Eglantine lui reste, diligente et qui remplace la mère. Elle a en effet le cœur à l'ouvrage : nous la voyons mettre le pot au feu, préparer la lessive et envoyer son père fendre du bois pour la faire chauffer. Ainsi la maison marche, mais que ferait le bonhomme sans elle ?

> Ma vie me serait trop dure,
> Si vous me laissiez, mon enfant !

Cependant le malheur rôde autour de la pauvre maison. Voici le « seigneur de la ville », un beau fils à la mode, un *gorrier*, à en croire les premiers mots de son dialogue avec son valet :

> Mon valet, ay-je beaux habits ?

Mais il a une vilaine âme, car il est en quête de filles à forcer. Sur sa demande, son valet lui indique

> La fille au pauvre Groux-Moulu,
> Eglantine au beau corps menu.

Sur le portrait que le drôle lui fait de la belle, il l'envoie

---

[1]. Cf. Le recueil Charles Brunet *Bibliothèque Nationale Z*, tome I, p. 27 sqq, et les Frères Parfait, *op. c.*, t. III, p. 145, qui la datent de 1536.

auprès d'elle pour la lui amener : il faut qu'elle *vienne en sa serre.*

Justement la fille se trouve seule à la maison, le père étant allé fendre le bois pour cuire la lessive. La manière dont Eglantine accueille le courtier d'amour, est d'abord piquante, et nous rend plus émouvante par contraste l'horreur de la situation qui suivra. Le valet a cherché de prime abord à amadouer la belle, en le prenant sur le beau ton et parlant du *cueur transy* de son maître ; à quoi elle a répliqué, entre autres *motz poignans* (*piquants*) par celui-ci que ne désavouerait pas Dorine :

> Or s'il a froid, si le couvrez !

Mais le ton va changer. Sur le rapport de son valet, le seigneur déclare qu'il veut la fille « soit par force, soit autrement » ; et il renvoie son factotum avec cet ordre à transmettre au père :

> Et luy dy que je luy commande
> Qu'il me convient avoir sa fille :

sinon il la réduira à l'extrême misère. Mais si Groux-Moulu allait se fâcher, objecte le valet qui a plus de langue que de bravoure, et me « donner du boys au dos »? Il serait pendu ou « brûlé entre cent fagots », répond le seigneur.

Cependant le père qui achevait de fendre son bois et y suait d'ahan, se félicitait, quoique « aussi pauvre que Job », d'être heureux en sa pauvreté, grâce à sa fille. Entre temps le valet a transmis à Eglantine les propositions pressantes du seigneur, avec offre de vêtements et de parures, de quoi « se marier richement », mais la brave fille lui a riposté :

> Ce seroit très belle parure
> Mais mon corps ne seroit qu'ordure.

Comme il veut user de violence, Eglantine appelle à l'aide. Le père accourt, et va rosser le coquin qui prend la parade avec ce mot: « Je suis au Seigneur de la ville! » La fille est la première alors à calmer son père : « Vous seriez tué, lui crie-t-elle, et moy à honte diffamée ». On s'explique donc :

LE PÈRE.

La veut-il prendre en mariage ?

LE VALET.

Nenny, mais c'est pour s'en servir.

LE PÈRE.

J'entends, avoir son pucelage.

LE VALET.

Voila le poinct : mais on lui donnera....

Le père fait « déloger » le valet, en le menaçant de sa cognée; puis, le coquin ayant montré les talons, il devise de la situation avec sa fille :

LE PÈRE.

> J'ayme mieux que mourions chétifz ;
> Il n'est avoir qui vaille honneur;
> Qu'en dis-tu fille ?

LA FILLE.

> Que j'en dis ?
> Foi que doy à Nostre Seigneur
> Jésus-Christ, je le dis de cueur,
> Mieux aymeroys estre bruslée.

LE PÈRE.

Dieu te tienne en reste, voleur!...

Là-dessus arrive le seigneur, furieux, armé. Il adresse

au père des invectives que le plat valet répète en écho, puis, le rouant de coups, le réduit à crier merci avec sa fille.

> J'emmeneray ta fille, par bieu !

crie le forcené. A quoi le pauvre homme, se résignant comme a fait d'abord la mère de *la fille forcée*, dans *l'Empereur qui tua son neveu*, ne trouve que ceci à répondre :

> Tout vostre plaisir en ferez :
> Où force règne, droict n'a lieu.

La scène est lamentable et en dit long sur le bon vieux temps. Ce ne sont plus les variations traditionnelles sur le bonheur de *pastourie*, et il y a des loups dans la bergerie. Le monde a marché, et voici venir le drame et la pitié.

Le seigneur continue de plus belle ses vociférations atroces, avec son coquin d'acolyte pour les répéter, tout comme un valet de comédie :

LE SEIGNEUR.
Liée seras d'une corde.

LE PÈRE.
Telle pitié (*chose pitoyable*) nul ne recorde (*rappelle*) !
Droict va par force à reculon.

LE SEIGNEUR.
Venir il vous faut à raison,
Sus tout sera vostre proffit.

Eglantine ayant obtenu « une heure de respit », adresse à son cynique ravisseur, avec une feinte résignation, ces paroles qui contiennent une équivoque bien dramatique :

LA FILLE.

Car je suis contente d'aller
Après, là où il vous plaira.

LE SEIGNEUR.

Je vous en croy bien sans jurer,
Car vostre proflit y sera.

LA FILLE.

Maudit soit qui vous en fauldra (*décevra*),
*Si je ne meurs je seray preste.*

Suit une scène singulièrement émouvante. Le tyran parti, Églantine s'en prend à sa beauté et à sa jeunesse, qui ont attiré le malheur sur la pauvre maison :

Hélas ! c'est par toi, ma jeunesse !
Viens çà, beauté, ou parle à moy.
Tu es cause de ma tristesse.
Gentillesse (*gentilhommerie*), où est ta noblesse ?
Noblesse, on te doit bien blasmer,
Quant par ton cruel effort blesse
Ce que noblesse doit garder !

Alors elle communique au pauvre homme l'héroïque résolution qu'elle a prise. Elle se tuerait bien pour échapper à son tyran, mais elle serait damnée : c'est donc à son père de la sauver à la fois du déshonneur et de la damnation, et elle lui tend une épée. Voici le dialogue ; et il est entendu du seigneur qui, inquiet du retard, est venu aux écoutes :

LA FILLE.

Gardez-moi de peine éternelle !

LE PÈRE.

Fut il oncques parole telle !
Qu'en pourroit il sembler aux gens !...

LA FILLE.

Pour empescher ce fait infame,
Car si n'estois à mort navrée,
J'y perderois et corps et âme....

LE PÈRE.

Mettre à mort sa *facture*,
Mon cher enfant, ma géniture,
La chair de mon corps engendrée
Possible n'est à créature
Humaine....

Si elle est damnée, ce sera du fait de son père, et elle s'en plaindra au souverain juge.

LE PÈRE.

Mon cœur se rit et mon œil pleure :
D'un costé deuil, de l'autre joye.
Ta bonté en joye m'asseure,
Mais griesve fin ce deuil m'envoie....
Fille, ma chair en frémit toutte....

Le seigneur, enfin ému comme nous, s'écrie en aparté :

Je suis icy près à l'escoute,
Mais j'ay de ce que j'oy (*entends*) pitié.

Quand il voit l'action prête à suivre ces paroles :

LA FILLE.

Frappez, je vas l' col estendre....
Las! Vous me faites trop languir,
Mon don requiers qu'il soit tenu.

LE PÈRE.

Promis vous ay de l'accomplir.
Va, de par Dieu !

il s'élance :

LE SEIGNEUR.

Que feras-tu ?
Meschant! tu en seras pendu...

> O venerable creature !
> Je renonce à ma folle cure (*préoccupation*)
> Pardonnez-moi, pucelle gente....

L'admiration a chassé le libertinage. Le libertin converti fera du père le gouverneur de ses terres, « son maistre et amy », et, ayant pris un *chapeau de fleurs*, il met sur la tête d'Églantine cette « couronne de chasteté », en déclarant au père et à la fille qu'il les « affranchit de servitude ».

> Monseigneur, tant qu'il m'est possible
> Je remercie Votre Altitude,

répond la fille; tandis que le valet, converti lui aussi, sans doute, se permet de tirer la morale à l'usage des tendrons :

> Bien va à qui bien s'adonne :
> Pucellettes, regardez-y !

et que le père présente en ces termes au public les traditionnelles excuses de l'auteur :

> Prenez en gré la simple estude
> De ces motz simplement touchez :
> La matière est similitude
> Pour bonnes filles, et sçachez
> Si les motz ne sont bien couchez,
> Nous prierons le doux Examen
> Que nous soyons tous mieux logez
> En Paradis. Dites *Amen*.

Il faut croire que notre auteur n'eut pas besoin de l'indulgence du public, et qu'il fut applaudi avec enthousiasme. Sa « simple estude » était en effet une manière de chef-d'œuvre dans le genre qui deviendra le mélodrame. Son pathétique rejoignait celui de *Grisélidis*, et ne lui cédait guère pour le naturel et les nuances dans la peinture des mœurs et des caractères. Sans doute il ne savait pas encore que la peinture de l'amour est la route la plus sûre du cœur, comme dira Boileau, mais, à défaut de cette peinture, il sentait la force de ce ressort de l'action, encore mieux que l'auteur de *l'Empereur qui tua son neveu*. A bien considérer, dans ces deux moralités, comment nos vieux dramaturges ont pris la brutalité du désir charnel pour ressort principal du drame naissant, il semble que, dès qu'ils ont abordé en liberté les sujets profanes, ils aient eu l'instinct de la toute-puissance dramatique de l'amour. Au reste l'avènement de cette passion sur la scène moderne, où elle devait régner si souverainement, avait été préparé par toute la littérature dite *courtoise* qui l'avait prônée, depuis l'ardente poésie des trouvères lyriques, imitateurs des troubadours, jusqu'à la sensualité mystique des romans bretons.

Par la conduite de l'action, le dessin des caractères et la sincérité du style, *la Pauvre fille villageoise* nous parait mériter mieux que la sèche tragédie de Jean Bretog — *l'Amour d'un serviteur envers sa maitresse* (1571) — l'honneur d'être citée comme le premier en date des drames passionnels.

Pour apprécier toute la force du pathétique spécial qu'inauguraient, chez les modernes, ces deux moralités de *la Pauvre fille villageoise* et de *l'Empereur qui tua son neveu*, et dont elles donnent l'avant-goût, nous conseillons la lecture de *l'Alcade de Zalamea* de Calderon, en passant, si l'on veut, par le *Scédase* de notre Hardy, dont se souviendra Corneille, et en attendant *Nanine*, *Antony*, *Denise*, etc.

Nous ne pouvions mieux terminer notre examen du

théâtre sérieux du moyen âge que par cette moralité d'un inconnu, où l'on pressent le trésor d'émotions profanes que réservait à la scène française le drame affranchi de sa mère l'Eglise — ayant achevé de couper le lien ombilical, comme dit spirituellement Sainte-Beuve — et sécularisant sa morale comme son pathétique.

# CONCLUSION

La médiocrité de notre théâtre religieux paraît surprenante, si l'on considère la richesse de la matière que l'histoire sainte offrait à la pieuse imagination des auteurs et à la dévotion avide du public. Quelle unité d'inspiration partout présente dans cette ample tragédie aux cent actes divers, et dont la scène était le ciel et l'enfer, autant que la terre ! Quel trésor d'émotions sacrées pour des croyants, et comme ils avaient été préparés à les goûter !

Les cérémonies suggestives du culte, dès ses origines, leur avaient présenté l'histoire de la religion comme une suite de tableaux dramatiques, qu'elles les invitaient à se jouer sur le théâtre de leur pieuse imagination. Puis étaient venus les clercs avec leur zèle croissant de catéchistes, qui, non contents *d'incliner l'automate*, et voulant parler clairement à l'esprit de la foule illettrée, avaient cherché à ouvrir sur les vérités de la foi des yeux qui ne savaient pas les lire dans les textes. Leur prosélytisme ingénieux avait fait évoluer, dans l'église même, le symbolisme idéaliste des rites, vers une représentation directe et réaliste des principaux faits rapportés par les livres saints et les Légendaires.

Ces faits apparaissent alors à la foule des fidèles dans

un raccourci et avec un relief qui les dramatisent. Non seulement ils se juxtaposent, mais ils tendent à se souder en une sorte de trilogie : au centre la Rédemption essence de l'Évangile ; et tout y mène, et tout en sort. Le lien trilogique qui maintient l'unité d'intérêt, à travers toute cette dramatisation de l'histoire religieuse, y compris les Légendaires, c'est l'espoir unique et unanime de la Rédemption et de ses effets pour tous jusqu'à la fin des temps.

La chute du premier homme, bientôt suivie du premier crime, forme le nœud. Le péché originel pèse sur toute la première partie de la trilogie, encore plus fatalement que la faute initiale (la *protarchos ata*) sur le drame d'Eschyle. La destinée d'Israël qui doit accomplir les prophéties et de David éteint rallumer le flambeau, à travers les hérésies et les découragements, les tueries, les captivités et les exodes, abonde en crises dramatiques. Cependant la voix des prophètes du Christ retentit d'âge en âge, préparant l'entrée en scène du divin protagoniste.

Le Messie est né, et l'immense espérance de la Rédemption prochaine traverse la terre, entr'ouvre le ciel et fait hurler l'enfer : quelle péripétie ! Cependant l'Homme-Dieu est sur la croix, dans les sueurs et le sang de son agonie humaine, exhalant, parmi les cris de sa chair, le Verbe divin qu'il incarna ; et c'est la tragique « demi-heure de silence » dont parle l'Apocalypse, avant qu'il ne soit proclamé : « Le royaume du monde est remis à Notre Seigneur et à son Christ » ; et devant le cadavre souillé du Fils que la *Vierge de pitié* appuie lamentablement contre le sein qui l'a porté, l'humanité est saisie d'une émotion d'autant plus troublante qu'il s'y glisse une inquiétude, car la croix se dresse vide sur le ciel noir, et le Rédempteur va être scellé dans sa tombe.

Christ est ressuscité ! Le voilà donc le vrai Christ selon saint Jean, et la voilà certaine cette réconciliation avec Dieu, gage du salut universel, selon les synoptiques : et c'est la grande joie, la *liesse* universelle. Il sera là, au jour du Jugement, montrant aux hommes, après être allé la montrer au Père, la plaie de son flanc « cette issue de la source de vie », (*vivi fontis exitum* comme dit le vieux cantique), avec ce geste qui est une des plus belles inspirations de l'art chrétien ; et chaque fidèle, frémissant d'admiration et d'espérance, croit s'entendre dire par le Rédempteur, comme Pascal, dans sa nuit d'extase : « Je pensais à toi dans mon agonie ; j'ai versé telles gouttes de sang pour toi ».

Après le drame culminant du Calvaire, où la crainte et la pitié ont été portées à leur comble, l'apaisement final commence avec le ferme espoir de la Rédemption. Pourtant cette dernière partie de la trilogie sacrée reste singulièrement pathétique, et abondante en épisodes dramatiques. Car il faut répandre la bonne nouvelle que les interventions miraculeuses de la mère du Rédempteur et de ses élus viennent confirmer à travers *le siècle*, avec une vigilance universelle. Il faut confesser la foi, en bravant le scepticisme et la cruauté des Gentils. Alors la légende dorée et sanglante des saintetés exemplaires et des martyres héroïques se déroule, à travers les temps fertiles en miracles qui sont autant de coups de théâtre, cependant que plane sur tous et toujours, formidablement formulée par les prophéties sybillines, la terreur tragique du Jugement dernier et de l'enfer béant.

Ainsi s'était dramatisée dans l'imagination chrétienne

l'histoire entière de la religion, avec ses dogmes si expressivement symbolisés et son héroïque morale en action. La beauté de cette trilogie dramatique, où se condensait le christianisme, est saisissante et rayonne même aux yeux de qui n'a pas la foi : comment s'est-il fait que les reflets en furent si pâles sur le théâtre très chrétien où ce drame virtuel tenta de se réaliser?

Certes la vivante unité qui était immanente au drame sacré et qui aurait dû porter la vie jusque dans ses moindres épisodes, a été sentie, dans toute son ampleur, par deux au moins de nos faiseurs de *mystères*. L'auteur de la *Passion* d'Arras, heureusement inspiré par saint Bernard, à travers saint Bonaventure, a incarné cette unité dans les Vertus dont le débat céleste plane sur tout le drame de la Rédemption, comme celui des dieux de l'Olympe sur la mêlée homérique. Arnoul Gréban, en reprenant et fortifiant cette *machine* dramatique, et en ajoutant, avec son frère, à sa *Passion* cyclique, les *Actes des Apôtres*, montre combien fut vif, chez les théologiens qu'ils étaient l'un et l'autre, le sentiment de la continuité dans la trilogie sacrée. Ce sentiment se retrouve d'ailleurs chez de moindres auteurs et hors de France, par exemple chez ceux des jeux dramatiques de la Fête-Dieu, à York et à Künzelsau, comme à Draguignan[1]. Mais cette unité majestueuse, d'essence surhumaine, qui était au fond de tous les sujets sacrés, resta toujours extérieure à leur dramatisation effective. On la conçut par le dehors, on ne la réalisa jamais au dedans; et le drame chrétien resta un grand corps sans âme. La prolixité toujours croissante des dévelop-

---

1. Cf. Wilken, *Geschichte der geistlichen Spiele in Deutschland*, Göttingen, 1872, p. 140 sqq.; W. Creizenach, *Geschichte des neueren Dramas*, op. c., t. I, p. 170 sqq.; p. 189; A. Thomas, *Annales du Midi*, t. II, p. 416.

pements acheva de stériliser ce premier germe de beautés qui paraissait, dès le drame liturgique, devoir être si fécond, du moins pour l'*Ancien Testament* : témoin le thème des *Prophètes du Christ*. Il l'était en effet, puisque le sublime d'*Athalie* en sortira.

Au reste il n'a pas été entièrement stérile dans les *mystères*. Si les auteurs ont mis simplement en façade l'unité de leur inspiration, et si elle est absente du cœur de leurs œuvres, elle peut et doit rester présente à l'esprit du lecteur qu'elle guide encore dans leur dédale. Elle en explique d'ailleurs clairement la filiation, et elle est la meilleure excuse des dimensions monstrueuses de ces compilations, où se juxtaposèrent tant d'épisodes qui aspiraient à l'harmonie.

Nous avons d'ailleurs vu pourquoi la figure du Christ ne pouvait pas devenir théâtrale, sans être altérée, et comment son héroïsme surhumain, en l'isolant, glaçait et dispersait l'action. Nous avons expliqué ainsi que le pathétique de la *Passion*, si abondant dans saint Jean et même dans les Synoptiques, les Apocryphes et les grands mystiques dont s'inspiraient avidement les dramaturges du XV$^e$ siècle, se soit si rarement fait jour dans leurs œuvres, qu'il eût dû remplir. En tous cas, s'il n'y a pas là une explication suffisante du vaste avortement des drames tirés de la vie de Jésus, il y a une excuse pour leurs auteurs. Elle est grande, et elle peut même servir pour tous ceux qui, après eux et jusqu'à nos jours, plus habiles et moins scrupuleux, ont tenté le même sujet sur la scène, sans jamais y triompher de ses difficultés.

La stérilité du drame hagiographique est moins excusable, mais elle nous paraît comporter une explication analogue. En vue de faire ressortir pieusement *l'héroïcité* des vertus de leurs saints, nos dramaturges ont détaillé pour chacun d'eux, avec une imagination fort inventive, les tortures physiques qui fleurissaient la légende de son martyre. Mais ils ne se sont pas avisés d'inventer des tortures morales, qui auraient fait de son cœur et non de sa chair le théâtre de son héroïsme, et nous auraient ainsi donné le spectacle de crises bien autrement dramatiques, témoin *Polyeucte*.

Ces erreurs techniques, chez les dramaturges sacrés, dans la conception de leurs sujets, outre leurs gaucheries dans l'exécution, expliquent la médiocrité générale de notre théâtre religieux au moyen âge, et la rareté des beautés qui s'y trouvent. Car le compte de celles-ci est vite fait, quand on arrive au bout de la plus patiente des lectures, de la plus avide d'y trouver plus et mieux. Après avoir admiré le dramatique ingénu et émouvant de l'*Adam*, un épisode grandiose du *Saint Nicolas*, un dialogue poignant dans la *Passion* de Gréban et qu'il vaut mieux lire dans Jean Michel; après avoir rencontré, en cherchant bien, quelques situations pathétiques ou pittoresques et quelques traits épars d'éloquence ou d'émotion — provenant toujours de gauches emprunts aux apocryphes, aux dogmes et aux docteurs mystiques — on s'aperçoit que tout ce qui reste à louer, dans notre théâtre religieux, a un caractère profane.

Mais en constatant ainsi que le drame est resté inférieur, durant le moyen âge, aux autres manifestations de l'art chrétien, il ne faut pas oublier que ni le public ni les artistes d'alors n'en jugeaient ainsi. Les *mystères*, tout médiocres qu'ils paraissent aujourd'hui à notre goût devenu dédaigneux, exprimaient si bien un idéal aux yeux et aux oreilles des foules qui se pressèrent à leur spectacle jusqu'à leur interdiction que, pour traduire le même idéal, miniaturistes, *verriers* et sculpteurs s'inspiraient à l'envi de leur représentation[1].

Enfin si le drame médiéval, — dont nous ne jugeons en somme que par les épaves d'un naufrage qui a dû être vaste, entre le xiie et le xve siècle, — a avorté dans le genre sacré, il n'en est pas moins établi qu'il a engendré le drame profane.

Sans parler ici de la comédie qui est peut-être sortie tout entière du chaos fécond de notre théâtre religieux, nous rappellerons que des éléments profanes nous sont apparus, au cœur même de ce théâtre, dès les temps voisins de sa naissance. Nous avons noté ensuite, avec une attention particulière, tous les phénomènes de leur croissance jusqu'à la complète sécularisation du drame. C'est là, au point de vue de l'histoire générale de notre théâtre, le fait le plus intéressant qui se soit offert à nous : il nous a même paru si dominant, en l'espèce, qu'il nous a dicté notre classement des drames hagiographiques. Le résumer, en finissant, sera marquer le trait d'union avec la suite de cette histoire.

Dès la période scolaire du drame liturgique, le drame profane pointe indiscrètement. Il a été greffé, pour ainsi dire, par les écoliers et les écolâtres sur le bois de la croix, et il y pousse ses premiers rejetons, à la faveur des épisodes de la *mondanité de Madeleine*, des *gardes*

---

1. Cf. là-dessus les sagaces conjectures, et qui nous semblent probantes, de M. Émile Mâle, dans la *Gazette des Beaux-Arts* (4 n[os], février-mai, 1904), sous ce titre : *Le renouvellement de l'art par les « mystères » à la fin du XVe siècle*. Cette sagace et très intéressante publication a eu lieu quand notre ouvrage était déjà sous presse. Nous y avons constaté que M. E. Mâle a découvert, parallèlement à nous, les emprunts si importants de Mercadé et d'Arnoul Gréban à saint Bonaventure, dans *Le Procès de Paradis* et dans la scène des adieux de la Vierge au Christ. De l'échange récent de nos impressions là-dessus, il résulte assez curieusement que c'est une même note marginale de la *Nativité* de Rouen qui a mis M. Mâle, un peu après nous, mais sans qu'il connût notre travail, sur la piste au bout de laquelle nous sommes heureux de le rencontrer.

du *tombeau*, du *marchandage des parfums*, etc... Sa croissance est rapide, témoin au XIIIᵉ siècle le *Saint-Nicolas* de Bodel, où il accapare les deux tiers de l'action. Vers la fin du XIVᵉ siècle, sa vigueur est telle que, dans certains *Miracles de Notre-Dame*, il occupe seul le devant de la scène et remplit l'action réelle, refoulant le merveilleux dans des épisodes parasites et dans un dénoûment postiche, où il ne s'appuie plus sur le miracle que pour la forme.

A cette même date, une influence curieuse s'exerce sur lui et vient révéler sa vitalité. Une fantaisie délicate du chantre de Laure fait luire un rayon d'humanisme, le premier, sur notre drame gothique, et *Grisélidis* éclôt. Cette précocité du drame profane ne nuit pas à sa santé. Il reprend sa croissance normale, et sa sève continue à monter dans la végétation luxuriante dont elle recouvre le drame sacré. Elle circule à l'aise dans les épisodes si humains du *Viel Testament*, envahit les Passions, emplit les *Vies des Saints*, gonfle les immenses « mystères profanes », alimente enfin seule les moralités pathétiques, au sein desquelles s'ébauche énergiquement le drame passionnel, avec la *Pauvre fille villageoise*.

Le théâtre sérieux du moyen âge est alors au terme de son évolution, et son sort est rempli. Le drame sacré peut mourir : il a donné naissance au drame bourgeois.

FIN DU THÉATRE SÉRIEUX DU MOYEN AGE.

# BIBLIOGRAPHIE

Nota bene. — Toute la bibliographie relative au théâtre sérieux du moyen âge, jusqu'à l'année 1880, se trouve dans *les Mystères* de M. Petit de Julleville, Paris, Hachette, 2 vol.

*Voici les principales publications y relatives qui sont postérieures à cette date de 1880.*

## OUVRAGES DE CRITIQUE ET D'HISTOIRE

Ancona (A. d'). *Origini del teatro italiano.* 2ᵉ éd., Turin, Loescher, 1891, 2 vol.

Bapst (Germain). *Essai sur l'histoire du théâtre, la mise en scène*, etc., Paris, Hachette, 1893, 1 vol.

Clédat (L.). *Le Théâtre du moyen âge (Les mystères et les Miracles de Notre-Dame),* collection des Classiques populaires, Paris, Lecène, 1896, 1 vol.

Creizenach (W.). *Geschichte des neueren Dramas,* Halle a. S., Max Niemeyer, 1893, tome I.

Gautier (Léon). — *Histoire de la poésie liturgique au moyen âge. Les Tropes,* Paris, A. Picard, 1887, 1 vol. — *La littérature catholique nationale,* Paris, Desclée, 1894, 1 vol.

Jeanroy (A.) et Teulié (H.). *Mystères provençaux du XVᵉ siècle,* Toulouse, E. Privat, 1893, 1 vol.

Le Braz (A.). *Essai sur l'Histoire du théâtre celtique,* Paris, Calmann-Lévy, 1904.

Meyer (W.). *Fragmenta Burana,* etc., Berlin, Weidman, 1901, 1 vol.

Mortensen (Jehan). *Le Théâtre français au moyen âge*, traduit du suédois par Emmanuel Philippot, Paris, A. Picard, 1903.

Petit de Julleville. *Le Théâtre en France*, Paris, A. Colin, 1889, 1 vol.

Roy (Emile). *Étude sur le théâtre français du* xiv*ᵉ et du* xv*ᵉ siècle. La comédie sans titre et les Miracles de Notre-Dame*, Paris, A. Rousseau, 1901, 1 vol. — *Le Jour du Jugement*, Paris, E. Bouillon, 1902, 1 vol.

Schnell (Hermann) *Ueber der Abfassungsort der Miracles de Nostre-Dame par personnages*, Marbourg, 1886, 1 vol.

Sepet (Marius). *Origines catholiques du théâtre moderne*, Paris, Lethielleux, 1901, 1 vol. — *Le Drame religieux au moyen âge*, Paris, Bloud, 1903, 1 vol.

Wilmotte (A.). *Les Passions allemandes du Rhin dans leur rapport avec l'ancien théâtre français*, Paris, Bouillon, 1898, 1 vol. — *La naissance de l'élément comique dans le théâtre religieux*, Mâcon, Protat, 1901. (*Lu au Congrès d'histoire comparée*, Paris, 1900.)

## ÉDITIONS

Adam (*Le Jeu d'*). *Das Adamsspiel*, par Karl Grass, Halle A. S. Max Niemeyer, 1891, 1 vol.

Arras (*La Passion d'*). *Texte du manuscrit 697 de la bibliothèque d'Arras*, par Jules-Marie Richard, Arras, Laroche, 1891, et Paris, Picard, 1893, 1 vol.

Grisélidis. *Die älteste Bearbeitung der Griseldissage in Frankreich*, par Hinderk Groeneveld, Marburg, Elwert, 1887.

Miracles de Notre-Dame. *Publiés d'après le manuscrit de la Bibliothèque Nationale*, par Gaston Paris et Ulysse Robert, Paris, F. Didot, 1876-1893, 8 vol.
(*Société des anciens textes français*).

Trois Doms (*Le mystère des*), par E. Giraud et Ulysse Chevalier, Lyon, Brun, 1887, 1 vol.

Viel Testament (*Le mistere du*), par James de Rothschild, Paris, F. Didot, 1878-1891, 6 vol.

# TABLE DES MATIÈRES

PRÉFACE. . . . . . . . . . . . . . . . . . . . . . . . . 3

## INTRODUCTION
### Origines byzantines, liturgiques et scolaires du théâtre moderne.

Génie dramatique du christianisme. — Drames sacrés en grec : *La Passion*; *La sortie d'Égypte*; *l'Adam*. — Genèse liturgique du drame. — Les *Tropes*. — L'évolution d'un trope : depuis le *Quem quæritis* jusqu'au drame de *la Résurrection*. — Cycles de Pâques, de Noël, des Saints, etc. — Premières influences profanes : la poésie scolaire et la langue vulgaire en France et en Allemagne. — Nos cinq drames bilingues : *l'Époux*; *Lazare*; *Saint Nicolas*; *Daniel*; *les Trois Maries*. — Influences scolaires : écolâtres, écoliers et *Goliards*. — Les *jeux scolaires* et leur verve : Offices des *Fous* et de l'*Ane*. — Influence naissante des confréries. — Caractère didactique, mise en scène, musique, lyrisme et mérites scéniques des drames liturgiques. — Vie dramatique des *jeux scolaires*. — Les caractères dans le drame sacré. — Vraie cause de son exode du chœur au parvis. — Le drame chrétien et français.    9

## CHAPITRE I
### Le théâtre sérieux du moyen âge; son répertoire et sa mise en scène.

Drames bibliques, hagiographiques et profanes. — *Mystères mimés*. — Entrepreneurs, auteurs, censure, acteurs, théâtres, publicité, public, scène et machinerie des mystères parlés. .    56

## CHAPITRE II

### Le drame biblique : mystères étrangers à la vie de Jésus.

*Adam. — Le mistère du Viel Testament. — La Patience de Job. — Les Actes des apôtres. — La Vengeance. — L'Apocalypse. — Le Jour du Jugement*. . . . . . . . . . . 85

## CHAPITRE III

### Le drame biblique : mystères sur la vie de Jésus.

Les *Résurrections* fragmentaires du XIII<sup>e</sup> et du XIV<sup>e</sup> siècle. — La *Nativité* du XIV<sup>e</sup> siècle. — Conjectures sur les *Passions* françaises antérieures au XV<sup>e</sup> siècle, d'après les *Passions* rhénanes et la gasconne. — Les *Passions* de Sainte-Geneviève, du manuscrit 904, d'Arras, d'Arnoul Gréban, de Jean Michel, etc. 118

## CHAPITRE IV

### Le drame hagiographique : mystères tirés des miracles de Notre-Dame.

Le théâtre hagiographique. — Le *Miracle de Théophile*. — Classement et examen de trente-neuf Miracles du manuscrit Cangé. — *Le chevalier qui donna sa femme au dyable*. — *Une jeune fille laquelle se voulut habandonner à péché*. . 174

## CHAPITRE V

### Le drame hagiographique : mystères tirés des vies et miracles des saints.

*Le jeu de Saint Nicolas* de Jean Bodel. — Caractéristique des *Vies et Miracles des Saints*. — *Vies de Sainte Barbe*, de *Sainte Marguerite*. — *Le Saint Christophe* de Chevalet. — *Le Saint Louis* de Gringore. . . . . . . . . . . . . . . . 248

## CHAPITRE VI

### Le drame profane.

Le premier des drames profanes : *Grisélidis*. — Deux « mystères profanes » : *Le Siège d'Orléans*; *la Destruction de Troie*. — Six moralités profanes, du genre pathétique : *Ung Empereur qui tua son nepveu qui avoit prins une fille a force*; *l'Enfant prodigue*; *l'Enfant de perdition qui pendit son père et tua sa mère, et comment il se desespera*; *Histoire rommaine d'une femme qui avoit voulu trahir la cité de Romme*; *l'Inquisiteur*; *Une pauvre fille villageoise laquelle ayma mieux avoir la teste couppée par son pere que d'estre violée par son seigneur*. . . . . . . . . . . . 277

Conclusion . . . . . . . . . . . . . . . . . . . . 327

Bibliographie. . . . . . . . . . . . . . . . . . . 335

## NOUVELLE BIBLIOTHÈQUE CLASSIQUE
### A 3 francs le volume

| | |
|---|---|
| AUBIGNÉ (AGRIPPA D'), *Les Tragiques*, avec une étude et des notes par Ch. Read | 2 vol. |
| BEAUMARCHAIS, *Théâtre*. publ. par A. Vitu : | |
|   Le *Barbier de Séville* | 1 vol. |
|   Le *Mariage de Figaro* | 1 vol. |
| BOILEAU, publ. par P. Chéron | 2 vol. |
| BOSSUET, *Oraisons funèbres*, publ. par Arm. Gasté | 1 vol. |
|   *Discours sur l'histoire universelle*, publié par Arm. Gasté | 2 vol. |
| CHAMFORT. *Œuvres choisies*, publ. par M. de Lescure | 2 vol. |
| CHÉNIER (ANDRÉ). *Poésies*, publ. par Eug. Manuel | 1 vol. |
| CORNEILLE. *Théâtre*, avec préface par V. Fournel | 5 vol. |
| COURIER (P.-L.). *Œuvres*, avec préface par F. Sarcey. | 3 vol. |
| DIDEROT, *Œuvres choisies*, préface par Paul Albert | 6 vol. |
| FÉNELON, *Éducation des Filles*, préf. par O. Gréard | 1 vol. |
| FLORIAN, *Fables*, publ. avec un Avant-propos | 1 vol. |
| GOETHE. *Faust*, trad. Albert Stapfer, préf. par P. Stapfer | 1 vol. |
| HAMILTON, *Mémoires de Grammont*, publ. par M. de Lescure | 1 vol. |
| LA BRUYÈRE, *Caractères*, préface de L. Lacour | 2 vol. |
| LA FONTAINE, *Fables*, publ. par P. Lacroix et Jouaust. | 2 vol. |
|   *Contes*, publ. par D. Jouaust | 2 vol. |
| LA ROCHEFOUCAULD, *Maximes*, publ. par J. Thénard | 1 vol. |
| MAISTRE (X. DE), *Voyage autour de ma chambre*, préf. de J. Claretie | 1 vol. |
| MALHERBE, *Poésies*, publ. par P. Blanchemain | 1 vol. |
| MARIVAUX, *Théâtre*, préface de F. Sarcey | 2 vol. |
| MOLIÈRE, *Théâtre*, publ. par Jouaust et Monval | 8 vol. |
| MONTAIGNE, *Essais*, publ. par Motheau et Jouaust | 7 vol. |
| MONTESQUIEU, *Grandeur et Décadence des Romains*, publ. par G. Franceschi | 1 vol. |
| — *Lettres persanes* | 2 vol. |
| RABELAIS, avec notice de Paul Lacroix | 4 vol. |
| RACINE, *Théâtre*, préface de V. Fournel | 3 vol. |
| REGNARD, *Théâtre*, publ. par G. d'Heylli | 2 vol. |
| RÉGNIER, *Satires*, publ. par Louis Lacour | 1 vol. |
| RIVAROL, *Œuvres choisies*, publ. par de Lescure | 2 vol. |
| ROUSSEAU (J.-J.), *Les Confessions* | 3 vol. |
| SATIRE MÉNIPPÉE, publ. par Ch. Read | 1 vol. |
| VOLTAIRE, *Œuvres choisies*, publiées par G. Bengesco : | |
|   *Théâtre* | 1 vol. |
|   *Romans et Contes* | 4 vol. |
|   *Poésies* | 1 vol. |
|   *Charles XII* | 2 vol. |
|   *Dictionnaire philosophique* | 2 vol. |

### LITTÉRATURE ÉTRANGÈRE

| | |
|---|---|
| CALIDASA, *Sacountala*, trad. par Bergaigne et Lehugeur | 1 vol. |
| HORACE, *Odes, Satires, Épîtres*, trad. de J. Janin | 2 vol. |
| STERNE, *Voyage sentimental*, trad. d'Alf. Hédouin | 1 vol. |

Il a été fait pour les auteurs publiés des portraits gravés à l'eau-forte que nous vendons séparément :

Avec la lettre . . . . 2 fr. | Avant la lettre . . . . 5 fr.

www.ingramcontent.com/pod-product-compliance
Lightning Source LLC
Chambersburg PA
CBHW052239220526
45471CB00001B/108